LETTRES NÉERLANDAISES
série dirigée par Philippe Noble

SUR LES AILES DU DRAGON
Voyages entre l'Afrique et la Chine

DU MÊME AUTEUR

MON ONCLE DU CONGO, Actes Sud, 1990; Babel n° 144.
LES PORTES DE DAMAS, Actes Sud, 1994; Babel n° 486.
LA CHANTEUSE DE ZANZIBAR, Actes Sud, 1995 ; Babel n° 811.
MALI BLUES, Actes Sud, 1999 ; Babel n° 562.
DANSE DU LÉOPARD, Actes Sud, 2002 ; Babel n° 658.
L'HEURE DES REBELLES, Actes Sud, 2007 ; Babel n° 961.
LES HAUTS PLATEAUX, Actes Sud, 2009 ; Babel n° 1061.
MA CABINE TÉLÉPHONIQUE AFRICAINE, Actes Sud, 2011.

Cet ouvrage est publié avec
le concours du Fonds flamand des Lettres
(Vlaams Fonds voor de Letteren,
www.flemishliterature.be)

Fonds
flamand
des
Lettres

Titre original :
Op de vleugels van de draak
Éditeur original :
Uitgerverij Atlas Contact, Amsterdam

ISBN 978-2-330-03473-3

LIEVE JORIS

Sur les ailes du dragon

Voyages entre l'Afrique et la Chine

récit traduit du néerlandais
par Arlette Ounanian

ACTES SUD

Aba-
dan
Tripoli
LIBYE
Port Soudan
SOUDAN
MALI
Markala
Bamako
NIGERIA
BÉNIN
CÔTE
D'IVOIRE
Jos
Lagos
CAMEROUN
SOUDAN
DU SUD
ÉTHIOPIE
SOMALIE
Douala
Kisangani
CONGO
OUGANDA
KENYA
Moga-
discio
Brazzaville
R.D. CONGO
Bukavu
Kinshasa
Mombasa
Pointe Noire
Matadi
TANZANIE
Dar es
Salaam
Lubumbashi
ANGOLA
ZAMBIE
Lusaka
OCÉAN ATLANTIQUE
NAMIBIE
Nelspruit
Newcastle
AFRIQUE
DU SUD
Durban
Le Cap
Port Elizabeth

Beijing
CHINE
Kaifeng
Shanghai
Jinhua
Changsha
Xiangtan
Guangzhou
Hongkong
Dubaï
OCÉAN INDIEN

LE MOUVEMENT VERS L'EST

DUBAÏ

La boutique de Sachin et Vishal Duseja, dans le vieux centre de Dubaï, est un boyau coincé entre un magasin de matériel électronique et une boutique de luminaires. Une moto de démonstration flambant neuve stationne devant la porte ; à l'intérieur, Vishal, le plus jeune des deux frères, est en train de téléphoner.

Il se lève pour me saluer, m'indique une chaise en face de lui, m'invite tout sourire – *Sit ! Sit !* – à m'y asseoir, sans interrompre sa conversation téléphonique. Dans ses cheveux noirs et raides brille çà et là un peu de gris, pour le reste il n'a rien perdu de son allure juvénile. Il négocie un chargement de poudre hydratante avec un client au Zimbabwe. Quand l'écran de son second téléphone s'allume, il met rapidement fin à la conversation.

"Ça n'arrête pas de la journée", dit-il en saisissant son téléphone. C'est le représentant des motos Senke à qui il a récemment rendu visite dans l'est du Congo. *"Boss, habari gani ! Habari ya Goma ?"* (Boss, comment ça va ? Tout va bien à Goma ?), s'exclame Vishal enthousiaste en passant au swahili. Là-bas, il est deux heures plus tôt, la journée de travail vient juste de commencer.

Sachin descend l'escalier, plus corpulent que dans mon souvenir, soucieux comme toujours. Il est asthmatique, le genre d'homme qui ne tient pas en place, qui doit bouger pour mieux réfléchir. Il sautille d'un pied sur l'autre devant le bureau de Vishal, le dos légèrement courbé – un boxeur sur le ring. "Combien, déjà, le prix du transport pour le Zimbabwe ?"

Ils continuent à parler en hindi mais, quand je m'apprête à partir, Vishal m'incite à rester et me fait apporter du thé indien avec du lait et du sucre. "On n'en a plus pour longtemps."

Le magasin est la vitrine de leur commerce de gros : on ne vend pas au détail dans cette partie de Dubaï. Les marchandises, sur les étagères en verre, me sont familières – j'ai vu les mêmes en Afrique : pelles, machettes, bottes en caoutchouc, batteries de casseroles, fers à repasser à charbon, thermos, lait en poudre, sardines, mayonnaise. En Afrique, les guirlandes de biscuits – cinq petits biscuits par paquet – sont suspendues aux portes des magasins et on peut également les acheter sur des étals le long des routes dans des régions où les lampes à huile, elles aussi, se vendent bien.

Le lourd rideau en plastique qui masque l'entrée s'écarte, laissant passer Albert, leur collaborateur congolais, suivi d'un homme d'affaires ghanéen qui voudrait représenter les Duseja dans son pays. Vishal commande encore du thé. Duseja General Trading a déjà un agent Senke au Ghana, mais l'homme pourrait y promouvoir des produits de leur propre marque. Faire un saut au Ghana, pour Vishal, ce n'est rien ; il prendra bientôt l'avion pour Casablanca, il lui suffira de continuer sur sa lancée.

Il sort un dépliant, explique les conditions. "C'est toi qui décides du prix, je ne me mêle pas de ça, dit-il. Si ta marge est élevée, tu vendras moins ; si elle est basse, les motos partiront plus vite, évidemment. Les bénéfices que tu feras seront ton cadeau de Dieu."

Les Duseja ont quinze représentants en Afrique et leur nombre augmente chaque année. "Nous ne faisons que livrer, me dit Vishal. Après, c'est à eux de se débrouiller. On n'apprend pas aux Romains à faire du commerce à Rome."

Sachin est remonté à l'étage où d'autres membres du personnel s'affairent – l'air y bourdonne de sonneries de téléphone aux mélodies indiennes. Lorsque je me lève, Vishal ne proteste plus. Je longe les rayonnages couverts d'une fine couche de sable du désert et détecte la source du bruissement d'eau que j'entends depuis mon arrivée. À l'entrée, un paysage rustique en relief, au feuillage en plastique, est accroché au mur entre des posters de motos Senke. L'eau qui gargouille d'un rocher artificiel est censée activer une roue minuscule, mais comme il n'y a pas assez de débit, elle s'écoule, vainement, dans un étang miniature. Et cela tout au long de la journée.

C'est le chef pakistanais de l'ONU à Kisangani – la ville sur le fleuve Congo où j'ai habité en 2000 – qui m'a parlé des Duseja pour la première fois. À sa grande surprise, il avait trouvé du riz basmati dans une boutique indienne que les deux frères exploitaient dans le centre-ville.

Kisangani était entre les mains des rebelles congolais et de leurs alliés rwandais et ougandais. Il y avait peu d'étrangers, on finissait tous par se rencontrer un jour ou l'autre. J'étais à l'arrière de la moto d'un ami congolais quand une mobylette s'est arrêtée à ma hauteur. Le conducteur m'a regardée avec curiosité. "Qu'est-ce que tu fais là, toi ?" C'était Sachin. Vishal, je l'ai rencontré dans l'unique cabine téléphonique de la ville. La ressemblance avec son frère aîné était saisissante – pas moyen de s'y tromper.

Leur commerce était une simple échoppe où une odeur de savon bon marché flottait entre le riz, le sucre, les piles, les bougies et les allumettes. Elle faisait penser à celle de Salim, le héros du roman *À la courbe du fleuve*, de V.S. Naipaul. Mais les frères Duseja ne ressemblaient en rien au sombre Salim ; pour eux, Kisangani était une ville pleine d'opportunités. Ils entretenaient des contacts avec les acheteurs de diamants portugais qui traitaient leurs affaires dans un hôtel, connaissaient les Indiens de l'ONU, se tenaient informés des dernières nouvelles. Leur magasin était un poste d'observation, un endroit d'où ils étudiaient le marché.

Sachin s'envolait souvent pour Dubaï, où habitaient leurs familles et où, apparemment, il avait d'autres responsabilités. Vishal, entre-temps, s'occupait du magasin. En 1991, Vishal s'était mis à voyager le long de la côte est de l'Afrique. Il avait appris le swahili, s'était enfoncé dans le continent africain et finalement arrêté à Kisangani. Sachin et lui avaient suivi des cours de français auprès d'Albert, un pasteur congolais de la communauté pentecôtiste, si fiable qu'ils lui ont proposé de travailler avec eux.

Avant mon arrivée à Kisangani, les mines d'or et de diamants des environs avaient déjà provoqué des affrontements entre rebelles rwandais et ougandais et, au cours de l'été 2000, la tension était montée d'un cran. Sachin et son comptable indien s'apprêtaient à fuir en Ouganda quand ils ont vu un Canadien d'origine indienne descendre de l'avion. "Qu'est-ce que tu viens faire là? lui a crié Sachin. Ça va être la guerre ici!" L'homme s'est moqué de lui; en Ouganda, il avait appris de source sûre qu'il ne se passerait rien de grave. Sur quoi, ils étaient retournés tous les trois en ville.

Sachin a maudit sa crédulité quand, le lendemain matin, de violents combats ont éclaté et qu'il s'est retrouvé brusquement coupé du monde. Le jour suivant, un projectile s'est écrasé avec un sifflement redoutable dans le jardin, où il a creusé un cratère. Caché derrière une armoire, Sachin attendait sa dernière heure. Le troisième jour, quelqu'un a frappé à sa porte. C'était son vendeur, Suleiman, qui avait affronté la pluie de projectiles dans l'espoir de trouver le magasin ouvert; plein de sollicitude, il venait demander à son *patron**[1] comment il allait.

Six jours et un millier de morts plus tard, la ville retrouvait son calme. Sachin pensait à un commerçant indien qui lui avait rendu visite quelques mois auparavant et qui, après avoir observé le va-et-vient dans son magasin, lui avait demandé : "Qu'est-ce que tu veux, finalement? Un gros morceau du petit gâteau ou un petit morceau du gros?"

Depuis, l'image du petit gâteau : le Congo, et du gros : le monde, lui trottait dans la tête. Un jour, se disait-il, la guerre serait finie, les affaires reprendraient

1. Les mots en italique suivis d'un astérisque sont en français dans le texte. *(Toutes les notes sont de la traductrice.)*

et il aurait une longueur d'avance sur tous ceux qui viendraient faire du commerce à Kisangani. Mais sa présence dans la ville avait failli lui coûter la vie. Son ami voyait juste : il devait partir.

De retour à Dubaï, il a pensé au vertueux Albert qu'il avait laissé à Kisangani. Albert, qui ne fumait pas, ne buvait pas et refusait même d'acheter de la boisson pour son *patron**. Du fait de la guerre, l'est du Congo était coupé de la capitale, de plus en plus de commerçants se ravitaillaient à Dubaï. Et s'il faisait venir Albert ? Qui, mieux que lui, saurait guider ses compatriotes jusqu'au Duseja General Trading ?

"Nous n'en avons plus pour longtemps", m'a dit Vishal le premier jour, mais je comprends vite que Sachin et lui n'ont pas de temps à me consacrer. Finies les heures passées avec Vishal au bord de la rivière Tshopo à Kisangani à écouter crier les singes et les perroquets sauvages dans la forêt équatoriale, sur l'autre rive ; fini le temps où Sachin, en route pour le Maroc, faisait escale à Bruxelles et où nous atterrissions dans un bar à chicha après le dîner. Leur empire s'est considérablement agrandi. Ils ne sont pas seulement devenus les uniques représentants des motos chinoises Senke en Afrique, ils importent aussi des motos italiennes et commercent avec l'Inde.

Le matin, Albert fait son apparition, vêtu immanquablement d'un pantalon au pli impeccable, le stylo dans la poche de sa chemise, chaussures noires et brillantes en dépit de la poussière des rues. Il porte des lunettes d'intellectuel sans monture et, comme son patron, il est sérieux comme un pape. Pas l'ombre de la belle humeur qui émane de Vishal.

Vers dix heures, Albert commence sa tournée dans Deira, ainsi qu'on appelle la vieille ville. Regarder qui loge où, qui achète quoi, tout en restant stand-by pour le cas où les Duseja auraient besoin de lui. Ce matin-là, je m'enfonce avec lui dans les ruelles où des hommes en tunique longue et calotte crochetée poussent des chariots chargés de cartons et où des Chinois zigzaguent entre les promeneurs sur des mini-vélos. Les ruelles de Deira retiennent encore la fraîcheur de la nuit, mais, au-delà, la ville se prépare à une journée torride.

La plupart des magasins sont aussi exigus que celui des Duseja et à l'intérieur se déroulent des scènes semblables : les marchands boivent du thé avec leurs clients, feuillettent avec eux leur catalogue, font une démonstration de leurs marchandises ou – s'ils n'ont pas de clients – fument en se balançant, assis sur une jambe devant l'ordinateur.

Albert fait une première halte au Royal Prince Hotel, où logent de nombreux négociants congolais. Pour 120 dirhams (25 euros) par personne, petit déjeuner compris, on y dort dans une *mixed room*, une chambre à trois lits. Le gérant indien, installé sous le portrait du cheikh Mohammed, l'émir de Dubaï, rêvasse, le regard tourné vers la porte. "Où sont tes amis ? demande-t-il à Albert en faisant glisser vers lui la liste des clients de l'hôtel. Ils auraient dû être là depuis longtemps." Autour du Nouvel An, c'est toujours calme, les commerçants passent leur temps en famille, mais nous sommes fin mars, leurs stocks devraient commencer à s'épuiser. "C'est la crise au Congo, dit Albert tout en étudiant la liste, le dollar a augmenté, les gens n'ont pas d'argent."

Il discute avec un négociant nigérian qui veut acheter des motos, mais moins grosses que celles des Duseja ; salue un Rwandais d'une entreprise de conteneurs qui lui apprend qu'un ami négociant est en ville. Albert note son numéro. "Je sème, dit-il, ensuite, je récolte."

Son téléphone n'arrête pas de sonner. Un pasteur de Kisangani demande si Albert peut lui dégoter un home cinéma, quelqu'un d'autre veut savoir si la scie électrique qu'Albert a achetée est déjà en route, une relation de Bukavu s'informe du prix d'un moulin à riz. Albert a ouvert sa propre boutique à Kisangani. Pour la tenir, il a retiré son fils de l'université où il étudiait la médecine. "Sinon, tes vendeurs filent avec la caisse."

Sur l'avenue Al-Musalla, où la chaleur est déjà accablante, Albert pénètre dans le royaume climatisé d'Antoine, un quinquagénaire libanais au front dégarni qui lit un journal arabe au fond d'un boyau rempli de costumes sur mesure, de chemises, de chaussures et de cravates. Nous nous affalons près de sa petite table en contreplaqué où nous buvons un gobelet d'eau glacée tout en observant son employé, un Égyptien rondelet qui, sur les indications de deux clients nigérians, retire des costumes des portants à l'aide d'un crochet.

Je connais ces costumes avec leur marque "George Arman" sur les manches, ces chaussures tape-à-l'œil brun caramel ou noires à bout pointu – mes amis congolais en portent dans les grandes occasions et c'est la tenue préférée de nombreux hommes politiques frais émoulus. Les épaules sont souvent trop larges, les manches trop longues, comme si on les achetait en prévision d'une prise de poids à venir. Je comprends pourquoi maintenant : un commerçant en apporte un lot et c'est à ses clients de se débrouiller.

Un des deux Nigérians achète six costumes rayés au prix de gros : 130 dirhams (27 euros) pièce. "L'autre habite ici, murmure Antoine en français. Tout à l'heure, je lui donnerai 5 % de commission, c'est ce que nous avons convenu plus tôt ce matin."

Sans les Africains, cette partie de Dubaï ferait faillite, selon Antoine. La plupart n'ont qu'un petit budget, certains débarquent en short et en tee-shirt, mais ils achètent. Récemment, pour en avoir le cœur net, il a fait des calculs : 90 % des Africains lui avaient acheté quelque chose. Les Indiens et les Iraniens, ce n'était que 10 %.

Ses clients de Zambie et du Malawi sont les plus courtois. Les Nigérians sont insolents, ils disent : *"Give that to me!"* et ils jettent les vêtements qu'ils ont essayés où ça leur chante. Avec les Somaliens et les Soudanais, il peut parler arabe mais ils sont tout aussi malpolis.

Antoine n'arrête pas de parler, comme s'il attendait quelqu'un à qui raconter tout cela depuis des lustres. Ce qui ne l'empêche pas de surveiller les deux Kényans qui viennent d'entrer. L'un d'eux essaie une veste, se regarde avec satisfaction dans le miroir, demande à l'autre ce qu'il en pense. "T'as vu comme il s'admire ? Il se prend pour Alain Delon ou quoi ?"

Je resterais bien encore un peu dans ce paradis de fraîcheur, mais Albert s'agite sur sa chaise. Il doit aller chercher quelque chose dans son appartement. L'avenue Al-Musalla est maintenant un véritable four. Appuyée à la devanture d'un magasin, une femme aux cheveux décolorés se refait une beauté. Albert suit mon regard et rit. Vraisemblablement, les trois jeunes Asiatiques qui nous dépassent en vacillant sur leurs talons hauts sont elles aussi en chasse. "Russes, Chinoises, Africaines, dans l'avenue Al-Musalla on a l'embarras du choix, dit-il. Je sais de quoi je parle, j'habite tout près." Il partage son appartement avec un compatriote qui travaille aussi pour les Duseja. Deux lits séparés par une armoire ; un ordinateur, une kitchenette remplie de cartons qu'un commerçant congolais a laissés, une fenêtre avec vue sur une ruelle.

"Une fois, j'ai été réveillé par un boucan énorme dans la rue, dit Albert. J'ai regardé par la fenêtre et j'ai vu deux jeunes policiers qui poursuivaient une prostituée noire." À Dubaï, la plupart des policiers viennent du Pakistan et ces deux-là n'avaient pas l'air de savoir trop quoi faire de la femme qui s'est mise à hurler comme si on l'attaquait. Des fenêtres se sont ouvertes çà et là, des gens à moitié endormis se penchaient aux fenêtres. Soudain, la femme a soulevé son pagne et s'est mise à uriner debout. Choqués, les policiers ont reculé. Après s'être soulagée, elle s'est avancée vers eux, le pagne relevé, en leur hurlant des injures dans un anglais qui dépassait de loin les connaissances d'Albert. À sa grande surprise, les agents se sont enfuis. "Tu comprends, dit-il, avec ce genre de policiers..."

À Deira, les magasins ferment d'une heure et demie à quatre heures et demie pour rouvrir jusqu'à onze heures. Nous mangeons dans un petit restaurant au premier étage d'un hôtel indien. Une demi-douzaine de tables, un tableau d'affichage avec une pub pour l'entreprise de conteneurs Al-Heelam, *"Your gateway to Africa"*. Deux Congolaises préparent des tilapias grillés, du *foufou* (pâte de manioc) et du *pondou* (feuilles de manioc) qu'elles posent sur un passe-plat.

Un négociant nigérian, à la table voisine, revient tout juste de Guangzhou, la ville portuaire dans le delta du fleuve des Perles – plus connue chez nous sous le nom de Canton. Albert dresse l'oreille : de plus en plus de commerçants africains se tournent vers la Chine, ils commencent à délaisser Dubaï, même si, selon lui, l'offre y est plus variée. Les Duseja vendent des produits venus de l'Inde, de Chine, d'Europe, de Corée et d'Iran – en Chine, on ne peut acheter que des produits chinois. De plus, Guangzhou, c'est beaucoup plus risqué. "Récemment, quelqu'un a commandé un conteneur de pains de savon. Le savon n'était pas encore complètement durci au moment du chargement et, lorsqu'on a ouvert le conteneur, tous les pains s'étaient transformés en un gros bloc."

Albert espère dénicher un home cinéma pour le pasteur congolais à Bur Dubaï, de l'autre côté de la crique, où tout s'achète au détail. Sur l'*abra*, le bateau-taxi en bois qui transporte les passagers d'une rive à l'autre, nous nous retrouvons soudain au milieu des touristes. Albert promène autour de lui le regard étonné de quelqu'un qui s'éveille à peine. Il vient rarement ici, il ne connaît presque rien de la vie hors de Deira, des centres commerciaux réputés pour leur luxe, où raies et requins nagent dans un aquarium bleu océan, où des fontaines dansent le soir au son de musiques arabes et occidentales.

L'homme qui a commandé une scie téléphone à nouveau. La dernière fois qu'Albert était à Kisangani, il lui a confié un diamant pour qu'il le vende à Dubaï. Une partie de la somme a servi à acheter la scie électrique, l'autre est toujours entre les mains d'Albert. L'homme annonce qu'un ami commerçant est en route pour Dubaï ; Albert peut lui confier le restant de la somme, qu'il dépensera sur place.

"Et lui, comment va-t-il récupérer son argent ?

— Il l'a déjà, le commerçant le lui a donné. Et moi, je vais le donner au commerçant. Tout marche comme ça à Dubaï, dit-il, en général on se passe des banques." *Hawala* – Sachin et Vishal pratiquent, eux aussi, ce système de paiement informel. Des millions s'échangent ainsi de main en main, me dira-t-on, dont beaucoup d'argent noir. Les États-Unis s'en alarment car même Al-Qaida utilise le *hawala*.

Mais certains négociants préfèrent garder leur argent liquide sur eux. Un jour, Albert avait attendu en vain le coup de téléphone d'un commerçant qu'il devait aller chercher à l'aéroport. Le lendemain, vaguement inquiet, il se rend à son hôtel. Le réceptionniste lui dit que l'homme est dans sa chambre, mais Albert a beau frapper, personne ne répond.

Dans l'après-midi, il reçoit enfin un coup de fil du négociant. *"Mina kufa"* (Je suis foutu), dit celui-ci. Il avait rencontré une Française – du moins, c'est ce qu'elle prétendait – dans l'avion de Harare à Dubaï. Ils engagent la conversation et finissent par s'aimer, comme il dit. Albert secoue la tête. "S'aimer ! Ce genre de rencontre n'apporte que des malheurs." À

Dubaï, ils vont dans un bar, puis il amène la femme à son hôtel. Il s'est endormi avant d'avoir pu faire quoi que ce soit. Quand il s'est réveillé, non seulement la femme, mais aussi les 25 000 dollars qu'il portait autour de ses hanches dans un bas en nylon avaient disparu.

"Elle avait sûrement mis un somnifère dans sa boisson", dit Albert. Il raconte l'histoire d'un air goguenard et, les jours suivants, il débitera quantité d'anecdotes sur les déboires de ses connaissances vivant dans le péché. Il y a tellement d'hommes célibataires ici – même les Africaines qui viennent à Dubaï pour commercer finissent par comprendre qu'il y a d'autres moyens de se faire de l'argent.

Récemment, Albert a rencontré une Ougandaise dans un ascenseur. Elle lui a demandé son numéro de téléphone. D'abord il a refusé, puis il a accepté. Quand elle l'a appelé, il l'a invitée à passer au magasin des Duseja et il lui a fait la morale.

"La vie que tu mènes, c'est pas bien, a-t-il dit, je suis pasteur et…

— Mais où est le problème, a-t-elle répondu. J'ai plein de clients qui sont pasteurs !"

Bien que je n'aie rien à acheter ni à vendre, mes journées à Dubaï sont vite remplies. Je loge chez Imelda, une Burundaise que j'ai connue au Congo où, en pleine guerre, elle gérait une compagnie aérienne dans la ville rebelle de Goma. À Dubaï, elle a commencé par travailler dans une agence immobilière, mais le marché s'est écroulé ; haut par-dessus les toits, des grues de chantier à l'arrêt lèvent désespérément leurs bras métalliques vers le ciel. Depuis, Imelda s'est lancée dans le commerce de l'or et des diamants : elle sert d'intermédiaire entre des vendeurs africains et des acheteurs locaux ; une fois l'affaire conclue, elle prend son pourcentage.

Elle habite non loin de l'aéroport, dans un ensemble d'appartements couleur sable de style yéménite. Les maisons élancées aux allures féeriques ont de petites fenêtres et des balcons à l'orientale. Du sien, par temps clair, on peut voir le centre d'affaires de Dubaï, un Manhattan de tours high-tech qui s'élèvent en scintillant dans le désert. Mais parfois, une redoutable tempête de sable hurle autour de la maison, réduisant la ville, au loin, à un mirage jaunâtre de colonnes antiques.

Depuis la crise, l'appartement est devenu trop cher pour Imelda. Elle le partage désormais avec deux amies, une Autrichienne et une Iranienne. L'intérieur est aménagé dans un charmant style kitsch : canapés en cuir couverts de tissus d'Orient, lampes avec des perles en verre, bonbons artificiels dans des soucoupes, tout est rouge ou blanc, brillant et tintinnabulant. Une famille d'ours en peluche loge dans la chambre à coucher, bien qu'Imelda et ses copines aient la quarantaine bien sonnée. Il n'y a, en fait, pas de place pour moi, je dors sur un canapé dans le salon où Imelda regarde des championnats de tennis pendant des nuits entières, mais je m'accroche et je me fais toute petite. En ce début de voyage, je n'ai pas encore envie de dormir dans une pension pour commerçants à Deira.

Le matin, je prends un taxi pour aller dans la vieille ville. Les chauffeurs viennent du Bangladesh ou du Pakistan, leur anglais est tout juste suffisant pour m'amener à destination. On fait parfois un brin de causette. "Comment est la vie, ici ?" demandé-je à un Afghan qui me conduit à travers les rues d'un air bourru. *"Money good, life no good"*, répond-il.

Je passe à la boutique des Duseja, fais un bout de chemin avec Albert. S'il n'est pas là, je vais voir Antoine, le Libanais, et Aiman, son brave employé égyptien qui est assis sur une chaise près de l'entrée quand on ne l'a pas envoyé espionner les magasins avoisinants. Comme il est très gros, il a du mal à trouver quelque chose à sa taille, personne ne s'étonne de le voir fouiller dans les vêtements et, finalement, ne rien acheter. Depuis qu'Aiman a découvert qu'un magasin, plus loin, vend des costumes pour 100 dirhams (20 euros), Antoine a baissé le prix des siens à 95. "Car, pour un Africain, une différence de 5 dirhams, c'est déjà intéressant."

Antoine a le teint brouillé à force de rester à l'intérieur. Bien que son magasin soit d'une propreté irréprochable et qu'il ne manque pas de clients, il a l'air abattu. Un matin, il me raconte qu'autrefois il avait une usine de textile au Liban. "J'étais un roi à l'époque, dit-il, j'allais aux Salons du textile à Milan, Florence, Barcelone – ma femme et ma belle-mère m'adoraient."

Les guerres successives au Liban ne l'avaient pas découragé, il se rendait souvent au travail avec un tas de sacs de sable sur le siège passager pour se protéger des francs-tireurs, ou il devait retirer des cadavres qui obstruaient sa route. Mais, en 2004, son usine a fait faillite. À cause de la guerre, dit-il. Quand j'insiste, il avoue que c'est aussi à cause de la mondialisation, du coton bon marché importé de Chine. Il soupire tristement. “Ma femme et ma belle-mère, du jour au lendemain elles m’ont laissé tomber.”

Il a emprunté de l’argent à la banque pour payer le dernier salaire de ses trois cents employés mais il n’a pas réussi à vendre son usine et n’a donc pas pu rembourser son prêt. Il a fini par s’enfuir. Depuis, il vit à Dubaï, envoie de l’argent au Liban pour les études de ses enfants et habite un appartement au-dessus de sa boutique. Il n’a plus de contact avec sa femme ; sa belle-mère lui a déclaré la guerre.

“Il y a ici pas mal de Libanais comme moi, dit-il. Les premières années, nous faisions de bonnes affaires, mais la crise nous a envoyés dans les cordes. Pendant des années, l’émir de Dubaï a pensé que sa ville était le centre du monde et il a fait construire à tout va. Mais qui veut habiter ici ? Au printemps, c’est encore supportable, mais huit mois par an il fait tellement chaud qu’on ne peut pas mettre le nez dehors. Ceux qui ont investi dans le bâtiment s’arrachent les cheveux aujourd’hui.”

Pendant un certain temps, on pouvait croire que la crise épargnerait l’Afrique. D’après lui, c’était parce que les Africains ne se servent pratiquement pas des banques. Ils ne vivent pas à crédit : l’argent dont ils parlent, ils l’ont. Mais ils commencent à être touchés eux aussi.

“La seule bonne chose à Dubaï, ce sont les femmes.” Les yeux de bon chien triste d’Antoine s’éclairent un peu. “J’ai lu, dans le journal *Al-Hayat*, qu’un homme doit faire l’amour au moins une fois par semaine, sinon c’est le cancer de la prostate assuré. Ça ne risque pas de m’arriver.” Des Philippines, des Russes – elles vont et viennent dans son magasin. C'est ici que, pour la première fois de sa vie, il a couché avec une Africaine. Elle venait du Malawi – il n'est pas près de l'oublier. Dernièrement, il a engagé la conversation avec une femme du Tadjikistan. Il lui a dit qu'il était seul, elle a riposté qu'elle était venue pour se distraire et, sans préambule, elle lui a mis la main sur le sexe. Il l'a trouvée trop dévergondée et n'a pas donné suite.

Pendant qu'il parle, un Iranien choisit un costume et quatre chemises, un Kényan achète deux gros sacs de costumes et de chemises, un Palestinien pêche un tee-shirt dans le bac des promos. Antoine est dur avec le Palestinien. “Ils sont responsables de la guerre au Liban, dit-il. À cause d'eux, j'ai perdu plusieurs parents.” Il note méticuleusement toutes les transactions dans un cahier, mais son humeur ne s'améliore pas pour autant. Il semble avoir perdu courage. Depuis trois mois, ses frais dépassent son revenu. “Parfois je reste quatre heures sans voir un seul client”, se plaint-il.

Il a payé 200 000 dollars de pas-de-porte. “Si quelqu'un m'offre la même somme, je pars demain. J'ai un ami libanais en Ouganda. Il paraît qu'ils aiment les beaux vêtements là-bas. J'ai bien mille costumes et vingt mille cravates en stock – je peux commencer immédiatement.”

Dehors, des gens s'attroupent autour d'un homme en costume rayé et chapeau qui les apostrophe du haut d'une caisse à savon. En m'approchant, je m'aperçois que ses pieds démesurés ne sont pas posés sur une caisse mais sur le trottoir. *“Two meter thirty. Take picture. 10 dirham !”* (Deux mètres trente, 10 dirhams la photo !) Le géant est flanqué d'un mini-Indien au visage ridé qui lui arrive tout juste au genou. Diane Arbus au coin de l'avenue Al-Musalla. Ils sont accompagnés d'un photographe : pour 10 dirhams, il fait un polaroïd des passants qui se postent entre le géant et le nain. Africains, Arabes, Asiatiques, ils rient, se poussent en avant, essaient de prendre une photo en douce – ce que le géant leur interdit d'une voix de stentor en brandissant un bras menaçant.

À midi, Deira se vide. Alors le vent du désert a la voie libre, il caracole en emportant les vêtements suspendus à des fils au-dessus des magasins. Robes d'enfant, chaussettes et slips partent en goguette, tournent le coin de la rue et s'égaillent irrévocablement en chemin. Un après-midi, je ramasse un petit short égaré et je le dépose sur un portail. Le vent le soulève à nouveau et l'entraîne plus loin.

Invariablement, mes pas me conduisent à la crique, le port naturel où des bateaux de bois aux ponts peints en bleu flottent haut sur l'eau. Ils vont à Port-Soudan, Mogadiscio, Abadan – des lieux que je ne connais que par les nouvelles alarmantes de la presse. Leurs mouvements sont, eux aussi, dictés par les taux du change. Si le rial iranien est plus fort que le dirham, les bateaux entrent en cortège dans le port et s'amarrent à trois de front le long du quai. Dans ces moments-là, les marchands autour de la crique font des affaires en or et ne savent plus où donner de la tête. Mais la tendance peut s'inverser en une semaine et laisser les marchands pensifs, le regard soucieux, à moins qu'ils ne profitent de la trêve pour nettoyer leurs rayonnages.

Certains bateaux ont un côté *home sweet home*, avec une cabine aux fleurs peintes et de la lessive qui flotte au vent. D'autres ressemblent à des bateaux pirates avec leurs drapeaux altérés par les intempéries, leur proue vermoulue, leur bastingage au bois qui s'écaille et leurs marins qui fixent le quai avec des yeux de braise.

L'équipage du *Faize Osmani* est en train de manger dans la cabine sur le pont. Les hommes regardent avec curiosité l'Occidentale qui flâne sur le quai dans la chaleur de midi avec ses lunettes de soleil et son chapeau, mais quand je les salue et que je leur demande : "*Where you go ?*", ils me font signe à leur tour et répondent : "*Iran go !*"

Sitôt la pause de midi achevée, camions et pick-up chargés de caisses et de cartons reprennent leur incessant va-et-vient, des grues hissent réfrigérateurs, machines à laver, télévisions et chaînes stéréo à bord. Quand la nuit tombe, des lampes multicolores s'allument et j'aperçois des silhouettes de matelots qui, torse nu, grimpent par-dessus de grands tas de cartons. Par endroits, la journée de travail est terminée et des hommes accroupis jouent aux cartes.

"J'ai supplié le capitaine d'un de ces bateaux de m'emmener à Mogadiscio, me dit Vishal quand je fais un saut à son magasin. Les gens te respectent si tu oses monter une affaire en des temps difficiles. Ça suscite de la bienveillance, tu peux en tirer profit par des jours meilleurs."

"Qu'est-ce que tu penses d'Albert ?" me demande Sachin un soir où il me raccompagne chez moi après son travail. Il a convoqué Albert à l'étage et lui a demandé pourquoi il voit si peu de clients africains dans son magasin. La réponse d'Albert ne l'a pas convaincu. Travailler plus dur est la devise de Sachin, c'est le seul moyen de conjurer la crise. Sinon tu perds de ton élan et tu finis irrémédiablement par couler. Selon lui, Albert se repose trop sur ses lauriers, il ne prend pas assez d'initiatives. Je reste dans le vague. C'est le revers de la médaille : Albert a été embauché parce que c'est un pasteur, on peut lui faire confiance, mais pour enrayer la crise, un pasteur s'en remet à Dieu. “Ça se tarit”, ai-je entendu Albert dire un jour à propos du manque d'affluence des Africains – comme s'il s'agissait d'un phénomène naturel.

Tous les soirs, les commerçants africains s'attroupent autour des hôtels de Deira. Ils palabrent, rient, téléphonent, flirtent – apparemment, faire des achats rend heureux car il y a toujours de l'ambiance. C'est peut-être l'occasion de faire de nouvelles rencontres, mais Albert s'est déjà dépêché de rentrer par l'impudique avenue Al-Musalla. Il craint les démons qui sortent la nuit de leurs trous pour prendre possession de la ville.

Un après-midi, Albert est en train de lire la Bible derrière le bureau de Vishal lorsqu'une compatriote de la province minière du Katanga fait son apparition. *“Jambo!”* Albert lève le nez de sa bible : *“Karibu!”* (Bienvenue!) Anne, vêtue d'un pagne brodé de motifs orange et jaunes, s'affaisse sur une chaise, son sac sur les genoux. Auparavant elle achetait des marchandises aux Duseja, mais aujourd'hui elle est dans une autre branche. Elle est juste venue faire la causette.

Certaines commerçantes utilisent un produit pour se blanchir la peau, se fardent à outrance ou ont un trait dur au coin des lèvres à force de marchander, mais Anne, c'est la jovialité même – je la trouve d'emblée sympathique. Elle a travaillé autrefois comme comptable pour BAT, la British American Tobacco, dans la capitale provinciale de Lubumbashi, mais en 2004, suite à une compression du personnel, elle s'est retrouvée à la rue. Une amie l'a emmenée à Dubaï où elle a fait ses premiers achats grâce à sa prime de licenciement. Depuis, elle vient ici tous les six mois et elle a deux magasins à Lubumbashi.

Elle partage avec deux autres commerçantes une chambre du Galaxy Plaza Hotel, au-delà du souk de l'or ; à elles trois, elles rempliront un conteneur. "J'ai hésité à venir, dit-elle, en fait j'ai trop peu d'argent, mais si je n'en fais rien, je le mange et c'est pire." Avant, elle se chargeait parfois de deux conteneurs, mais aujourd'hui, tout le monde fait du groupage.

Il n'a pratiquement pas plu ces derniers temps au Katanga, les paysans ont eu une mauvaise saison. Dieu ne les a pas bénis, pensait Anne – elle supposait que la crise venait de là. Mais, à Dubaï, les affaires ne vont guère mieux. Ça la console, mais ça l'inquiète aussi. Les marchandises dans les magasins sont les mêmes que la dernière fois, il y a peu de nouveautés. On dirait que les vendeurs n'écoulent pas leurs produits et pourtant ils refusent de baisser leurs prix.

Soudain, Anne me regarde : "Toi qui es écrivain, tu sais qui a emporté l'argent du monde ?"

Je ris : "Tu es dans le commerce, tu devrais le savoir mieux que moi.

— Non, non, j'y comprends rien. Il paraît qu'un escroc américain s'est envolé avec des milliards de dollars. C'est lui la cause de la crise ?"

En voyant l'heure qu'il est, elle bondit de son siège. Elle va faire un tour chez ses fournisseurs car hier, au parc des conteneurs, elle a constaté des erreurs dans les livraisons. Sur un coup de tête, je me lève et je la suis.

Anne se faufile prestement dans les rues de Deira. De temps en temps, elle m'entraîne dans un magasin pour me montrer ce qu'elle y a acheté. C'est bientôt les vacances, les enfants vont avoir besoin de jouets, elle s'est donc procuré des poupées en plastique, des tracteurs et des voitures de police. Ils sentent comme les jouets fabriqués à Hong Kong des kermesses de mon enfance – les vitrines de verre avec leur grappin et les stands de tir en étaient pleins. C'était agréable de jouer avec eux, de respirer leur odeur douceâtre, mais, la plupart du temps, ils étaient cassés à la fin de la journée.

L'hiver s'annonce dans le sud du Congo, Anne a également acheté des sous-vêtements et des chaussettes. Ils se vendent par douzaine et elle emprunte la calculette d'un vendeur chinois pour me montrer comment elle s'y prend pour chaque achat : d'abord elle divise le montant en dirhams par le taux du dollar, puis par douze, ensuite elle le multiplie par deux – ses frais plus son bénéfice – et, enfin, par le taux du franc congolais. Ainsi, elle sait à peu près ce qu'elle pourra en demander à Lubumbashi.

Elle prend un soutien-gorge pour mettre en application sa méthode de calcul mais doit le remettre. Au Congo, il ne se vendrait que dans les magasins de luxe, ce que le sien n'est pas. “Nous sommes doublement atteints, dit-elle, car pour nous le dollar a augmenté mais face au yuan chinois, il a baissé.”

Dans un magasin de décoration, elle se dirige résolument vers un rayon de tableaux en relief représentant des fleurs dans des vases. Il y en a de toutes les sortes, de toutes les tailles et de toutes les couleurs – des bouquets virtuels, emprisonnés dans du verre. Je les regarde d'un air dubitatif mais Anne rayonne. "Qu'est-ce que t'en penses ? Pour accrocher au mur dans ton salon. J'en ai acheté soixante pour 6 dollars pièce ; à Lubumbashi, je peux facilement en obtenir le double."

Derrière le souk de l'or se trouve le magasin de Hussein, un musulman barbu du Rajasthan portant un long vêtement en coton et une calotte brodée de fil d'or. Entouré d'une mer de perles chatoyantes, d'épingles à cheveux, de flacons de vernis à ongles et de parfum, de henné et de mascara, il est assis à une table sous la photo d'un cheikh religieux qui lui ressemble comme deux gouttes d'eau. Un homme heureux, d'après l'expression paisible de son visage. Dans son magasin, tout est bon marché. Une boîte de vingt-quatre tubes de rouge à lèvres coûte 5 euros, une boîte de mascara, 3 euros. Tout vient de la ville chinoise de Yiwu, nous explique Hussein. La main-d'œuvre n'y est pas chère parce que les gens travaillent à domicile. Ils sont très rapides – il les a vus à l'œuvre.

Anne veut tester ses produits. S'ils sont bons, elle lui en achètera davantage à l'avenir. Elle prend la calculette de Hussein et se met à compter en poussant de grands soupirs. Après avoir marchandé, elle achète six boîtes de rouge à lèvres et de mascara, plus une série de bandeaux pour les cheveux et quelques jeux de perles en plastique. Les articles seront livrés à son hôtel et Hussein lui fait cadeau d'un poudrier avec un petit miroir. "Les gens sont gentils à Dubaï, me dit-elle en français tout en essayant la poudre, ils te donnent toujours un cadeau." Mais quand elle doit débourser 360 dirhams, elle se plaint auprès de Hussein des difficultés de la vie au Congo. *"Money problem, big problem."*

Dans une boutique chinoise d'accessoires, je vois la distinguée Congolaise, mère de six enfants, se transformer en furie. *"You very bad, you deliver all wrong!"* crie-t-elle, en agitant la facture qu'elle vient de pêcher dans son sac. "Assieds-toi, me dit-elle, nous sommes chez nous ici." Il y a une boîte ronde avec des cacahuètes en coque sur la table. "Goûte leurs cacahuètes, elles sont délicieuses."

Elle extrait une paire de chaussettes pour enfant de son sac et la brandit d'un air accusateur. *"You Chinese deliver wrong!"* Son anglais est invraisemblable, si bien que je mets un moment à comprendre que la vendeuse chinoise – une petite femme maigre que les vociférations d'Anne ne semblent pas impressionner le moins du monde – lui a livré des chaussettes d'enfant au lieu de chaussettes d'homme. La Chinoise parle très vite dans un anglais pire encore que celui d'Anne. La calculette tranche. Elle démontre que les chaussettes pour enfant sont plus chères que les chaussettes pour homme. "Mensonges, fulmine Anne, ils disent toujours ça. C'est sûrement un lot dont elle n'arrive pas à se débarrasser. Elle sait très bien où est le problème, elle fait semblant – elle ne s'attendait sûrement pas à ce que je contrôle."

Nous avons faim et nous piochons dans les cacahuètes. Les coques disparaissent dans un gobelet en plastique. Le mari de la Chinoise entre en scène. Lui, apparemment, ne parle pas un seul mot d'anglais. Il passe un plumeau sur les étagères, jetant parfois un regard oblique vers la table – prêt à intervenir si les femmes en viennent aux mains.

Anne reprend des cacahuètes. La Chinoise appelle son fils à la rescousse mais son anglais ne fait pas non plus avancer les choses. Dans la pagaille, le gobelet rempli de coques de cacahuètes se renverse sur la table. "Pas grave", dit la Chinoise et, d'un geste du bras, elle les fait tomber par terre ; après quoi, nous n'avons pas de scrupules à jeter les nouvelles coques sur le sol.

Anne veut des chaussettes d'homme – sinon, qu'on la rembourse ; la Chinoise continue à vanter la qualité de ses chaussettes d'enfant. Lorsque Albert téléphone pour savoir où nous sommes, je dois sortir dans la rue tellement elles font de boucan. Je lui explique en riant ce qu'il se passe. "Pourquoi ne l'aides-tu pas, dit-il, tu parles bien l'anglais, non ? – Pas un anglais que ces deux-là comprennent !"

La nuit est tombée, les lampes au néon se sont allumées d'un coup, les rues baignent dans une cacophonie de lumières. Anne sort du magasin, une expression de triomphe sur le visage. "Voilà, c'est fait." Elle a versé le reste des cacahuètes dans un sachet en plastique. "*Non… les Chinois sont des numéros. Mais leurs arachides sont bonnes.**"

Dans le magasin des Duseja, on partage les cacahuètes avec Albert et Anne rejoue la scène de tout à l'heure. "Il faut les corriger, dit-elle, sinon ils te font le coup à chaque fois."

Nous nous rendons tous les trois à l'étage supérieur d'un centre commercial où des enseignes lumineuses criardes vantent les plats de restaurants et de snack-bars turcs, indiens, japonais et thaïlandais.

"Madame, long time no coming", dit la serveuse philippine à Anne. "Tu vois, on me connaît ici", murmure-t-elle, flattée. *"Congo money problem"*, répète-t-elle pour la énième fois.

Nous nous remettons des émotions de la journée devant un plat de riz au poisson. Il s'avère qu'Anne ne sait pas grand-chose des non-Africains ; elle pensait que les Duseja étaient des Européens. Albert, lui, ne savait pas que les Duseja vivent déjà depuis longtemps à Dubaï ; il supposait qu'ils s'y étaient installés après leur séjour à Kisangani.

"Vous savez ce que *fatula* veut dire ?" Albert et Anne me regardent d'un air interrogatif. "C'est ce que disent les Chinois quand ils veulent voir ta facture : *Give fatula ! Bring fatula !*" Ils passent en revue tout l'arsenal des mots anglais qu'ils utilisent quand ils marchandent avec les Chinois. *"How much ? Last price ! No, I buy plenty – last, last !"*

Au cours de la soirée, deux anciens collègues d'Anne, de l'époque où elle travaillait pour BAT, et qui, eux aussi, se sont reconvertis dans le commerce, viennent se joindre à nous. Nous parlons du géant et du nain qui se déplacent comme une attraction foraine avec leur photographe dans les rues de Deira. "Le grand, c'est un Pakistanais, nous apprend Albert, et ils sont parfois accompagnés d'une grosse naine."

"Ne me parle pas de ce type, dit le plus âgé des deux négociants d'un air perturbé. Il m'a joué un sale tour..." Il ne veut pas en parler mais, comme nous insistons, il finit quand même par le faire. "Je l'ai pris en photo dans la rue, dit-il. Il s'est mis en colère et a voulu me courir après, mais comme il y avait foule autour de lui, il a dû laisser tomber."

À l'hôtel, il a voulu montrer la photo à son collègue. Le géant a fait une brève apparition puis s'est éclipsé. Ça peut arriver, avec un appareil numérique, me semble-t-il – une mauvaise manip et la photo disparaît. Mais, d'après notre convive, le Pakistanais lui a volé la photo.

“Je ne veux plus y penser, frissonne-t-il. Quelqu'un qui peut faire une chose pareille à distance, ce n'est pas normal, ça doit être un sorcier. Heureusement, il n'avait pas assez de pouvoir pour me visiter dans mes rêves, parce que là ça aurait vraiment été dangereux.”

Le bureau de Mister Nasher, le directeur de l'entreprise de conteneurs Al-Heelam située au huitième étage du Pearl Building, est au moins quatre fois plus grand que le magasin des Duseja. Il donne sur la crique, qui commence doucement à s'animer ce matin : les *abras* teuf-teufent sur l'eau, les bateaux de plaisance qui quittent le port le soir sous des lumières féeriques se balancent à quai en attendant de nouveaux clients. “Oui, profite bien de la vue, dit Nasher, elle me coûte assez cher.”

Les commerçants africains qui vont prendre la navette pour le parc des conteneurs arrivent les uns après les autres. Anne n'est pas encore là, elle avait quelque chose à régler. Nasher est un sexagénaire enjoué aux cheveux crépus coupés court et portant un vêtement blanc boutonné. Il a grandi au Kenya mais son père vient du Yémen. Les traits de son visage témoignent du métissage qui a dû se faire en cours de route – il ressemble aux gens que l'on voit sur le littoral de l'Afrique orientale et sur des îles comme Zanzibar.

La porte de son bureau est toujours ouverte. C'est la façon africaine de faire des affaires, dit-il : les clients doivent pouvoir te joindre à tout instant. Des gens vont et viennent et, au premier abord, je ne comprends pas comment il peut travailler dans ces conditions, mais bien vite je m'aperçois que Nasher gère strictement le flux de ses visiteurs. Ceux qui doivent régler un problème urgent sont invités à s'asseoir sur le siège en face de lui. Les autres s'installent sur le canapé en cuir en position d'attente. Derrière des parois en verre, le personnel indien travaille sur de petits bureaux. Quand l'un d'eux a une question, il se place à la gauche de Nasher où il attend patiemment que celui-ci pose son regard sur lui.

Entre-temps, Nasher téléphone, surfant sans difficulté de l'arabe au swahili ou à l'anglais. Sur son bureau, la photo de son fils, Abu, qui a étudié le chinois et ouvert une filière d'Al-Heelam à Guangzhou. "Tu pourras aller le voir là-bas", dit-il, et il me tend une carte de visite imprimée des deux côtés avec les coordonnées du père et celles du fils.

La secrétaire marocaine de Nasher a mis du *buchur*, de l'encens arabe, dans le brûleur électrique. C'est de la bonne qualité, Nasher l'a rapporté du Yémen. La fumée s'élève en volutes, une odeur douceâtre emplit la pièce. Le jeune Indien qui sert le thé et le café a déjà commencé à nettoyer des traces de pas poussiéreux.

"Hé ! Vous autres au Ghana, vous avez trouvé du pétrole dernièrement, vous êtes tous riches, dit Nasher à trois commerçantes qui attendent sur le canapé. Je vous considère comme mes sœurs, mais vous ne m'avez pas apporté de yams !" Les femmes rient. Sur la table basse devant elles, il y a une plante à fleurs jaunes qui semble venir tout droit de la peinture en relief d'Anne : tout est faux, jusqu'à la terre dans le pot.

Une des femmes soulève le couvercle d'une boîte à biscuits transparente et toutes trois se mettent machinalement à grignoter en feuilletant l'album de photos qui montre Nasher dans des cocktails en compagnie de ses clients africains. Al-Heelam existe depuis 1983. À cette époque, les Africains voyageaient à peine, dit Nasher : "C'est moi qui le leur ai appris." L'entreprise a maintenant une vingtaine de filiales en Afrique et Nasher s'y rend régulièrement pour prendre la température. Récemment, il a envoyé une délégation au Congo pour comprendre ce qui empêchait ses clients de venir. "En Angola, tout va bien, dit-il, il y a du pétrole et donc de l'argent – on va bientôt ouvrir une filiale là-bas."

Plusieurs employés attendent à gauche du bureau de Nasher. Son visage s'éclaire en voyant Anne apparaître sur le seuil de la porte. "Le bus va partir", dit-elle. Je regarde Nasher d'un air interrogateur. "Il y a de la place pour moi ?" D'un geste de la main, il me signifie que je peux y aller.

La veille au soir, il a plu et il est même tombé de la grêle – tout le monde est sorti du magasin des Duseja devant lequel de grosses billes dures rebondissaient sur les pavés. Vishal a ramassé quelques boules transparentes et, tout excité, a appelé sa femme pour s'assurer qu'elle ne ratait pas le spectacle. Mais les commerçants, dans le bus pour l'émirat voisin de Sharjah, sont inquiets car leurs marchandises se trouvent à ciel ouvert. Ils espèrent que quelqu'un aura pensé à les recouvrir.

Le ciel est laiteux, il va sûrement pleuvoir à nouveau ; les palmiers qui longent la route de Sharjah se balancent au vent. Jean-Pierre, un commerçant de Bukavu, scrute le paysage d'un air abattu. "Autrefois, il ne pleuvait jamais", dit-il.

"C'est à cause des arbres qu'ils ont plantés, dit Anne, ils attirent l'eau."

"Dubai problem, too much rain", dit un jeune commerçant de Kinshasa en parodiant l'anglais des Africains francophones. Lui-même a appris ses premiers mots d'anglais au cours d'un vol Kinshasa - Addis-Abeba d'Ethiopian Airlines, dans un dictionnaire de poche qui ne l'a plus quitté. "Je ne comprenais pas pourquoi les gens disaient « non » à tout. *« I no, I no. »* J'ai mis du temps à comprendre qu'ils disaient *« I know »* (Je sais)."

Son anglais a bien progressé depuis. "Mais l'anglais correct, ça ne te sert à rien à Dubaï, personne ne le comprend." Les autres rient et fournissent des échantillons d'"anglais malade" : *Me come tomorrow. Hello, where goods ? You no bring goods !* (Moi venir demain. Hello, où marchandises ? Toi pas apporter marchandises !)

Puis ils se taisent, regardent la couche de nuages et écoutent la musique indienne mélancolique que le chauffeur a mise. L'atmosphère est à la fraternité. Ils ont dû tant se battre pour arriver là, et qui sait ce qu'ils trouveront tout à l'heure ? Même Anne n'est pas dans son assiette. Elle avait réservé un espace de dix pieds dans un conteneur de quarante pieds qu'elle loue avec les deux commerçantes et voilà que, sans la prévenir, elles ont fait venir une quatrième femme de Lubumbashi. Elle est arrivée hier soir et elle dort dans leur hôtel, par terre, sur un matelas. "J'espérais pouvoir obtenir un peu plus de dix pieds. Pas moyen maintenant."

Deux femmes du Malawi, qui ont toutes les deux un emploi mais font des affaires pendant leur temps libre, se plaignent des nombreuses boutiques chinoises qui poussent partout dans leur pays. Tout y est bon marché, c'est de la concurrence déloyale. Mister Nasher le mentionnait lui aussi : les Chinois étudient les achats des commerçants africains à Dubaï et à Guangzhou puis ils voyagent dans leur sillage pour ouvrir leur propre commerce. "Ce n'est pas correct, disait-il, il faut que tout le monde ait sa chance. Si on prend tout, on se rend impopulaire."

Le parc de conteneurs d'Al-Heelam est situé dans un quartier où hangars et entrepôts se succèdent et qui semble d'autant plus désolé par ce jour pluvieux. Notre bus passe l'enceinte du terrain d'Al-Heelam et se gare devant un bureau préfabriqué. Chacun se hâte vers les semi-remorques porte-conteneurs qui s'alignent à perte de vue dans les rues sablonneuses.

La pluie a surpris les gardiens du parc. Le temps qu'ils recouvrent de bâches orange les montagnes de cartons, la plupart d'entre eux étaient trempés. Anne évalue les dégâts, retire de dessous une bâche un carton mouillé contenant des élastiques qui part sur-le-champ en morceaux. Heureusement, elle a emporté des grands sacs. Elle finit juste de tout transférer quand surgit un homme en pantalon de coton blanc et tunique longue. Il ramasse les morceaux de carton et les emporte. Anne le suit du regard. "Il va les faire sécher au soleil pour les vendre après."

L'homme est un des Pakistanais qui conduisent les chariots à fourche et aident les commerçants à charger leur conteneur. Ils viennent du Pendjab et portent tous la même tenue ; certains ont les cheveux teints au henné et des calottes crochetées, d'autres se sont enroulé des turbans à carreaux sur la tête.

Anne sort un tas de factures de son sac et contrôle minutieusement le contenu des cartons. Dès qu'elle en a terminé avec l'un d'eux, elle écrit son nom dessus, en grosses lettres avec un feutre noir. Ses affaires sont mélangées à celles des deux autres femmes ; elle est fâchée qu'elles ne soient pas venues contrôler leurs propres cartons, alors qu'elles avaient promis de le faire. "Tout à l'heure, le conteneur va être chargé et il sera trop tard", grogne-t-elle.

Elle me montre les chaussettes pour homme que lui a fait livrer la marchande chinoise récalcitrante aux délicieuses cacahuètes. "Tu vois, j'ai réussi !" Elle retrouve aussi deux cargaisons qu'elle croyait avoir perdues – du coup, elle se met à gamberger sur le manque d'espace. "Si tes achats ne rentrent pas dans le conteneur, c'est comme si tu avais raté ton examen", dit-elle.

Assise sur un carton, je l'observe. C'est une femme forte, mais, avec cette montagne orange de marchandises à l'arrière-plan, elle a l'air chétive. Comment va-t-elle s'en sortir toute seule ? Elle appelle le Pendjabi responsable de son conteneur, se renseigne sur les cartons qui lui manquent encore. Elle m'attendrit. Je reconnais le Congo dans le chaos causé par ses compagnes de chambrée, mais aussi dans son perfectionnisme, sa combativité – l'exigence têtue de justice en dépit de tous les revers de fortune.

Heureusement, le soleil se met à briller et, quand Anne plonge pour la énième fois sous la toile orange, je vais faire un tour chez les autres. En longeant les rangées de conteneurs, je vois que chacun d'eux a sa propre histoire. Il y en a qui ressemblent à des garages bien rangés, avec sur le seuil un commerçant qui, comme un capitaine de navire, donne des ordres aux Pendjabis. D'autres sont désordonnés et les Pendjabis se défoulent. Ce sont des villageois ; ils forment de joyeuses bandes disparates difficiles à mettre au pas.

"You take, I labor no have" (Vous prendre, moi ouvrier pas avoir). Le chauffeur indien d'un pick-up essaie d'expliquer à deux commerçantes qu'il n'a pas de personnel pour décharger son véhicule. Un Pendjabi de petite taille aux cheveux teints au henné et aux yeux d'un vert intense insulte le chauffeur dans une langue que je ne comprends pas, suite à quoi les hommes, tels des coqs grimpés sur leurs ergots, en viennent aux mains. On les sépare en riant. "Il l'a traité de barbare", traduit un spectateur.

Le chauffeur est vert de rage. *"He very bad*, me dit-il, *I labor no have, I driver!"* (Lui très mauvais, moi ouvrier pas avoir, moi chauffeur !)

Le responsable des Pendjabis accourt et décide : *"Okay, put down."*

"Where put down ?" (Où poser ?), demande le chauffeur. On lui donne une bâche sur laquelle il dépose les marchandises, à contrecœur manifestement. Les rires des Pendjabis mettent du temps à s'éteindre.

Une Comorienne, qui s'est appliqué un masque au bois de santal sur le visage afin de le protéger du soleil, est en train de crier au pied de son conteneur.

Les Pendjabis ont empilé de lourdes caisses sur ses canapés. “Bien fait ! dit quelqu’un. Elle n’avait qu’à être là lors du chargement.” Son conteneur va bientôt fermer et elle téléphone en panique à un fournisseur. *“You no deliver, container close. Deliver now, now !”* (Vous pas livrer, conteneur fermer. Livrer maintenant, maintenant !) Sa requête s’accompagne d’une série de jurons qui font pâlir ceux d’Anne.

Au bout du terrain, je tombe sur une collection de matelas, balles de vêtements, cartons trempés et des tas de vélos rouillés. Personne n’a pris la peine de les protéger de la pluie. Ce sont les témoins silencieux des déboires de certains commerçants, m’expliquera Mister Nasher : ils les ont laissés sur place dans l’espoir de pouvoir remplir rapidement un nouveau conteneur mais ne sont jamais revenus. Si Al-Heelam déménage, les marchandises suivent, un dépotoir qui grossit d’année en année. Pourquoi Nasher ne les jette-t-il pas ? “Parce qu’un commerçant peut se pointer au bout de dix ans et réclamer sa marchandise comme s’il l’avait abandonnée la veille.”

Je reviendrai souvent au parc des conteneurs. Quand le bus débouche dans la rue, je me demande parfois ce que je viens y faire, mais la fascination finit toujours par l’emporter. De nombreux commerçants portent des vêtements de travail : pantalon de jogging, short, tee-shirt jaune d’Al-Heelam. Quelquefois, les femmes ont noué un sac en plastique sur leurs bigoudis.

À midi, un marchand indien passe avec des barquettes chaudes de viande et de riz ; on peut acheter des boissons rafraîchissantes dans le bureau préfabriqué où des commerçantes, le pagne rabattu sur les épaules, se mettent à l'abri de la pluie. Tout au long de la journée, les Pendjabis passent avec de grands thermos de thé au lait sucré.

Je suis la seule Occidentale, mais, dans ce milieu, on ne reste pas étranger longtemps. Certains m'appellent "la Congolaise" parce que je suis souvent avec des Congolais ; ils supposent que je suis moi-même une commerçante ou, du moins, responsable d'un conteneur. D'autres me soupçonnent d'être un agent du Service français d'inspection des marchandises avec lequel le Congo a récemment signé un contrat. Personne ne comprend à quoi il sert, si ce n'est à leur empoisonner la vie. Kinshasa tombe déjà sous le coup de cet accord, Lubumbashi et Bukavu voient leur tour approcher avec effroi.

Jean-Pierre, le commerçant de Bukavu, loue un conteneur avec deux amis. Il est du genre capitaine de bateau. Charger un conteneur, c'est un métier à part, dit-il, quand on le fait bien, on économise beaucoup d'argent. Il rit des Pendjabis qui disparaissent à tout bout de champ : ou bien ils vont manger ou boire du thé, ou bien ils sont tous à genoux à prier en direction de La Mecque. Mais, dans les intervalles, ils travaillent dur. Quand il y a un espace entre les cartons, JP, ainsi que l'appellent ses collègues, crie en swahili : *"Chomeka!"* (Remplir!), et des Pendjabis accourent avec des châles et des tee-shirts. *Chomeka*, c'est un mot qu'on entend à tout moment autour du conteneur de JP, même les Pendjabis le crient régulièrement.

Parfois, JP et ses collègues doivent attendre l'arrivée d'une nouvelle cargaison. Ils se reposent alors sur des caisses à l'entrée du conteneur et discutent des aléas de la vie qu'ils mènent. Ça commence à leur départ du Congo. “Les douaniers savent que nous avons de l’argent, dit JP, alors partout où l’on passe ils nous rackettent.” Ils se méfient des banques et voyagent avec leur argent sur eux. “Tu oublies ton bon sens et tes principes et tu paies, soupire JP. Avec 100 dollars, généralement tu t’en sors.”

Au retour, les douaniers savent qu’ils vont gagner de l’argent, donc ils veulent leur part. “Alors que, pendant notre absence, un quelconque fonctionnaire est passé au magasin pour récolter un impôt supplémentaire.” JP a six enfants. “Je leur dis d’étudier pour pouvoir partir à l’étranger, parce que faire du commerce au Congo, ce n’est pas une vie.”

Mais, l’instant d’après, ils s’échinent à nouveau à transporter et empiler des marchandises et ils se racontent des craques pour s’encourager. JP est témoin de Jéhovah et, comme Albert, il connaît des commerçants qui ont perdu leur fortune en cherchant l’aventure. “Il y a des femmes qui, au lit, te demandent de leur embrasser les seins. La minute suivante, tu t’endors car elles se sont enduit les tétons de somnifère.” Quand la victime se réveille, la femme a disparu ainsi que son argent. “Et c’est quoi la morale de cette histoire ? N’amène jamais une femme dans ta chambre d’hôtel si t’as beaucoup d’argent sur toi.”

Un après-midi, nous mangeons tous ensemble du poulet au riz. Jusque-là, c’est moi qui posais les questions mais entre-temps JP s’est mis à cogiter. “Pourquoi la Belgique n’investit plus au Congo ? demande-t-il. Autour de Bukavu, nous avons des cimenteries et des raffineries de sucre qui datent de l’époque belge – pourquoi vous ne les remettez pas en état de marche ?”

Je suis étonnée. J'ai fait tout le trajet jusqu'à Dubaï pour suivre le mouvement vers l'est, et me revoilà confrontée à la Belgique de papa.

"Les anciens propriétaires de ces usines sont vieux, dis-je d'un ton hésitant, ils sont peut-être même morts.

— Et leurs enfants ?

— Ils ont probablement émigré en Afrique du Sud, au Canada ou en Australie."

Henri, le commerçant de Kinshasa qui a appris l'anglais dans un dictionnaire de poche, nous écoute, assis sur un chariot à fourche au pied de son conteneur. "*Maman Belgique**, dit-il le plus sérieusement du monde, nous sommes contents que les Chinois fabriquent des produits bon marché que tous les Congolais peuvent payer. C'est grâce à eux que chaque enfant peut fêter Noël, parce qu'un sapin ne coûte qu'un dollar. Mais les Asiatiques ne connaissent pas le Congo aussi bien que vous. La Belgique doit continuer à prendre ses responsabilités."

Je proteste : "Le monde a changé. La Belgique est un petit pays, une goutte d'eau dans l'océan européen. Personne n'a l'argent pour ce genre d'investissements. En plus, l'ancienne génération se souvient du Congo, mais la nouvelle a d'autres préoccupations. Elle se tourne peut-être vers l'Asie, comme vous."

Henri ne lâche pas. "Même si ton père est pauvre, ou s'il t'a abandonné, il reste toujours ton père. Tu es notre sœur historique, tu devrais comprendre ça."

Pendant des heures, assis désœuvré sur le chariot à fourche, il attendra l'homme du service d'inspection, râlant après le président Kabila qui a cru bon de conclure un marché avec les Français. Il me fait visiter son conteneur, où les produits de beauté qu'il importe sont bien rangés. À cause de l'inspection, il a dû laisser une grande partie de ses achats dehors la nuit dernière. Un Pendjabi se dirige vers nous, portant sur la tête une table dans un emballage en carton trempé : "Regarde-moi ça, dit Henri, on dirait un cercueil."

En fin d'après-midi, l'inspecteur n'est toujours pas passé. Henri se tient sur le seuil de son conteneur, il me regarde avec un mélange de fatigue et de désespoir : *"Maman Belgique*, dit-il, *notre sœur historique – pourquoi vous nous avez abandonnés ?*"*

Je mets un moment à comprendre d'où me vient ce sentiment de déjà-vu que la proximité d'Albert, Anne, JP et Henri réveille en moi : j'ai atterri dans un film de Jean Rouch, l'anthropologue français qui, à partir des années cinquante, a réalisé des docudrames dans lesquels figuraient ses amis africains, spirituels et inventifs. Du Niger, pays aride et pauvre, ils partent en Côte-de-l'Or – le Ghana actuel – à la recherche d'argent et d'aventures ; ils vont vendre des poulets à la campagne dans une deux-chevaux pourrie et finissent par s'envoler pour Paris afin de découvrir comment les gens vivent là-bas. C'était merveilleux de voir le monde de leur point de vue, d'entendre leurs commentaires sur les gens qu'ils rencontrent en chemin. Depuis, dotés de la même capacité d'adaptation et d'une bonne humeur indestructible, les personnages de Jean Rouch ont mis le cap à l'est.

Les lots de perles en plastique que Hussein a fait livrer à l'hôtel d'Anne sont moins beaux que ceux qu'elle avait commandés. Fort remontée, elle se précipite dans le magasin où Hussein, souriant comme toujours, est assis sous le portrait de son maître religieux. Il attend tranquillement qu'elle ait fini de crier, sort sa calculette et décrète que les perles en question ont plus de valeur que celles qu'elle avait commandées. Mais Anne ne se laisse pas embobiner et il finit par avouer qu'il est en rupture de stock. Pendant tout ce temps, son sourire ne quitte pas ses lèvres et, une fois Anne calmée, il lui demande d'un air soucieux, comme si elle venait d'avoir une quinte de toux : *"Tea, madam? Coffee?"*

Anne a fait tous ses achats importants ; dans le temps qu'il lui reste, elle se rend dans des magasins où elle n'est pas encore allée, en quête d'idées pour la prochaine fois. Elle en profite pour faire ses courses.

"I want rice (Je veux du riz), dit-elle à l'Iranien qui tient boutique face à la crique.

— *What you want, sister : Indian rice, Pakistani rice?* (Vous voulez quoi, ma sœur : du riz indien ou du riz pakistanais ?)

— *I want cheap rice* (Je veux du riz pas cher).

— *Cheap cheap?*

— *Yes, cheap cheap."*

Sacs de riz, lait en poudre, sucre – elle paie 178 euros. Il n'a plus de calendriers mais il lui fait cadeau d'un agenda, et à moi aussi, bien que je n'aie rien acheté.

"Est-ce que vous pouvez tout envoyer à Sharjah ?

— Si on partage les frais, dit le marchand, sinon je ne fais pas de bénéfice."

Il capitule devant son *"Congo money problem"* et ne lui compte qu'un quart du prix du transport, et par-dessus le marché il nous offre une canette de jus de mangue.

Ensuite, Anne va dans un magasin chinois qui vend des accessoires. Elle veut un nouveau sac ; la fermeture éclair du sien est cassée. Elle se promène entre les rayons de sacs à main en patchwork de faux cuir et fioritures, signale ceux qui ne sont plus à la mode, s'en achète un qui ferme bien pour 14 euros. C'est la première fois qu'elle ne marchande pas. "Dans le commerce au détail, ça ne se fait pas, dit-elle, les prix sont calculés différemment."

Elle a droit à soixante-dix kilos de bagages en soute et, dans sa chambre, les marchandises s'entassent. Le soir, elle est assise sur le lit avec ses collègues, sous les ailes d'un ventilateur bourdonnant ; elles se montrent leurs achats, retirent leur chemisier, enfilent l'ensemble qu'elles ont dégoté ou se pavanent dans la pièce avec leurs nouvelles chaussures. Depuis qu'un commerçant de Lubumbashi lui a proposé de la place dans son conteneur, Anne s'est réconciliée avec l'idée d'une quatrième commerçante. Ainsi, tout finit par s'arranger.

Elles font encore un petit tour au souk pour se montrer ce qu'elles y ont vu d'intéressant. Des survêtements pour enfant à 35 dollars la douzaine alors qu'à Lubumbashi on peut les vendre 10 dollars pièce. Des tapis aux motifs bariolés qu'on peut mettre au milieu du séjour – ici ils coûtent 4 dollars, au Congo au moins 10. Elles ne se font pas concurrence, elles ne sont pas dans la même branche et n'habitent pas toutes dans la même ville, même s'il y a certains achats qu'elles gardent pour elles. "Les femmes ne font pas trop de cachotteries, dit Anne. Les hommes, c'est bien différent." Un commerçant masculin me dira exactement le contraire.

Le matin de leur départ, elles descendent leurs valises et leurs sacs dans le hall de l'hôtel pour les confier à une équipe de Pakistanais spécialistes de l'emballage. Un Pakistanais a écrit RUMBASHI sur un sac. Une collègue d'Anne essaie de rectifier, mais elle ne s'en sort pas, fait de nouvelles fautes. Dans leur chambre, c'est un véritable capharnaüm car, pour gagner de l'espace, elles ont débarrassé leurs achats du superflu. Boîtes vides, boules de papier, emballages et cintres s'étalent jusqu'au couloir.

Une camarade de chambrée d'Anne porte une longue abaya noire largement fendue avec des liserés argentés et scintillants – le type de vêtement que les femmes de la région portent par-dessus leurs habits, mais comme elle n'a rien mis en dessous, ça la rend plutôt sexy. JP et ses collègues transpirent dans les lourds manteaux de cuir qu'ils ont enfilés pour réduire le poids de leurs bagages. Ils ne volent pas tous avec la même compagnie mais ils partent à peu près à la même heure et décident de se rendre ensemble à l'aéroport.

Arrêter deux pick-up, discuter le prix, mettre les cartons et les sacs sur le plateau arrière – nous quittons Deira dans une grande confusion. Je me suis faufilée sur la banquette arrière avec Anne et JP. En cours de route, il commence à pleuviner. "En Belgique, il pleut aussi ?" demande Anne. Dubaï est sa première destination hors de l'Afrique, j'ai déjà remarqué qu'elle ne sait rien du pays de ses anciens colonisateurs. Est-ce que nous pratiquons la culture des cacahuètes et des avocats, et est-ce que, chez nous, les villageois habitent dans des huttes ? C'est le genre de questions qu'elle m'a posées ces derniers jours.

JP non plus n'est jamais allé en Europe. À travers la vitre, il regarde les tours d'habitation violemment éclairées défiler sans discontinuer. "C'est comment chez vous ? demande-t-il. Comme à Dubaï ou autrement ?

— Plus petit, dis-je, et plus vieux. Chez nous tout est vieux." Car depuis que je suis ici, j'ai l'impression de venir d'une sorte de Madurodam, un monde en modèle réduit, fermé sur lui-même, aux coutumes obsolètes.

Nous dépassons des stations de métro qui ouvriront sous peu – une ligne de 52 kilomètres qui traversera Dubaï à vive allure. Les stations ressemblent à des mollusques géants à la coquille d'argent. "Non… L'émir de Dubaï est bon, dit Anne, il fait quelque chose pour son peuple."

Là-dessus, chacun se plonge dans ses pensées. Ils ont un long voyage devant eux, et leurs marchandises, un plus long encore. Quand le conteneur arrivera dans quelques semaines, JP se rendra à Mombasa pour surveiller le dédouanage. Anne, elle, devra aller jusqu'à Dar es-Salaam, à 2 000 kilomètres de Lubumbashi.

JP étouffe dans son manteau de cuir. "Au fait, tu as quel âge ?" me demande-t-il. Ma réponse l'étonne. Il me croyait beaucoup plus jeune. "C'est parce que tu n'as pas de soucis, dit-il. J'ai une bonne dizaine d'années de moins que toi mais je me sens plus vieux."

Quand nous arrivons à l'aéroport, son humeur maussade s'est dissipée. Des porteurs accourent vers nous pour décharger les cartons et JP redevient le capitaine de navire qui veille non seulement sur ses propres bagages mais aussi sur ceux d'Anne et de ses collègues.

Accolades, poignées de main, tapes sur l'épaule – puis la compagnie bariolée s'ébranle. JP se met à rire en surprenant mon regard. "Ne t'inquiète pas, dit-il en s'éloignant. Vous, vous sortez d'une pièce par la porte, nous, nous passons par le mur s'il le faut."

CHOCOLATE CITY

GUANGZHOU

Il est tard quand j'arrive à l'aéroport de Guangzhou. À ma grande surprise, l'air nocturne est d'une tiédeur tropicale. Frank Felix, le consul de Belgique, m'attend. Il a proposé de me loger car les hôtels sont complets à cause de la Foire de Canton, la plus grande foire chinoise d'import-export qui se tient ici tous les deux ans.

L'autoroute qui mène à la ville est suspendue dans les airs ; tandis que les immeubles défilent comme les arbres géants d'une forêt vierge, Frank me fait un cours accéléré. Au début de notre ère, Guangzhou était située sur la célèbre route maritime de la soie, elle a toujours été un centre commercial important, une pionnière dans les relations avec le monde extérieur. Après la politique d'ouverture inaugurée par le vice-Premier ministre chinois Deng Xiaoping à la fin des années soixante-dix, la région du sud-est du pays a été proclamée "zone économique spéciale" et la mondialisation n'a pas tardé à y faire son entrée. En trente ans, Guangzhou est devenue une ville de onze millions d'habitants : 70 % des produits d'exportation chinois quittent le pays par les ports de cette région. Confortablement installée sur mon siège, je me laisse bercer par son récit.

Une sortie d'autoroute particulière aboutit au compound où Frank vit avec sa femme Cigdem, d'origine turque, et leurs deux enfants. C'est une véritable ville, avec des portes monumentales dûment surveillées et des avenues qui, malgré l'heure tardive, baignent dans la lumière. Ce type de compound est en vogue auprès de la nouvelle élite chinoise. La villa que Frank loue coûte 4 000 dollars par mois. Il y a aussi des immeubles et de plus grandes propriétés avec vue sur des étangs et des fontaines. Cinquante-huit mille appartements sont en construction.

Les rangées de villas sont bâties dans le style bunker : façades sans fenêtres, plafonds hauts, le tout dans des tons gris. Les voisins d'en face ont acheté un chien – une nouvelle mode chez les riches Chinois – mais ils ne savent pas comment s'y prendre avec lui. "Ils en ont peur", dit Frank. Quand ils sont chez eux, ils mettent le chien dans le jardin, mais quand ils quittent la ville, ils l'enferment dans un réduit où la bonne lui apporte à manger. Le chien grogne quand elle approche et elle le tient à distance avec une barre de fer.

Le voisin d'à côté appartient à la mafia, à en juger par le nombre de gardes du corps qui l'entourent ; même son fils de douze ans se rend à l'école sous bonne garde. L'homme a de nombreuses prises de bec avec sa femme. Récemment, après une bruyante dispute, il a garé sa voiture en plein milieu de la rue, empêchant tout autre véhicule de passer. Cigdem, qui devait faire des courses, a demandé aux gardiens à l'entrée du compound d'intervenir ; quand ils ont appris à qui appartenait la voiture, ils lui ont conseillé de prendre un taxi. Il a fallu que Frank appelle la police pour que la voie soit dégagée.

Cela fait maintenant trois ans qu'ils habitent ici et ils n'en finissent toujours pas de s'étonner. Pour ses dix-huit ans, le fils d'un voisin hésitait entre une Lamborghini et une Ferrari, et donc ses parents lui ont acheté les deux. La voisine s'est offert un appareil à karaoké et, depuis, elle répète en plein milieu de la journée avec tant d'enthousiasme que la maison en tremble ; si Cigdem ose se plaindre, elle la fusille du regard. Mais il y a aussi des moments d'émotion : tout à coup, les trottoirs se couvrent de feuilles de choux que les gens mettent à sécher pour les conserves de l'hiver – comme dans les campagnes chinoises.

Frank dit que cela lui fait penser au capitalisme sauvage en Russie : des villageois qui se transforment en citadins en une génération et n'ont pas encore intégré certains codes urbains. Sur les autoroutes, il y a des voies réservées aux poids lourds, aux véhicules rapides et aux véhicules lents, mais les chauffeurs les ignorent, ils font de brusques queues de poisson et roulent comme s'ils étaient seuls sur la route.

Je me couche, la tête pleine de ces singulières histoires. Au milieu de la nuit, je me réveille et je n'arrive plus à me rendormir. Le chien des voisins : seul dans sa cage, il aboie sa misère pendant de longues heures.

Dans les années quatre-vingt, la politique d'ouverture de Deng Xiaoping a attiré le grand capital et, très vite, de petits entrepreneurs ont voyagé dans le sillage des plus nantis. “Des Africains en Chine ? m'a dit un ami mauritanien avant mon départ. Il ne doit pas y en avoir beaucoup. Si tu en vois un, mets-lui une bague pour pouvoir le suivre comme un pigeon voyageur." Mais à Dubaï, j'entendais le mot "Guangzhou" à tout bout de champ, on aurait dit que toute l'Afrique se tournait de ce côté-là. Anne s'était laissé dire que c'était encore plus beau que Dubaï ; seulement, il fallait avoir beaucoup d'argent pour pouvoir faire de grosses commandes.

Quelque peu inquiète, je me dirige ce matin-là vers le Tianxiu Building, un bâtiment rose qui domine Chocolate City, le quartier africain de Guangzhou. Dans l'avion, j'ai lu un article sur les disparitions d'enfants en Chine ; les dépister, disait un avocat, c'était chercher une aiguille dans un océan. C'est ainsi que je me sens : comme si je nageais dans un océan en quête d'une aiguille.

Au loin, de somptueux bougainvilliers dégoulinent en grappes de la passerelle piétonne. Je ne savais pas que le sud de la Chine était si tropical ; en venant ici en bus, j'ai vu des palmiers, et la chaleur moite qui m'a surprise à l'aéroport est à nouveau présente. Quatre Africaines marchent devant moi dans des pagnes bigarrés. L'une d'elles porte un enfant sur le dos. Machinalement, je ralentis le pas. Leur reflet dans les vitrines – un bateau qui passe. J'entre derrière elles dans le Tianxiu Building.

Le bourdonnement d'une ruche. Des Chinois, des Africains, des Arabes – dans les boutiques aux parois de verre, tout le monde s'affaire, achète ou vend. Je ne vois pas d'Occidentaux et je me retire au Moka Coffee, où des commerçants africains discutent devant des cappuccinos et des croissants. Sur les tables, de petites pancartes préviennent le consommateur : *"Sorry, pay cash first, then eat."*

De nombreux Africains flânent par groupes devant les vitrines, mais, dans un magasin de jouets, au troisième étage, je tombe sur un Africain, seul, avec un ordinateur pour enfant. Il fixe, embarrassé, le mode d'emploi que le vendeur lui a donné. Quand il me voit, il dit en français : "Je cherche un ordinateur pour ma petite fille mais je ne comprends pas comment celui-ci marche." Il me tend la notice explicative en français. Lui-même ne s'en sort pas – il sait à peine lire et écrire.

Sa voix a le timbre agréable de l'Afrique de l'Ouest. Il s'appelle Cheikhna, il vient des environs de Markala, une ville malienne au bord du Niger, mais il habite à Brazzaville. Deux de ses enfants sont restés au Mali, chez son frère. "Ma fille est très intelligente, dit-il. Je lui ai déjà acheté un ordinateur mais on le lui a volé."

Il est heureux d'apprendre que je connais le Mali, que je suis allée à Markala et que je sais que beaucoup d'hommes ont quitté cette région pour se rendre à Brazzaville. Mon ami Bina est chef du bureau de poste d'un village au nord de Markala ; pendant la guerre civile au Congo-Brazzaville, il faisait de bonnes affaires parce que les femmes des commerçants maliens, qui étaient restées au village, s'inquiétaient pour leurs maris et téléphonaient souvent à Brazzaville.

Cheikhna hoche la tête : "À l'époque, je n'avais que quelques valises de marchandises – que j'ai perdues pendant la guerre." Tout en me parlant, il continue à marchander. Il lui faut deux ordinateurs, un pour sa nièce aussi, sinon son frère ne sera pas content. Le vendeur demande 240 yuans (26 euros) mais Cheikhna ne veut pas donner plus de 150.

"Give me sample, dit-il, *later I buy twelve"* (Donne-moi échantillon, plus tard j'achète douze).

Puis son attention est attirée par des poupées posées sur le sol. Elles portent un voile, des vêtements noirs et, quand on leur appuie sur le ventre, elles bêlent une chanson en arabe. Le vendeur doit en sortir une de son emballage plastique car sa fille est aussi curieuse qu'un garçon. Elle essaiera de la déshabiller. Il veut voir si c'est possible.

"J'ai quatre enfants, me dit Cheikhna. Du moins, j'en avais quatre." Il prend son téléphone portable et me montre la photo d'un bébé hydrocéphale. "C'est mon dernier enfant, une fille. Elle avait une très grosse tête, le liquide affluait vers son cerveau au lieu de s'écouler dans le reste du corps." Il y a quatre mois qu'elle est morte, après la énième opération. C'est le premier voyage qu'il fait depuis sa mort. Il a encore du chagrin, et sa femme aussi. "Si on l'avait emmenée dans un hôpital en France, peut-être qu'elle vivrait encore." Il me regarde. "Pourquoi on ne me donne pas de visa pour la France ? Je n'avais pas l'intention d'y rester – je voulais seulement faire opérer mon enfant."

Le vendeur chinois et lui n'arrivent pas à se mettre d'accord, ni sur les ordinateurs ni sur les poupées. Cheikhna promet de revenir. Nous sortons ensemble. Il marche à côté de moi, sûr de lui dans son costume et sa chemise rayée bleu clair avec un col haut à deux boutons. Un neveu lui a rapporté ce costume d'Europe. *Made in Italy*, peut-on lire sur la doublure de la veste. "Ça vient probablement de Chine, dit-il, mais c'est fabriqué pour le marché européen – on ne trouve pas ce genre de tissu au Congo.

— Au fait, tu ne dois pas aller à la Foire de Canton ?

— Non, non, ça c'est pour les commerçants riches. Si tu veux commander là-bas, on te demande : « Combien de conteneurs ? » Moi, je n'ai loué qu'une partie d'un conteneur. On ne peut pas importer de grosses quantités au Congo-Brazzaville car on n'est sûr de rien. Si la guerre recommence, tu perds tout d'un coup."

Les Africains de l'Ouest sont constamment harcelés. Parfois, des militaires entrent dans son magasin et sifflent entre leurs dents : "Gare à toi, un jour on viendra tout piller."

Il a emporté un tee-shirt et a demandé à une usine de la banlieue de Guangzhou de le reproduire en trois mille exemplaires. Il se promène et fait des emplettes en attendant qu'ils soient prêts. Il a l'intention de s'acheter un téléphone Samsung ; le sien a deux ans déjà, il est temps de le remplacer. Un bel appareil, il n'arrête pas d'y penser. "Tu veux le voir ?"

Nous traversons l'avenue Huanshi Zhong par la passerelle piétonne aux somptueux bougainvilliers. Il est bientôt une heure de l'après-midi et il y a plus de monde que ce matin. Des Africains se font immortaliser par des photographes chinois, le Tianxiu Building en arrière-plan. Des marchands ambulants proposent des colliers bon marché et des tapis de prière avec boussole pour les voyageurs musulmans. Au milieu du pont, un mendiant difforme fait tinter une boîte en fer ; plus loin, je vois une femme avec une tumeur goitreuse si énorme que je détourne le regard.

Deux garçonnets au crâne rasé avec une tresse au bas de la nuque tirent Cheikhna par la manche et ne le lâchent plus. Il s'en débarrasse d'un geste irrité. "Ici, ils ne savent pas mendier. Je suis musulman, je donne de l'argent aux pauvres, mais pas si on me force." Autrefois, tous les Chinois étaient pauvres, dit-il, ils n'avaient rien à manger, ils se mangeaient entre eux tellement ils avaient faim. "Tu sais que notre président, Modibo Keïta, est venu en Chine en 1964 et qu'il a apporté de l'or et du poisson pour Mao ? Mao a mis le poisson dans un étang, c'est pour ça qu'on peut manger du poisson partout ici. Et des mangues – t'as vu les mangues au marché ? Elles viennent du Mali. Sauf qu'ici, elles sont plus petites."

Des Chinois qui se mangent entre eux – je me demande s'ils apprécieraient d'entendre ça de la bouche d'un étranger. Je comprends tout à coup pourquoi Cheikhna se promène avec autant d'assurance : il est persuadé que le socialiste Modibo, qui était très prochinois, a contribué au succès économique de ce pays.

"Les Chinois sont de grands travailleurs, dit-il, surtout les vieux. Ils ont trimé et souffert pour faire de leur pays ce qu'il est devenu. S'ils vont dans une banque, on leur donne de l'argent sans problème, même s'ils n'ont pas de compte.

— Comment tu le sais ?

— Oh, c'est un Chinois qui me l'a dit."

Depuis l'an 2000, il se rend trois fois par an à Guangzhou pour approvisionner ses magasins de Brazzaville et de Kinshasa, sur l'autre rive du fleuve Congo. Avant, il allait au Maroc et en Côte d'Ivoire, mais c'est seulement depuis sa découverte de Guangzhou que ses affaires marchent bien. "Les yeux de nos parents étaient fermés, mais les nôtres sont ouverts – nous voyons tout. Je ne suis pas allé à l'école mais

Dieu m'a quand même aidé à faire du chemin dans la vie." Il hésite un instant et ajoute : "De même qu'Il m'a donné un enfant et me l'a repris."

Nous avons pénétré dans l'Oversea Trading Mall, en face du Tianxiu Building. À nouveau des magasins avec des comptoirs en verre où s'étalent des téléphones, des DVD et des CD. Des boutiques de vêtements, parfois tenues par des Africains. Je les vois défiler rapidement car Cheikhna avance à vive allure. Nous nous arrêtons devant un Malien qui vend des chaussures, des porte-monnaies et des ceintures dans le passage.

*"Diallo, comment !**

— Cheikh, depuis quand ?"*

Des passants accostent Cheikhna, l'appellent *grand patron**. Une mélodieuse litanie de sons bambara remplit l'espace. De même qu'au Mali ils s'informent de la santé de leurs familles réciproques, ici ils demandent quand l'autre est arrivé et dans quel hôtel il est descendu.

Puis nous sommes à nouveau dans la rue. Un Africain passe dans une grosse Buick noire. "Regarde, dit Cheikhna, certains d'entre nous ont déjà des voitures ici." Tout à l'heure, il pleuvait, maintenant le soleil a percé le ciel laiteux et de jeunes Chinoises au teint blême ont sorti leur ombrelle. Dans le grand hall de l'African Trade Center, les vendeurs chinois sont assis sur des tabourets derrière des présentoirs lumineux en verre. Cheikhna a déjà marchandé le prix d'un Samsung, maintenant il essaie de l'avoir moins cher ailleurs.

"Papa, long time no see. Where you go ?" (Papa, longtemps pas vu. Toi allé où ?), demande-t-il à un Chinois à qui il achète parfois des téléphones.

L'homme rit. *"We here. You not come"* (Nous ici. Toi pas venir).

Cheikhna étudie le Samsung que l'homme lui a tendu, le soupèse. Avant, les téléphones étaient plus légers, mais comme les Africains n'aiment pas ça, les Chinois les font plus lourds.

"Papa, this good? Battery how long?" La qualité des batteries est importante car à Brazzaville, on passe souvent des journées entières sans électricité.

Au fond du hall, il y a des groupes électrogènes – du genre qui se mettent automatiquement en marche lors d'une panne d'électricité dans un quartier aisé en Afrique. Cheikhna regarde autour de lui. "C'est beaucoup plus calme que d'habitude, remarque-t-il. C'est un problème pour les vendeurs chinois, ils louent leur vitrine à l'année – dans l'intervalle, ils ne peuvent pas partir."

Il ne prend pas encore de décision concernant le téléphone, mais, une fois dehors, il n'arrête pas d'en parler. Le prix a baissé de 1 300 yuans à 1 000 yuans (110 euros). Il voudrait l'avoir pour 900 yuans. "Ça me travaille", dit-il. Mais d'abord, il faut qu'il fasse venir de l'argent de Brazzaville.

Le Tianxiu Building s'avère être une grappe de tours. À l'arrière du bâtiment principal, les gens font la queue devant les ascenseurs. Ils se saluent en bambara, lingala, swahili.

Au dix-huitième étage, une odeur de cuisine nous chatouille les narines. La Malienne Badiallo a installé son restaurant dans ce qui a dû être un appartement. Un photocollage sur un mur bleu azur la montre dans un magnifique boubou, des boucles d'or aux oreilles, la ligne des toits de Bangkok en arrière-plan, mais, sous la photo, Badiallo est en train de téléphoner en essuyant la sueur de son front, le regard éteint. Dans un coin, un écran de télé sur lequel le groupe guinéen Bembeya Jazz National joue un air familier.

Nous nous asseyons à une table maculée près de la fenêtre. Guangzhou s'est développée de façon si spectaculaire ces dernières décennies qu'elle craque de toutes parts ; en dessous de nous, les passerelles piétonnes et les ponts autoroutiers pullulent.

Maintenant que je suis assise en face de Cheikhna, je vois qu'il est nerveux. Il a un tic à la hauteur de la narine gauche et n'arrête pas de renifler, comme s'il était enrhumé. "Je ne sais pas ce que j'ai, dit-il, une allergie, je pense." Un Malien parlant le chinois l'a emmené chez un médecin qui lui a prescrit des médicaments.

Le téléphone de Badiallo n'arrête pas de sonner. Des commerçants maliens commandent leur repas de leurs chambres d'hôtel, dans les environs. Sur des chaises alignées contre le mur, des Chinois attendent. Dès que Badiallo a fini de préparer une commande, l'un d'eux s'en empare et disparaît.

Je mets un moment à comprendre ce qu'il se passe. "Donc, des garçons de courses chinois livrent les repas ?

— Mais bien sûr, ils sont pauvres, ils viennent de la brousse, ils sont venus en ville pour trouver quelque chose. Ils sont contents de gagner un peu d'argent."

Nous avons commandé du riz au poisson. Cheikhna pousse les piments rouges sur le bord de son assiette. Il a des problèmes d'estomac. D'habitude, il mange chez McDonald.

“Et chinois ? Tu ne manges jamais chinois ?

— Non… les Chinois mangent de tout, même des moustiques. Leurs poissons, ce sont des serpents !”

Il a une montre à trois fuseaux horaires et appuie sur l’un des boutons. Presque neuf heures à Brazzaville, sept heures plus tôt qu’ici. C’est le moment d’appeler son cousin Youssoufou qui s’occupe de son magasin en son absence. Je l’entends s’agiter au téléphone, il soupire en raccrochant.

“Qu’est-ce qu’il y a ?

— Mon coffre-fort – j’ai besoin d’argent mais les piles de mon coffre-fort sont vides depuis hier. Youssoufou les a changées et maintenant le code de la serrure est déréglé.

— Pourquoi ne l’emmène-t-il pas chez un forgeron ? Il arrivera sûrement à l’ouvrir.

— Pour qu’il sache combien il y a dedans ? Pas question.”

Le drame se poursuit dans la rue, où Cheikhna, de plus en plus paniqué, continue à appeler Youssoufou. Ce n’est que lorsque nous buvons du thé dans un restaurant halal qu’un coup de téléphone vient l’apaiser. “Il a ouvert le coffre avec un marteau et un burin”, dit Cheikhna, soulagé. Puis il se ravise : “Si ce coffre s’ouvre aussi facilement, c’est qu’il ne vaut rien, non ? On dirait du carton !

— Tu l’as acheté où, ce coffre ?

— En Chine.” Il a coûté 50 dollars. “Je suis sûr que les coffres français sont bien plus solides”, fulmine-t-il tout en tournant furieusement sa cuillère dans son thé. Il me demande pour la seconde fois : “Pourquoi les Français ne veulent pas me donner de visa ?

— Qu’est-ce que tu irais faire là-bas ?

— Jeter un coup d'œil, rien de plus. Peut-être que je voudrais ouvrir un autre magasin à Brazzaville, avec des vêtements européens. Tout le monde n'aime pas les produits chinois."

Je lui donne un bonbon à la menthe. Il étudie le papier, le goûte consciencieusement, puis demande d'où il vient, combien il coûte. "Toi et moi, on pourrait faire de bonnes affaires ensemble. Ils font du lait en poudre en Hollande, n'est-ce pas ? Combien coûte une boîte de cinq kilos ?

— Je n'en ai pas la moindre idée.

— Si nous importions un conteneur de lait en poudre au Congo – ça partira en moins de deux, rêve-t-il.

— Mais je ne connais rien au commerce.

— Ce n'est pas grave, je t'apprendrai."

Mon téléphone sonne. Le temps de répondre et Cheikhna a disparu. Je suppose qu'il est allé aux toilettes, mais il ne revient pas et, lorsque j'appelle le numéro qu'il m'a donné, ça ne répond pas.

La nuit tombe aussi vite qu'en Afrique. Brusquement, il fait sombre et partout des lumières s'allument. Un mendiant cul-de-jatte roule sur le trottoir. Il est à plat ventre sur une planche à roulettes. Des textes du Coran s'élèvent plaintivement d'un magnétophone à cassettes fixé à la planche à l'aide d'une ficelle.

Vingt minutes plus tard, Cheikhna est de retour. Il était parti prier.

"Il y a une mosquée dans le coin ?

— Non, non, je prie… quelque part." Il regarde le carnet dans lequel j'ai pris des notes pendant son absence. "Tu vas avoir des problèmes avec ton livre, car les commerçants ont beaucoup de secrets.

Guangzhou est bien plus grande que Dubaï, chacun a sa propre route et essaie de la cacher aux autres. Je peux trouver un produit et le vendre 15 dollars à Brazzaville, mais si quelqu'un d'autre le trouve aussi et décide de le vendre 10 dollars, je suis foutu."

Il ne tient pas en place sur sa chaise – je crois qu'il veut partir.

"Qu'est-ce que tu ferais maintenant si je n'étais pas là ?

— J'irais voir mes amis." La plupart se sont installés à Guangzhou, certains ont même fait venir leur femme et leurs enfants. "On reste souvent ensemble jusqu'à quatre heures du matin. Tant que les magasins sont ouverts à Bamako ou Brazzaville, on n'arrive pas à se coucher, parce qu'on nous appelle constamment. L'un veut un ordinateur, l'autre…

— Je peux t'accompagner ?"

Il secoue la tête.

"Pourquoi ?

— Les gens vont jaser. Tout à l'heure, déjà, quelqu'un voulait nous photographier et montrer la photo à ma femme. Sa femme est très belle, dit-il fièrement. Si tu la voyais tu te demanderais comment j'ai fait pour la trouver.

— On n'a qu'à téléphoner à ta femme pour lui dire qui je suis.

— Non, non, tu ne connais pas les Maliens…"

Je suis venue en bus ? Ce n'est pas sans risque. Parfois, le bus est bondé et on est collés les uns aux autres. "On te vole ton argent en moins de deux, ou même ton sac." Il me prend la main quand nous traversons la rue et m'aide à héler un taxi. "Tu dois faire attention avec les chauffeurs de taxi, parce que les Chinois, ils ne voient pas la nuit. Pas comme nous qui sommes habitués aux pannes d'électricité."

Quand je montre la carte de visite avec mon adresse au chauffeur, celui-ci allume sa lampe et plisse les yeux. Cheikhna rit : “Qu’est-ce que je te disais ? Les Chinois sont aveugles la nuit.”

Dans l’avenue Huanshi Zhong, des commerçants africains flânent devant les vitrines, mais plus loin les rues sont désertes. Ce matin, le bus traversait un quartier chinois mais le chauffeur s’engage sur un pont autoroutier et la ville disparaît en dessous de nous. Des tours grises se dressent de chaque côté de la route. Je suis à nouveau dans la grande Chine inconnue. Tandis que le taxi fonce sur une autoroute dont les embranchements s’élargissent en éventail, Chocolate City semble se refermer derrière moi.

J’attends Cheikhna dans le hall du Garden Hotel. Sur le chemin du retour, il va s’arrêter en Thaïlande ; ce matin, il doit aller chercher son visa au consulat général de Thaïlande, dont les bureaux se trouvent dans le Garden Hotel. Nous avons rendez-vous à onze heures, mais, à onze heures et demie, il n’est toujours pas là. Son téléphone est éteint, m’informe une voix métallique en chinois et en anglais. Est-ce qu’il dort encore ? S’il se couche à quatre heures du matin, c’est plausible.

Le sol du hall de l’hôtel brille comme une patinoire. Lumières tamisées, musique chinoise en fond sonore – à la cafétéria, les gens parlent à voix basse. J’aperçois quelques Africains. Des hommes en costume coûteux, porte-documents en cuir à la main, une tout autre envergure que les débrouillards avec qui j’étais hier. Des diplomates ? De riches visiteurs de la Foire de Canton ?

La voix mélodieuse de Cheikhna, les mots par lesquels il termine ses phrases, résonnent encore à mes oreilles : *"Ou bien? Vrai ou faux?*"* Une façon typiquement malienne d'entretenir la conversation. J'ai d'abord pensé qu'il était soninké, ce peuple de commerçants ouest-africains qui voyagent dans le monde entier, mais il m'a dit qu'il était peul, fils d'un agriculteur qui cultivait du maïs, du millet et du riz. Je l'imagine courant dans les rues poussiéreuses de son village natal dans un boubou sale; à cinq ans déjà, il aidait son père dans les champs.

Avec Cheikhna à mes côtés, j'avais la sensation d'être dans le grand huit. Solidement ancrée à ma chaise malienne, je glissais dans les rues de Guangzhou – qui, en sa compagnie, ne semblaient pas aussi inextricables que je le craignais. Mais il m'a prévenue : Guangzhou est moins sûre que Dubaï. M'aurait-il déjà fait faux bond?

Après avoir examiné tous les recoins du lobby de l'hôtel, je sors en traînant le pas. Dans l'Oversea Trading Mall, je pars à la recherche de la vendeuse chinoise auprès de qui nous nous sommes arrêtés hier et qui, comme toutes les jeunes femmes ici, a pris un nom anglais. Il est midi et Mimi mange dans une barquette en plastique devant son ordinateur. En plus de tee-shirts au prix de gros, elle vend des accessoires pour ordinateurs, des piles et des cartes prépayées pour téléphoner à peu de frais en Afrique, si bien qu'elle a beaucoup de passage. Je viens à peine de m'affaler sur le canapé en similicuir qu'un Nigérian bruyant débarque; il a une boutique au premier étage et veut savoir à quelle heure ouvre le salon de coiffure chinois qui fait face à la boutique de Mimi.

Le Nigérian a habité à Padoue ainsi qu'à Francfort et il a conclu que, pour lui, il n'y avait plus de profit à faire en Europe. "J'ai appris le chinois sans livre, car je suis un *brain boy*", dit-il. Mimi, imperturbable, continue à manger. Elle est si petite et semble si fragile, elle vient de la campagne et n'a pas terminé l'école secondaire – je me demande comment elle tient le coup dans cet environnement où règne l'audace, mais elle n'a pas l'air d'être le moins du monde intimidée. Elle connaît un Africain qui chante dans un bar des rengaines sentimentales chinoises. Il est fou d'un chanteur chinois et vient tous les après-midi répéter son répertoire chez elle.

"Les Nigérians sont des menteurs, dit-elle quand son voisin du dessus est parti. Parfois ils me racontent une chose et, le lendemain, ils disent le contraire chez le coiffeur d'en face."

Mon téléphone sonne. C'est Étienne, que j'essaie de joindre depuis mon arrivée. Je tends mon téléphone à Mimi : "Tu pourrais lui expliquer où je suis ?

— À en juger par son accent, ton ami vient du nord de la Chine, dit-elle.

— Non, non, c'est un Congolais."

À Amsterdam, un Congolais de ma connaissance m'a donné son numéro. Ils ont étudié ensemble à Beijing au début des années quatre-vingt. Ensuite, Étienne est descendu à Guangzhou. Ce qu'il y fabrique exactement, son ami ne le savait pas. Il supposait qu'Étienne avait fait son trou dans le monde des négociants africains.

Mon séjour à Dubaï m'a habituée aux rendez-vous fluctuants et aux conversations interrompues par des visites ou des coups de téléphone. Dans le genre distrait, Étienne décroche la timbale. Il est très gentil, mais il écoute à peine ce que je dis. Cette fois, c'est le coup de téléphone d'une commerçante énervée qui requiert toute son attention.

Nous sommes dans un restaurant à l'arrière de l'Oversea Trading Mall, que le langage populaire appelle la "Galerie Éléphant". *"Warm tips – take good care of your valuables"* (Un bon conseil – surveillez vos objets de valeur), nous prévient une pancarte au mur. Etienne plante machinalement sa fourchette dans le poisson gras qu'on lui a servi. Il a des calculs rénaux, son médecin lui a dit de surveiller sa nourriture et de boire beaucoup. Entre deux coups de téléphone, ses yeux glissent vers l'écran de télévision où se déroule un drame chinois. Un quart d'heure après notre rencontre, je suis déjà réduite au rôle de spectatrice.

Suivre le mouvement, c'est la seule chose à faire dans ces cas-là, ai-je appris au Congo. Aussi je tends l'oreille à ses conversations téléphoniques et je lui pose des questions entre deux appels car, si Étienne est trop fatigué pour écouter, il a encore juste assez d'énergie pour parler. Il a une petite entreprise qui oriente les commerçants africains dans la ville et qui facilite l'expédition de leurs marchandises.

Je m'apercevrai que, dans ce business, beaucoup de gens se comportent comme Étienne; ils sont tellement débordés qu'ils n'ont plus de temps pour autre chose. La nuit, ils dorment mal; brusquement, ils sont réveillés par un client qui ne tient pas compte du décalage horaire et qui veut savoir pourquoi son conteneur n'est toujours pas arrivé, alors qu'il flotte encore sur l'océan Indien entre Guangzhou et Dar es-Salaam.

Étienne est arrivé en Chine en 1982 pour étudier l'électrotechnique. "À cette époque, Beijing était moins propre que Kinshasa, dit-il, il n'y avait rien dans les magasins, tout le monde se baladait en tenue bleu Mao – comparé à Kinshasa, je régressais." Après ses études, il a commencé à travailler à l'ambassade de son pays. Quand on a cessé de le payer, il a profité – comme bien d'autres ex-étudiants – de la politique d'ouverture pour mettre cap au sud.

"La province du Guangdong se trouve loin de la capitale, elle se prêtait donc bien à l'expérience économique de Deng Xiaoping, explique Etienne, car, comme le dit un vieux proverbe chinois : Les montagnes sont hautes et l'empereur est loin." Il parle de façon mécanique et répond, entre-temps, aux appels de plus en plus furieux de la commerçante. Quand je lui demande ce qu'il se passe, il ricane : "Il y a des femmes qui s'ennuient. Elles sont dans leur chambre d'hôtel et elles pensent : allez, je vais l'appeler encore. Ça crie, ça vocifère – pour te harceler, pour te faire sentir qu'elles ont du pouvoir." Il reste calme sous les injures, mais il finit par dire : "Je dois quand même passer au bureau pour prendre le document qu'elle réclame."

Deux enfants africains, leur cartable sur le dos, attendent au feu rouge. Une bonne chinoise les chaperonne. Je suis le trio du regard, mais Étienne marche comme un zombie à mes côtés. Nous essayons d'arrêter un taxi. Ils continuent tous leur chemin alors que certains sont vides. "Ça arrive souvent ?"

Étienne hausse les épaules. “Il y a des Africains qui sont montés un jour dans un taxi et ont refusé de payer à la fin de la course – on en subit tous les conséquences.”

Les Chinois sont racistes, je l'ai souvent entendu dire quand je préparais mon voyage, ils méprisent les Africains, les traitent de *hei gui* (diables noirs). Mais quand je prononce les mots *hei gui*, Étienne rit. Les Japonais ne s'en sortent pas mieux. Ce sont des *Riben gui* (diables japonais). “Les Chinois qui nous appellent diables noirs sont des ignorants. Ils pensent que tous les Africains vivent en brousse. Ils ne connaissent pas nos villes, ils ont vu des films sur l'esclavage, c'est tout leur savoir. Certains Chinois trouvent que les Africains puent, alors qu'eux-mêmes ne se lavent pas en hiver. Et là, dans le bus, ça sent fort le bouc!”

Son bureau n'est pas loin, on décide de s'y rendre à pied. “Bien sûr qu'il y a du racisme ici, dit Étienne, même si j'ai du mal à me fâcher contre quelqu'un qui ne porte pas de chaussures et ne se lave pas mais qui me traite de haut parce que, soi-disant, je pue.”

Une fois, il était dans la ville voisine de Foshan avec un client africain. Tous deux avaient pris une moto-taxi. Étienne devait faire attention à ne pas perdre son client de vue car il ne parlait pas le chinois. Une moto-taxi a frôlé celle d'Étienne, le passager a saisi son sac, mais Étienne l'a serré contre lui et n'a pas lâché prise. Dans la panique, son chauffeur a perdu l'équilibre et ils sont tombés. “J'étais blessé, mes vêtements étaient déchirés et j'ai failli me faire écraser par une voiture, mais le chauffeur n'a pas eu le moindre geste de compassion. Il criait qu'il était tombé par ma faute et me reprochait de ne pas avoir lâché mon sac."

Mais les Africains sont aussi durs entre eux, me dit-il. Un compatriote qui habite la ville voisine de Shenzhen, une des municipalités les plus peuplées de Chine, avait laissé 40 000 dollars dans le coffre d'une compagnie de transport à Guangzhou. Les employées chinoises de l'entreprise font la connaissance de deux Nigérians qui leur racontent qu'ils ont fait entrer clandestinement une grosse somme d'argent provenant d'un héritage. Pour des raisons de sécurité, ils avaient dû peindre l'argent en noir ; à présent, ils avaient besoin de liquide pour acheter le produit coûteux qui allait nettoyer leur argent. "Des pratiques de mafieux, dit Étienne, mais les filles qui travaillent dans ces entreprises viennent de la campagne – elles n'ont jamais entendu parler de ce genre de chose." Les Nigérians leur font voir comment marche le fameux produit et leur promettent une partie de la somme héritée si elles leur avancent l'argent. Là-dessus, les filles leur remettent les 40 000 dollars en toute confiance. "Bien entendu, elles n'ont jamais revu ces Nigérians."

Le hall du bâtiment qui abrite l'entreprise d'Étienne est imposant, mais le couloir, au sixième étage, sent le renfermé et, quand il ouvre la porte de son bureau, je vois qu'il n'a pas pris la peine d'aménager la pièce. Dans le recoin délimité par une paroi transparente qui lui sert de bureau, la secrétaire chinoise est en train de chatter avec une copine. Il n'y a pas de corbeille à papier, la lampe de l'imprimante poussiéreuse envoie un signal d'alarme et, sur le bureau d'Étienne, au milieu de la pièce, les dossiers s'entassent. Ici et là, des bagages que des clients ont laissés. “Je vais bientôt devoir déménager, dit Étienne tout en cherchant son document parmi les paperasses. Il y a trop de migrants dans ce bâtiment – les Chinois ne veulent pas qu’on s’agglutine, bien qu’ils le fassent eux-mêmes partout dans le monde.”

Je montre un tas de paquets de papier hygiénique. “Et ça, qu’est-ce que c’est ?

— Oh, ce sont des échantillons du papier avec lequel on peut remplir un conteneur où on n’aurait mis, par exemple, que le contenu d’un monte-charge.”

La commerçante agitée appelle à nouveau. Cette fois, Étienne ne répond pas. “Elle peut attendre – que je trouve d’abord ce document.”

Sur la place, devant la Galerie Éléphant, un homme corpulent, une canette de bière Heineken à la main, est assis sur un tabouret. Bien qu’une casquette noire lui cache une partie du visage, son profil et les gestes par lesquels il appuie son discours me sont familiers. Je fais quelques pas vers lui. “Dédé ?”

Il me regarde d’un air étonné. “Qu’est-ce que tu fais là ?” Et puis : “Tu me poursuis jusque sur la lune !”

Il y a des années, nous nous étions déjà retrouvés par hasard à la terrasse d’un café à Kampala, la capitale de l’Ouganda. Son frère Guy et leurs femmes, Zaytoun et Rachida, sont là aussi et, soudain, c’est comme si j’avais de la famille dans cette ville. Et pas n’importe laquelle : les Lusangi, qui, au Congo, détiennent une compagnie de bus, des restaurants, des hôtels et des plantations de palmiers à huile – qui sont *tout-terrain**, comme disent les Congolais.

En pleine guerre, Guy a ouvert un café-restaurant au centre de Kisangani. “Riviera” – le nom bourdonnait dans les rues. Surplombant de haut les miroirs du bar et le mobilier luisant, les ventilateurs brassaient l’air humide. Ceux qui n’avaient pas assez d’argent pour s’asseoir sur un tabouret au bar ou sur une chaise en plastique à la terrasse, pouvaient du moins passer devant pour voir si c’était aussi beau qu’on le disait. Guy rit à l’évocation de cette période. “La décoration intérieure venait de Dubaï, dit-il. On ne connaissait pas encore Guangzhou, à l’époque.”

Ils font des achats pour les nouveaux hôtels, maisons et appartements qu’ils construisent à Kinshasa et à Kisangani, et, dans la foulée, ils s’accordent des vacances. À l’aller, ils se sont arrêtés chez des parents à Oman, car ils ont des ancêtres non seulement congolais et belges, mais aussi arabes.

En compagnie des Lusangi, on rit, on mange et on boit. Sur les sets de table en papier du restaurant brésilien type *“all you can eat”* où nous atterrissons ce soir-là, figure une vache dont toutes les parties comestibles sont numérotées. Des serveurs coiffés de chapeaux de cow-boys s’approchent des tables avec des brochettes de viande grillée et découpent des morceaux du numéro désiré sur votre assiette. L’ambiance est ostensiblement joyeuse. Un orchestre avec un guitariste noir et une chanteuse latino en short rend toute conversation impossible et, pourtant, tout le monde parle en même temps. “Guangzhou, crie Dédé au-dessus de la cohue, *c’est Kinshasa qui marche !**”

Ce style de restaurant à spectacle est fort apprécié des commerçants aisés. Il y a pas mal de *bwanas* (des gros bonnets) congolais parmi les clients et, de temps à autre, quelqu'un fait un signe dans notre direction ou se déplace pour saluer Dédé. Zaytoun est affectueusement appelée “Maman Rose”. Elle est la figure de proue de la compagnie de bus du même nom qui fait la navette entre Kinshasa et la ville portuaire de Matadi.

Guy n'est pas là, il avait rendez-vous avec Abu, le manager d'Al-Heelam, dont j'ai rencontré le père à Dubaï. Quand il nous rejoint en fin de soirée, il a l'air misérable. Abu l'a emmené dans un restaurant de poisson. “Imaginez-vous un peu, le restaurant était rempli d'aquariums, je devais montrer le poisson que je voulais manger.” Guangzhou est connue pour son obsession des produits frais ; une fois, je mangeais avec un Chinois quand le serveur a plongé, sous mes yeux, des sardines frétillantes dans un bol de bouillie de riz brûlante. Chez lui, à Kisangani, Guy a un aquarium éclairé dans lequel des poissons tropicaux nagent entre des fougères en plastique ; je peux imaginer son dégoût à l'idée de manger un poisson d'aquarium.

“Quand j'ai vu ce qu'Abu a dû payer, j'ai été malheureux pour de bon.” Guy regarde avec regret les restes de notre repas. “J'aurais mille fois préféré rester avec vous.”

Les Lusangi logent dans la ville voisine de Foshan, près des halls d'exposition de meubles et accessoires qu'ils cherchent à acquérir. C'est la première fois que je quitte Guangzhou. Je pensais que j'aurais du mal à trouver mon chemin au milieu de la foule des Chinois qui se pressent dans la grande gare routière, mais, à l'accueil, quelqu'un me demande en anglais où je veux aller, après quoi la caissière m'indique un numéro au premier étage. Je monte dans le bus avec un sentiment de triomphe.

De chaque côté de la route de Foshan, une grisaille de bâtiments rectangulaires s'étend sous un ciel bas. Les volutes de fumée qui s'élèvent des cheminées m'apprennent que ce sont des usines. *"Heng Feng Aluminium has great renown oversea"* (Heng Feng Aluminium a grand renom au-delà des mers), proclame une usine sur toute la longueur de sa façade.

À Foshan, j'arrête une moto-taxi, j'appelle Dédé et je laisse son chauffeur expliquer au mien où il doit se rendre. Toute la famille Lusangi est réunie dans un hall d'exposition qui semble avoir été construit à la hâte et où tout porte la marque du provisoire. Ils cherchent des carreaux. Un jeune Congolais qui étudie à Guangzhou leur sert d'interprète. Dehors, des triporteurs vont et viennent dans les ruelles sablonneuses en faisant un boucan du diable.

Dédé a perdu beaucoup de temps à la banque ce matin. Une erreur s'est glissée dans son nom sur le formulaire de demande de transfert d'argent. L'employé de banque, trouvant que cela dépassait ses compétences, a fait appel à son chef qui a tout repris de zéro. Dédé soupire. "C'est toute une affaire de leur expliquer qu'il y a deux Congos : Congo-Brazzaville et Congo-Kinshasa. Ils refusent de comprendre."

Nous montons dans un bus de location pour aller à Shunde, la ville des meubles. Dans de nombreux pays d'Afrique, dès qu'on quitte la ville, on tombe dans un trou du temps. L'Africaine en moi pensait qu'il en était de même en Chine, mais ici les gens semblent encore plus affairés qu'à Guangzhou. Dédé regarde à travers la vitre. "Chez nous, tout le monde veut travailler dans un bureau et ne pas se salir les mains, dit-il, mais les Chinois travaillent même le dimanche. Tous les Congolais veulent faire de la politique, car c'est le meilleur moyen de s'enrichir.

— Lorsqu'un homme politique entre en fonctions, surenchérit Guy, il commence par donner une grande fête, et comme il n'a pas d'argent, il s'endette." Il est bien placé pour le savoir car certaines de ces fêtes se tiennent dans son hôtel à Kisangani. "Quelques mois après sa nomination, un général a déjà quatre bateaux. Personne ne se demande comment il se les est procurés."

"Les ministres de Kabila sont des paysans comparés à ceux de Mobutu", dit Rachida qui, en tant qu'hôtesse, a eu affaire à la nouvelle et à la vieille garde. À côté d'elle, Zaytoun se tait. À ma grande surprise, elle porte depuis peu un foulard sur la tête et des vêtements amples et sombres, comme une musulmane pieuse, alors que son mari, Dédé, se targue de boire dix canettes de bière Heineken par jour.

Nous passons le reste de la journée à la Louvre Casa à Shunde, un paradis du meuble de six étages. Dans des magasins qui s'appellent Europa ou Furniture Aristocratic Life, nous essayons des salons en cuir et similicuir, examinons des vases et bouquets en plastique, étudions des reproductions de Van Gogh, Monet, Toulouse-Lautrec et d'autres peintres moins talentueux : des allées automnales, des fermes affaissées, un manoir au clair de lune. L'Europe n'est jamais bien loin, me dis-je avec une secrète joie, même si cette fois-ci c'est une main chinoise qui l'a peinte.

Maintenant je comprends d'où vient l'inimitable kitsch que je vois dans les maisons de l'élite congolaise : les salons surchargés, les tables aux pieds chantournés, les cygnes, lions et crocodiles dorés. Dédé et Zaytoun choisissent sept guéridons identiques en bois dont le support est une Africaine portant un bébé sur le dos ; Guy achète un léopard argenté à la gueule ouverte pour son *salon VIP**, comme il l'appelle.

"Nos enfants ont acheté tous leurs meubles à Kinshasa, dit Rachida, soi-disant fabriqués en Italie, mais en fait ils venaient de Chine. Seulement, ils les ont payés dix fois plus cher." Parfois, elle s'arrête devant une chaise en osier ou un panier tressé et demande d'un air pensif : "Pourquoi nous ne fabriquons pas ça chez nous ? C'est pas le matériau qui manque." Zaytoun dit qu'au Congo les finitions sont bâclées, et elle achète même quelques imitations de nids d'oiseaux.

Le short de Dédé laisse voir ses jambes épaisses et courtes ; sa large chemise n'arrive pas à dissimuler son ventre. Derrière son dos, une vendeuse chinoise esquisse de la main le ventre d'une femme enceinte et me sourit d'un air complice. Guy trimballe un paquet de factures de plus en plus volumineux sous le bras et finit par repasser dans tous les magasins pour dire qu'un camion viendra prendre les marchandises demain matin.

Plus la journée avance, plus je me sens triste à l'idée du long voyage qui attend les marchandises des Lusangi. Alors que le bois de certains de ces meubles vient peut-être du Congo. Mais dans la voiture, sur le chemin du retour, la bonne humeur règne. Ils s'essaient à parler chinois avec le chauffeur et imitent les vendeurs qui n'arrivent pas à prononcer le "r" et qui, comme les Rwandais, disent *"tomollow"*.

Guy, assis à côté du chauffeur, annonce que nous allons manger dans un restaurant halal. C'est lui qui régale, car aujourd'hui c'est son anniversaire. "Raconte au chauffeur que j'ai un frère jumeau", dit-il à l'étudiant congolais.

"Qui est né le premier ? demande le chauffeur.

— Mon frère. Je suis arrivé plus tard, accouchement par le siège et cordon ombilical autour du cou." Comme l'étudiant ne traduit pas tout de suite, il lui donne un coup de coude. "Dis-lui ça aussi – qu'il sache à quel point je suis dangereux !"

J'écoute, gênée. Je suis toujours contente de voir les Lusangi, mais les incongruités et les limites du monde où ils évoluent finissent toujours par me mettre mal à l'aise. Le chauffeur, cependant, est mort de rire et, au feu rouge, Guy et lui se frappent fraternellement les paumes.

La carte de visite que Mister Nasher m'a donnée avec les coordonnées de son fils Abdullatif, qui a ouvert une filiale de la société de conteneurs Al-Heelam à Guangzhou, me brûle la poche depuis plusieurs jours déjà. Je dois avoir trouvé mes marques à Guangzhou avant d'aller le voir, ai-je décidé – sinon l'entretien tournera court. Le siège d'Al-Heelam est pratiquement en face du Tianxiu Building, je suis déjà passée devant plusieurs fois. Un après-midi, je prends mon courage à deux mains et j'entre.

Des clients africains attendent leur tour devant le comptoir d'accueil, et derrière, dans un bureau paysagé, une quinzaine de jeunes Chinoises tapent à qui mieux mieux sur leur clavier. Une secrétaire m'accompagne jusqu'à un bureau au fond du couloir où je découvre une version plus remuante de Mister Nasher. Abdullatif – Abu pour les intimes – n'a que vingt-huit ans mais il maîtrise parfaitement cinq langues, dont l'arabe, le swahili et le chinois. Les vents côtiers qui déterminent sa vie l'ont touché comme une baguette magique : avec une aisance remarquable, il navigue en parlant entre le Yémen (d'où vient sa famille), le Kenya (où il est né), Dubaï (où il a grandi) et Guangzhou.

L'aventure chinoise d'Abu a commencé à Beijing. Bien qu'il préfère le nord au sud de la Chine, il a interrompu les études de commerce qu'il faisait là-bas. Il s'approche d'une vitrine et en retire un livre abîmé par de nombreuses lectures. "J'ai davantage appris là-dedans que pendant toutes mes études à Beijing." *How to Win Friends, Influence People and Succeed in a Changing World* – il est franchement étonné que je ne connaisse pas le *Comment se faire des amis* de l'Américain Dale Carnegie, le gourou des managers. Dans sa voiture, il écoute la version audio de *Les 7 Habitudes des gens efficaces* et *Le Portefeuille de Warren Buffett*. Sa dernière acquisition est *The American Journey of Barack Obama*. "Avant, pas un seul Chinois ne savait où se trouve le Kenya. Aujourd'hui, si je dis où je suis né, tout le monde s'écrie : « Ah, le pays d'Obama ! »"

Abu est arrivé à Guangzhou il y a cinq ans. "Je pensais y rester six mois – dit-il en jouant avec le flacon de parfum oriental posé sur la table –, le temps d'établir une filiale d'Al-Heelam. Mais je ne me vois pas encore partir de sitôt." C'est un homme d'action, comme son père : un saut en avion pour ouvrir une nouvelle filiale en Angola ; un passage au Congo pour améliorer les services d'Al-Heelam avec des agents locaux ; au retour, une escale en Tanzanie où habite une partie de sa famille.

Bientôt, c'est une vraie cascade de récits. Entre-temps, Abu répond au téléphone, surveille du coin de l'œil son ordinateur où un son bref signale l'arrivée d'un courriel, discute d'un problème quelconque avec Tracy, son assistante chinoise – puis reprend la conversation là où il l'avait laissée. C'est le côté agréable de la vie trépidante à Guangzhou : les situations imprévues sont monnaie courante et les gens sont habitués à faire de la place à un visiteur inattendu.

À côté du bâtiment qui abrite les bureaux d'Abu se trouve un entrepôt de qat, une drogue douce qu'utilisent de nombreux Yéménites et Africains de l'Est. Il suffit de traverser la rue pour acheter des feuilles de qat enveloppées dans du papier d'aluminium, et on peut même se les faire livrer. "C'est un grand business, dit-il. Les feuilles fraîchement cueillies sont acheminées chaque jour par Ethiopian Airlines. Dernièrement, un vol a été annulé : tous les mâcheurs de qat étaient déprimés."

Comme ses deux grands-pères sont yéménites, Abu a entendu parler du commerce du qat dès son arrivée à Guangzhou. Au Yémen, on peut percevoir une partie de son salaire en qat et obtenir un bonus sous forme de qat des montagnes, qui est censé augmenter les performances sexuelles. "D'après moi, mâcher du qat te rend dépendant, mais les

Chinois n'en ont pas la moindre idée, ils appellent ça : mâcher du thé."

Abu est particulièrement réceptif à la cocasserie et à l'absurdité de la vie à Chocolate City et, bien qu'il y soit plongé, il en parle avec distance et étonnement. Je passerai bien des heures aussi instructives qu'amusantes en sa compagnie, dans son bureau, au café ou au restaurant et, vers la fin, même au sauna où Abu et son assistante Tracy vont parfois se détendre après une journée agitée.

De tous ses clients, les Congolais sont les plus difficiles. "Surtout les gens de Kinshasa, ils sont durs et s'imaginent que tout leur est dû. *« Me mkubwa »* (Je suis un grand monsieur), disent-ils. *The minute you try to help them, they mess you up* (À la minute même où tu essaies de les aider, ils t'embrouillent)."

Une Congolaise du Katanga, dont le mari occupe un poste important dans l'exploitation minière, a commandé pour 30 000 dollars une table, des chaises et un salon à l'étage le plus haut et le plus cher de la Louvre Casa à Shunde. Elle laisse 10 000 yuans (1 100 euros) en acompte. Le lendemain, elle téléphone à Abu pour lui dire que, finalement, elle ne prendra pas la table.

"En Chine, on n'annule pas une commande, mais les Congolais le font constamment, souvent quand ils ont découvert qu'ailleurs c'était moins cher. Je leur demande : « Pourquoi vous ne vous êtes pas renseignés à l'avance ? » mais ils ne veulent pas entendre que c'est de leur faute, font d'horribles scènes, jurent, tempêtent, se roulent par terre dans le magasin. Les Chinois ne se laissent pas impressionner, ils trouvent le spectacle plutôt amusant. « Ils nous rient au nez, comme les Tutsi ! » s'écrient alors les Congolais."

Le marchand de meubles de Shunde refuse, lui aussi, d'annuler la commande, sur quoi la femme dit : "Vous allez voir, mon mari est un homme puissant au Katanga, les Chinois vont s'en mordre les doigts, ils auront tous des problèmes." Abu me regarde en rigolant : "T'imagines ! Pour une table !" Ce soir-là, il a réfléchi. Que faire ? Apparemment, la femme avait de quoi payer la table. Avait-elle été offensée par l'attitude du Chinois lésé, était-ce là la raison de ses menaces ? "D'après Dale Carnegie, les gens sont en grande partie gouvernés par leurs émotions, ils cessent d'être rationnels quand ils sont blessés dans leur orgueil."

Abu était prêt à abandonner l'acompte au Chinois et à donner les 10 000 yuans à la Congolaise, mais il a imaginé une astuce pour se tirer d'affaire. Il a téléphoné à la femme et lui a annoncé que le Chinois était d'accord pour lui restituer les 10 000 yuans et annuler toute la commande. "Il a été étonné de voir une Africaine entrer dans son magasin, a-t-il menti, car seuls les Anglais et les Français achètent ses meubles ; selon lui, les Africains ne sont pas assez riches pour s'asseoir à des tables comme les siennes. – Quoi !" s'est exclamée la femme, piquée au vif. Quelques jours plus tard, tous les meubles, y compris la table, partaient dans un conteneur en direction de Dar es-Salaam.

Quand Abu est lancé, il n'est pas facile de l'arrêter. Souvent son récit commence par une vérité qui ne détonnerait pas dans un livre de Dale Carnegie, puis il l'illustre par une anecdote qui montre que, cette vérité, il l'a apprise à ses dépens.

"La meilleure façon de perdre un client, c'est de lui prêter de l'argent", dit-il un soir que nous sommes dans un restaurant turc. Nous avons dû faire la queue pour entrer et les serveurs se contorsionnent entre les tables étroites, mais Abu ne se laisse pas distraire. Une commerçante congolaise avait chargé pour au moins 100 000 dollars de marchandises dans un conteneur, mais à l'arrivée, dans le port de Matadi, elle n'avait pas de quoi payer les 15 000 dollars de fret qu'elle devait à Al-Heelam. "Elles étaient trois, mais la femme était la chef de file. Soudain, la voilà à nouveau à Guangzhou. Elle vient pleurer dans mon bureau. Certaines denrées dans le conteneur approchent de la date de péremption, dit-elle. Si je lui prête 2 000 dollars, elle pourra acheter des marchandises et les vendre à Kinshasa, ainsi elle aura assez d'argent pour dédouaner le conteneur."

Abu téléphone à son père à Dubaï. "Des larmes de crocodile", dit celui-ci, mais Abu, plus indulgent, lui avance 1 000 dollars. "Que j'ai aussi perdus, évidemment." Les marchandises de ces conteneurs finissent toujours par être vendues aux enchères à un prix dérisoire. L'agent d'Al-Heelam à Kinshasa découvre que la commerçante attend ce moment pour enchérir elle-même et il alerte les autorités. Il s'avère que la femme est mariée à un commandant. Elle ne trouve pas son mari à la caserne et fait appel à trois militaires qui arrêtent l'agent d'Al-Heelam. Abu secoue la tête. "C'est quoi ce pays où les citoyens font intervenir des militaires pour régler leurs problèmes personnels ? Heureusement, mon père a aussi des contacts dans ces milieux-là. Son agent a vite été libéré."

Il a été très déçu la première fois qu'il est allé au Congo. "Les Congolais ont une grande gueule et beaucoup d'argent, mais que font-ils de tout cet argent ? Ils ont des routes déplorables, de mauvais hôtels et de mauvais restaurants." Depuis, ses clients congolais l'étonnent de plus en plus. "Une femme en manteau de fourrure entre dans mon bureau, une vraie *jungle queen* – alors que son pays est une ruine !"

À Dubaï, il a rencontré un Congolais qu'il n'est pas près d'oublier. L'homme n'avait pas de jambes – il se traînait sur les mains dans le bureau du père d'Abu. "J'allais lui demander comment il s'était débrouillé pour arriver à Dubaï quand il a tiré sur la jambe de mon pantalon en s'écriant : « Hé ! On me dit que tu habites en Chine, je veux aller à Guangzhou. » Et il est venu, figure-toi. Les autorités chinoises lui ont refusé le droit d'entrer : comment pouvait-il subvenir à ses besoins avec son handicap ? Mais il a tant et si bien baratiné qu'il a fini par passer la douane. Il loge dans un hôtel près de la Galerie Éléphant, se fait balader en fauteuil roulant et engage les services d'une poignée de compatriotes qui l'aident à s'occuper de ses achats."

Le bureau d'Abu est bien plus modeste que l'imposant bureau de son père à Dubaï, mais il y règne une activité incessante. Tous les problèmes qui ne peuvent pas être résolus à l'accueil ou dans le bureau paysagé atterrissent chez lui. Prendre rendez-vous avec lui ne sert pas à grand-chose : une urgence peut surgir à tout moment. Tantôt c'est un important client des Philippines mécontent de la qualité des carreaux qu'il a commandés par l'intermédiaire d'Al-Heelam, tantôt c'est une commerçante africaine qui hurle dans les couloirs parce qu'on lui a volé son téléphone portable. Parfois, je me retire après quelques minutes, mais un soir le visage d'Abu s'éclaire lorsque je passe la tête dans l'entrebâillement de sa porte et il me fait signe d'entrer.

"Viens, on va aller manger." Abu, Tracy et moi nous rendons à pied à son restaurant japonais favori, à l'autre bout de Chocolate City. Abu et Tracy se sont rencontrés pendant leurs études à Beijing et ils sont venus ensemble à Guangzhou. Tracy n'avait pas la moindre idée de ce qui l'attendait : son anglais est rudimentaire, son français inexistant et elle n'est encore jamais allée en Afrique. Elle est petite et timide mais elle ne craint pas les conflits – Abu n'aurait pas pu se trouver meilleure assistante.

Il a réservé une des petites salles du restaurant et pousse un soupir de soulagement quand la serveuse lui tend une serviette chaude. Les mets arrivent les uns après les autres. Abu mange vite et recrache les os et les arêtes avec désinvolture à côté de son assiette – comme le font les Chinois dans les restaurants populaires.

"Tu ne devineras jamais ce qu'il m'est arrivé aujourd'hui, dit-il. Un Tanzanien dont le frère a perdu deux doigts dans un accident du travail m'a demandé où il pouvait acheter de nouveaux doigts. Il ne plaisantait pas ! J'ai eu du mal à lui faire comprendre qu'il n'en trouverait pas dans tout Guangzhou." Certains Africains sont tellement impressionnés par le miracle industriel chinois qu'ils pensent qu'on peut tout copier. Dernièrement, quelqu'un voulait savoir si on pouvait acheter des reins ici.

Les commerçants africains courent plus de risques en Chine qu'à Dubaï, d'après Abu. On a du mal à les convaincre de payer 5 % de frais de médiation – ils veulent rogner sur tout. Le site Internet d'une entreprise chinoise peut avoir l'air très professionnel alors qu'il n'y a rien derrière. "Un jour, un client a commandé une cargaison de DVD. À l'arrivée, il s'est avéré que plus de la moitié était inutilisable. Qu'est-ce qu'on fait dans ces cas-là, on les renvoie ? On n'a pas la moindre garantie juridique. Il y a des Africains qui font faillite et qu'on ne revoit plus jamais à cause de cela."

Récemment, il est allé visiter une fabrique de couvertures où ses clients et lui passaient parfois commande. "L'usine se trouvait soi-disant dans la ville portuaire de Wenzhou, au sud de Shanghai. On est venu me chercher dans une grosse voiture à l'aéroport. Nous sommes sortis de la ville et nous avons débouché en pleine campagne." Il prend une pause. "Le cadre était affreux, poursuit-il, visiblement ému. On aurait dit le Liban en pleine guerre civile."

Pendant qu'il parle, le paysage entre Guangzhou et Foshan me revient à l'esprit : les bâtiments nus, inachevés, les volutes de fumée noire, les ordures le long des murs des usines. "Soudain, j'ai aperçu des vaches. « Qu'est-ce qu'on fait ici ? ai-je protesté. Je ne suis pas venu acheter du lait ! »" Il se tait à nouveau. "Jusqu'à ce que l'usine surgisse au loin. Les conditions dans lesquelles les gens travaillaient là-bas… c'était épouvantable. On dirait un camp d'esclaves."

Les gens des provinces méridionales de Guangdong, Zhejiang et Fujian n'appartiennent pas à la veille culture de la Chine du Nord où la philosophie de Confucius a pris racine, dit-il. "Quelqu'un de Beijing à qui tu annonces que tu as besoin de cent tonnes d'acier et qui n'en a que cinquante, te dira : « Asseyez-vous, je n'en ai pas assez moi-même mais je peux vous mettre en contact avec quelqu'un qui les a. Mais racontez-moi d'abord : d'où venez-vous ? Vous êtes seul, vous vous plaisez en Chine, vous n'avez pas peur ? » Quelqu'un du Sud dira qu'il peut vous les livrer alors qu'il ira se fournir ailleurs."

Dans le sud de la Chine, tout tourne autour de l'argent, selon Abu, et, depuis l'arrivée des Africains, les entreprises font de leur mieux pour les attirer. Une fois, dans l'avenue Huanshi Zhong, on a distribué des dépliants pour une foire à Shantou, à 450 kilomètres à l'est de Guangzhou. Le bus pour s'y rendre, l'hôtel, la nourriture, tout était gratuit. "Les autorités de Shantou ont été choquées par le manque de tenue des Africains venus pour profiter de l'aubaine : ils mettaient le buffet au pillage et fourraient de la nourriture dans leur sac. Mais la population locale était ravie, elle pensait qu'un bus de basketteurs américains était arrivé et elle faisait la queue pour avoir des autographes."

Le nombre d'Africains à Guangzhou est négligeable comparé à celui des Chinois qu'il a rencontrés au cours de ses voyages en Afrique. Les patrons et les ouvriers des grandes entreprises de construction sont enfermés dans leurs compounds, mais de nombreux Chinois du Sud ouvrent des magasins jusqu'au fin fond des terres. "Je crois que les Chinois ont une politique de peuplement en Afrique, dit-il. Les Chinois envoyés en éclaireurs doivent accueillir les nouveaux venus et leur servir de guides quand ils veulent signer d'importants contrats."

Lors de sa dernière visite au Congo, Abu a remarqué qu'à Kisangani les fonctionnaires qui passent de magasin en magasin pour récolter la TVA sautent systématiquement ceux des Chinois. "Ils se sont sûrement mis d'accord avec le fisc." Il y a un magasin chinois à côté des bureaux d'Al-Heelam à Kisangani. Le propriétaire est un rustre qui rabroue ses clients. Abu est entré un jour dans sa boutique et lui a dit en chinois : "Si tu n'es pas capable de sourire, n'ouvre pas de magasin" – un proverbe qu'il a appris quand il faisait des études à Beijing et qui lui tient à cœur.

"Et moi qui pensais que les Chinois apporteraient la sagesse en Afrique !

— Quelle sagesse ? Quand un homme n'est pas capable de sourire à ses clients !"

En Afrique, de nombreuses petites usines chinoises de textile et de plastique ne sont pas aux normes, selon Abu, et elles ne rapportent rien aux Africains. Il aimerait construire une usine de bouteilles d'eau en Tanzanie et une usine d'ampoules led et à basse consommation pour le marché européen.

"Tu pourrais combiner ça avec ton travail à Al-Heelam ?

— De nos jours, on ne peut pas se permettre de se cantonner à une seule branche. Il faut bouger, faire plusieurs choses à la fois. La Chine est loin de l'Afrique et elle devient de plus en plus chère – un jour, c'en sera fini des entreprises de transport en conteneurs comme la nôtre." Il ajoute malicieusement : "Avec tous leurs sentiments de culpabilité et leurs aides aux pays en voie de développement qui n'aboutissent à rien, les Européens devraient être ravis d'importer des ampoules économiques fabriquées en Afrique, non ?"

Pendant le repas, un cercle de petits os et de restes de poisson s'est formé autour de l'assiette d'Abu. Quand il a terminé, il rote, satisfait. Tracy s'est pratiquement tue pendant toute la soirée. Maintenant, elle se tourne vers moi et dit, pince-sans-rire : “Comme tu peux le constater, Abu a l’intention de passer prochainement son diplôme de bonnes manières chinoises.”

Parfois, j’entre dans le bureau d’Abu et je vois qu’il regarde des infos de pays arabes sur Internet ou qu’il surfe sur des sites islamiques, à en juger par les images de mosquées sur l’écran. Quand j’apprends à mieux le connaître, je me rends compte que son air jovial cache une fragilité que j’ai déjà remarquée chez d’autres métis. Ses grands-pères yéménites se sont installés sur la côte est de l’Afrique et ont épousé des femmes arabo-africaines ; son père est parti à Dubaï avec sa famille, après quoi, lui, Abu, a quitté les siens pour aller vivre en Chine. Il essaie de trouver un point d’ancrage dans le tourbillon des événements qui déterminent sa vie, un sens au chemin qu’il a parcouru.

Un soir, nous nous installons à la terrasse d’un café arabe où des hommes corpulents tètent le narguilé d’un air morne et Abu me parle de ses premiers mois à Guangzhou. Il se sentait seul et invitait des gens pour se faire des amis, mais il n’attirait que des pique-assiettes et avait l’impression d’être pris pour une poire. “J’emmenais mes clients au restaurant, au snooker, dans des établissements où on nous massait les pieds, si bien qu’ils pensaient que j’attendais quelque chose d’eux ou que je faisais de gros bénéfices sur leur dos. Résultat : ils ne payaient pas leurs factures.”

Tous ses amis yéménites mâchaient du qat. Il a, lui aussi, mâchouillé quelquefois de ces feuilles amères, mais il a vite arrêté : il n'arrivait plus à se concentrer et devenait hyperactif. Le soir, il sortait et buvait, mais il n'éprouvait aucun plaisir. C'est alors qu'il a commencé à s'intéresser à l'islam. Il dit qu'à Guangzhou il y a une mosquée qui aurait été construite par un oncle du prophète Mahomet au VIIe siècle, sous la dynastie Tang. Les empereurs de l'époque étaient tolérants vis-à-vis de l'islam, qu'ils estimaient compatible avec le confucianisme.

Puis il me raconte l'histoire de l'amiral chinois Zheng He, un musulman qui, au XVe siècle, avait mis le cap sur l'Afrique à la tête d'une imposante flotte. Un de ses vaisseaux avait coulé mais des membres de l'équipage avaient survécu, ils avaient échoué sur une île près des côtes africaines et formé une communauté dont on trouve encore des traces de nos jours – il a vu des documentaires là-dessus.

"Je songe à aller m'installer en Afrique de l'Est, dit-il. En Chine, la loi n'est ni blanche ni noire, mais grise. Les Chinois manquent de compassion ; à long terme, on n'est pas en sécurité ici. Du jour au lendemain, ton permis de séjour n'est plus valable. Ça finit toujours par s'arranger, mais ça donne un sentiment d'insécurité." Il me regarde. "D'après la tradition islamique, un homme doit être enterré à l'endroit où il est né, mais tu savais qu'un étranger n'a pas le droit d'être enterré en Chine ? Rien que d'y penser, j'en suis malade."

Mes amis, à Amsterdam, avaient exprimé des doutes à propos de mon voyage vers l'Est. "La spontanéité et la chaleur des Africains vont te manquer, m'ont-ils prévenue. Les Chinois sont beaucoup plus distants." Jusque-là, je me trouve dans une zone transitoire plutôt agréable : j'explore le paysage chinois en pagayant dans ma pirogue africaine.

Le soir, l'ambiance à Chocolate City est très différente de celle de la journée. Les gens se promènent en groupe dans les rues étroites, mangent de la viande grillée, des brochettes d'ananas frais, se font couper une tranche dans un bloc de nougat aux fruits confits. Dans le Tianxiu Building, des vendeuses chinoises proposent des aphrodisiaques et des huiles de massage, et même de trouver une femme pour leurs clients. Sur la passerelle piétonne, on peut acheter des jouets qui bourdonnent et culbutent ainsi que des flèches qui s'allument quand on les tire vers le ciel.

De nombreux Africains à qui j'ai parlé avouent avoir été étonnés la première fois qu'ils sont venus ici. L'image qu'ils se faisaient de la Chine était celle de gens pauvres, un chapeau de paille sur la tête, le dos courbé au-dessus d'une rizière. "Les Européens nous ont longtemps laissés dans l'ignorance, m'a dit un Congolais.

— Les Européens ?

— Oui, oui, les documentaires occidentaux ne nous montrent que la Chine pauvre. De même qu'ils ne montrent toujours que les mauvais côtés de l'Afrique."

Sur l'escalier de l'Astro Hotel, un Africain téléphone, vêtu d'un pantalon scintillant et d'une chemise en soie bleu vif. À l'entrée de la Galerie Éléphant, des Africains sont adossés à leur voiture ou déambulent sur les trottoirs. Récemment encore, on appelait cet endroit *petit Kinshasa**. Le soir, on y entendait de la musique congolaise et les magasins alentour vendaient de la bière. Depuis que la police y a mis un terme, l'activité s'est déplacée au cœur de la Galerie Éléphant. À un croisement de couloirs, il y a des tables et des chaises en plastique bleu, une Chinoise vend de la bière et des boissons fraîches qu'elle sort d'une glacière, Michael Jackson chante *Beat It* sur l'écran d'un marchand de DVD. Il n'en faut pas plus, dans cet environnement, pour qu'un café voie le jour.

Je reconnais le marchand de DVD coiffé d'une calotte brodée : il est passé en proposant des cartes de téléphone alors que je buvais du thé avec Cheikhna au restaurant halal. Il vend aussi des bijoux, des châles, des sacs et des lunettes de soleil et il a l'air d'être dans son élément. Le concert de Michael Jackson aspire tous les passants vers son comptoir.

Je m'assieds à une table avec une canette de Guinness que je mélange à du Coca – ma boisson favorite au Congo. Le *brain boy* nigérian que j'ai rencontré auparavant dans le magasin de Mimi descend l'escalier, un gobelet en plastique contenant un liquide transparent à la main. Il doit y avoir toute une provision de ce breuvage là-haut car, au cours de la soirée, des gens descendent l'escalier à tous les stades de l'ivresse. Quand la Chinoise qui vend des boissons lâche un beau rot, tous les Africains éclatent de rire.

Il est neuf heures et demie, mais les magasins sont encore ouverts. Des porteurs chinois poussent des carrioles remplies de cartons dans les couloirs, des mamans africaines traînent derrière elles des sacs en plastique trop lourds pour être portés. De temps à autre, de jeunes Chinois aux habits et à la coupe de cheveux excentriques passent et regardent avec curiosité l'effervescence qui les entoure. Un Nigérian pris de boisson pose fraternellement sa main sur l'épaule du marchand de DVD et tente d'enlacer une Chinoise, mais elle le repousse sans ménagement.

"Il n'y a jamais de problèmes ici ?" Je m'adresse à un Congolais assis à ma table.

Il me montre discrètement les caméras de surveillance dans tous les coins. "Si je deviens ministre ou président, je ferai la même chose au Congo."

Alors que je marche sans me presser vers la station de taxis, plus tard dans la soirée, je vois un Chinois assis sur les escaliers d'un bâtiment. Son visage fatigué est enflé, ses cheveux sont laineux et il porte un manteau d'hiver usé par-dessus un pull-over trop chaud. Serait-ce un de ces jeunes dont Cheikhna m'a parlé, qui viennent de la brousse pour tenter leur chance en ville ? Assis sur une vieille valise à carreaux, il fixe, l'air hébété, la circulation qui défile à toute vitesse – tel le personnage de bédé qui, la tête entourée d'étoiles après une chute d'avion vertigineuse, se demande où il a bien pu atterrir.

Des Chinois de ma connaissance, qui savent que je passe mes journées à Chocolate City, m'ont parlé des dealers de l'avenue Huanshi Zhong. "Nous avons peur des Africains, disait une femme qui vend des carreaux de mosaïque à de riches Arabes à la Foire de Canton. Des messages horribles circulent à leur propos sur Internet. J'ai lu dernièrement qu'une jeune fille s'était retrouvée seule avec deux Africains dans un bus dans la banlieue de Guangzhou. Ils fumaient quelque chose qui lui a donné la nausée. Elle a eu peur qu'ils la volent et elle est descendue bien avant sa destination."

Une autre histoire qui revient constamment : des Africains ont attiré un Chinois dans leur chambre, soi-disant pour changer une grosse somme ; ils l'ont volé et jeté par la fenêtre. D'après Étienne, mon ami africain distrait, cela s'est passé tout autrement : les hommes ne se sont pas mis d'accord sur le cours du change, une bagarre a éclaté et le Chinois a sauté par la fenêtre.

"Chez vous, un quartier africain comme celui-ci n'a rien d'extraordinaire, m'a dit le géographe urbain Li Zhigang, mais pour le Chinois lambda, c'est assez effrayant. Il ne faut pas oublier que, pendant des siècles, nous avons vécu coupés du reste du monde et que nous voyageons beaucoup moins que vous."

Li Zhigang est professeur à l'université Sun Yat-sen. Initialement, il faisait des recherches sur les migrants venus des régions reculées de la Chine pour travailler dans les usines des environs de Guangzhou, mais, progressivement, il s'est intéressé aux Africains. Il nomme le mouvement qui les a amenés vers ici *mondialisation par le bas* – un terme que le sociologue Alejandro Portes a utilisé pour décrire les flux des communautés ailleurs dans le monde. Li estime à vingt mille le nombre d'Africains résidant à Guangzhou ; si on y ajoute les commerçants qui font constamment la navette entre Guangzhou et l'Afrique, ce chiffre pourrait bien monter à deux cent mille.

"Je suis aussi un étranger ici, dit-il, car je viens d'un village de la province de Hubei, à un millier de kilomètres au nord de Guangzhou. Seulement, j'ai la même apparence que les gens autour de moi, ce qui fait qu'on ne me remarque pas. On n'entend jamais parler des dizaines de milliers de Coréens qui habitent à Beijing. Les Africains à Guangzhou, on les repère à cause de la couleur de leur peau. Ils sont bruyants et gesticulent en parlant. Mes compatriotes voudraient qu'ils se conduisent comme les Chinois qui vivent à l'étranger, plus discrètement."

Certains Africains avaient peur de participer à la recherche de Li Zhigang et de son équipe. Leur entreprise n'était pas enregistrée ou ils étaient des *sanfei*, trois fois illégaux : ils étaient entrés illégalement, n'avaient pas de permis de séjour provisoire, ni l'autorisation de faire du commerce. Les propriétaires chinois se plaignaient auprès des chercheurs de défauts de paiement et des conditions d'hygiène déplorables dans lesquelles vivaient leurs locataires ; certains augmentaient le prix des loyers pour décourager les Africains de s'installer dans le quartier.

"Les problèmes ne feront sans doute que croître dans les années à venir, dit Li. La police fait souvent des descentes dans le quartier africain et les Africains ont de plus en plus de mal à obtenir un visa pour la Chine. C'est une question délicate, car, dans le même temps, le nombre de Chinois qui partent en Afrique augmente. Si on fait des difficultés aux Africains en Chine, cela aura inévitablement des conséquences pour les Chinois en Afrique."

Alors que je m'apprête à traverser l'avenue Huanshi Zhong, une odeur de marihuana me chatouille les narines et je ralentis le pas. "Haschisch, marihuana", murmure un Africain qui fume appuyé à un arbre. Il vient du Nigeria et me donne une carte de visite sur laquelle il vante ses qualités de coiffeur. Les temps sont durs, se plaint-il, il n'a pas de travail en ce moment. D'une traite, il continue : "Haschisch, marihuana, poudre blanche, ecstasy ?"

Un gardien en uniforme, qui nous surveille depuis un moment, ne bouge pas le petit doigt.

Vers qui un Africain doit-il se tourner s'il est impliqué dans un conflit commercial, s'il se retrouve en prison ou si un compatriote meurt brusquement ? Les Occidentaux peuvent s'adresser à leur consulat, mais Beijing est à 2000 kilomètres plus au nord et il est de notoriété publique que certaines ambassades africaines se soucient fort peu de leurs ressortissants.

De nombreuses communautés africaines à Guangzhou ont un représentant local. J'essaie d'entrer en contact avec le représentant de la communauté nigériane, qui est la plus importante, mais il ne répond pas au téléphone et je ne trouve personne à son bureau non plus. "Laisse-le, dit Mister Atta, le représentant de la communauté ghanéenne. Il a assez de soucis comme ça."

Atta est un homme au crâne rasé, maigre, sérieux. Il a l'air soucieux, on dirait qu'il porte tous les problèmes de la communauté africaine de Guangzhou sur les épaules. Il soupire quand je lui parle du dealer nigérian de l'avenue Huanshi Zhong. "Il paraît que la police reçoit de l'argent ou des cigarettes pour prévenir les dealers si une descente se prépare, dit-il. Pas de dealers sans protecteurs : ces choses-là ne peuvent entrer à Guangzhou qu'avec la complicité des douaniers." Quand les autorités chinoises accusent les Africains d'être des criminels, Atta rétorque : "Vous avez des prisons en Chine. Qui trouve-t-on là-dedans, pas seulement des étrangers, n'est-ce pas ? Il y a de mauvais Chinois, comme il y a de mauvais Africains."

Atta est le manager local de l'entreprise de transport Black Star International, qui a son siège au Ghana ; sa femme tient un restaurant ghanéen dans le Tianxiu Building. Son bureau est dans le même quartier que celui d'Étienne et il est presque aussi vide. J'y découvre également des paquets d'échantillons – de serviettes hygiéniques et de couches jetables cette fois-ci.

Après avoir travaillé des années en Thaïlande, Atta a atterri à Guangzhou, il y a quatre ans. "La plupart des Africains viennent pour faire des affaires, mais certains cherchent seulement l'aventure, dit-il. Je préviens toujours mes compatriotes : si tu n'as rien à faire ici, reste chez toi, car tu dois tout payer toi-même, ton loyer, ta nourriture ainsi que ton transport. En Chine, ce n'est pas comme en Europe, où l'État te prend en charge et où tu peux trouver un emploi de balayeur – ce genre de travail, les Chinois le font eux-mêmes. Tu ne récolteras ici que ce que tu y as semé toi-même. Les Chinois n'ont jamais été des colonisateurs, ils ne doivent donc rien à personne."

D'après lui, les Africains se conduisent à Guangzhou comme ils le font chez eux. Les Congolais aiment danser, même dans la rue. Les musulmans sont assez bien organisés et font parfois venir leur famille. Ghanéens, Maliens, Guinéens – ils rentrent chez eux après le travail, mangent, parlent avec leur femme, jouent avec leurs enfants. Les Nigérians se font le plus remarquer : ils réussissent dans les affaires, mais ils font aussi du trafic de drogue et sont le plus souvent impliqués dans des bagarres. "*They prosper or fail*" (Ils prospèrent ou ils échouent).

Quand les Africains ont compris que les douaniers chinois avaient du mal à les distinguer les uns des autres, certains se sont fait envoyer le passeport d'un membre de leur famille en Belgique, en France ou en Angleterre pour partir en Europe. Les Chinois ont fini par découvrir le pot aux roses, et maintenant on a des Africains qui sont restés coincés à Guangzhou ; ils sont venus grossir le groupe des illégaux qui n'ont pas d'argent pour le voyage de retour.

"Récemment encore, tous les Africains voulaient se rendre en Europe, dit Atta. Ça commence à changer. Les gens reviennent de Chine et racontent leur histoire." La Chine a des liens anciens avec le Ghana ; elle y construit des routes, des hôpitaux et des barrages hydroélectriques. Les contacts se sont intensifiés depuis qu'on y a découvert du pétrole. "Nos dirigeants signent des contrats alors qu'ils sont affamés, mais un proverbe ghanéen dit : Celui qui a faim met un escargot dans sa poche sans savoir que celui-ci peut le tuer. Nous devrions réfléchir sérieusement à ce que nous voulons. Il ne faut jamais tout donner à un Chinois, c'est ce que j'ai appris, car si son travail n'est pas satisfaisant, il ne te dédommagera pas."

De leur côté, les Chinois ne savent pas grand-chose de l'Afrique. Beaucoup pensent que c'est un seul pays. "Ils disent que nous sommes frères, mais ils sont riches et nous sommes pauvres – comment pouvons-nous être égaux ? S'ils ont eux-mêmes des problèmes, nous sommes les premiers qu'ils laisseront tomber."

Il regrette que les pays africains échangent peu d'informations sur leurs rapports avec les Chinois. Un Chinois peut tromper un Malien, un Nigérian, un Ougandais et un Ghanéen l'un après l'autre – ce n'est qu'après avoir été tous trompés, quand ça fait la "une" des journaux, qu'ils apprennent que ça n'est pas arrivé qu'à eux.

Il trouve aussi qu'on n'utilise pas assez les connaissances amassées par les Africains en Chine. Peu après son arrivée, Atta est allé à Hangzhou, près de Shanghai, où les rues sont éclairées grâce à des panneaux solaires. Il a pensé au Ghana, où il y a tellement plus de soleil. Il a contacté la firme qui a fabriqué les panneaux et rédigé une note pour le ministre de l'Intérieur ghanéen, dans laquelle il mentionnait le nom et les coordonnées de l'entreprise. "Ça ne serait pas formidable qu'on puisse dire un jour : Un Ghanéen est allé en Chine, il a vu que les rues étaient éclairées à l'énergie solaire et il a rapporté le projet chez lui ? dit-il d'un air rêveur. J'aurais été fier d'être ce Ghanéen-là."

Il n'a pas eu de réponse, mais il y a quelque temps le patron de la société chinoise l'a appelé. Il avait reçu une lettre du Ghana disant que le projet se ferait. Il s'est avéré qu'un fonctionnaire du ministère avait intercepté la note et qu'avec la complicité d'un Nigérian il avait envoyé un courrier dans l'intention de soutirer de l'argent à la société chinoise pour une soi-disant étude de faisabilité.

Atta secoue la tête, découragé. "Voilà comment on traite une telle idée, dit-il. Alors que les Chinois, eux, apprennent de leurs compatriotes à l'étranger. En 2008, au moment du tremblement de terre au Sichuan, la diaspora chinoise a soutenu les autorités en collectant des fonds et en envoyant des experts."

Récemment, un Ghanéen est tombé malade, dit-il. Il est resté un bon moment à l'hôpital, les frais commençaient à chiffrer. Finalement, il est mort. “En Europe, il y a des organisations comme la Croix-Rouge, mais ici : rien. Tu le sais, les morts dans mon pays sont plus importants que les vivants. Mais sa famille n’avait pas l’argent pour le rapatrier. Alors on a coupé un peu de ses cheveux et de ses ongles et on les a confiés à quelqu’un, *to bring his soul home*, (pour ramener son âme chez lui), pour qu’il y ait au moins un enterrement. On ne sait pas ce qu’il est advenu de son corps. L’hôpital a dû le brûler.”

Pendant notre entretien, Atta reçoit un coup de téléphone d’un employé du service d’immigration. Un Ghanéen, dont le visa a expiré, doit être rapatrié. Après avoir raccroché, il dit d’un air fâché : “Le fonctionnaire prétend que le rapatriement coûte 14 000 yuans, alors que le billet d’avion coûte 6 000 yuans et l’amende 5 000. Il se met sûrement les 3 000 restants dans la poche. Les Nigérians ont commencé à corrompre les fonctionnaires chinois et, maintenant, tous les Africains en font les frais. Il arrive qu’un fonctionnaire empoche l’argent, après quoi il prévient un de ses collègues qui, lui aussi, réclame de l’argent. Ou le fonctionnaire se fait coincer et dénonce quand même l’Africain.”

Sa vie était plus facile en Thaïlande. “Les Thaïlandais sont patients, ils respectent les Africains et s’ils commettent des fautes, ils en endossent la responsabilité. Avec les Chinois, il faut mettre la pression, sinon on n’arrive à rien. Ça prendra encore longtemps avant que le lien entre Chinois et Africains ne se cristallise. Comme disait le philosophe chinois Lao Zi : Un voyage de mille lieues commence par un premier pas.”

"Tu as vu comme on doit se cacher", murmure Atta alors que nous montons l'escalier de secours menant au vingt-deuxième étage de l'hôtel où se tiennent les offices de la communauté pentecôtiste. Ce dimanche matin, une trentaine de croyants se sont rassemblés dans la demeure de l'Église *La Puissance de Dieu**, aux murs couverts de panneaux d'aggloméré. Des Africains, mais aussi quelques jeunes Chinoises.

Des rideaux de velours rouge isolent l'aire de prière du soleil exubérant de cette journée. Le pasteur Fabien se tient derrière la chaire, flanqué de deux gros bouquets en plastique. Il salue l'assistance d'une voix traînante. "Dieu est grand, dit-il en français, ce qu'un assistant traduit aussitôt en anglais. Dieu est plus grand que n'importe quel pays, Il est plus grand que la Chine. Si vous avez un problème dans votre couple, dans vos affaires, avec votre visa – Dieu trouvera la solution. Il vous obtiendra un permis de séjour."

Derrière lui, le batteur de l'orchestre congolais bat du tambour et les musiciens entonnent un chant. Ils chantent les difficultés de la vie en Chine et, un téléphone imaginaire à l'oreille, ils louent Dieu, qu'on peut toujours joindre, qui les assiste dans leurs souffrances. Le soliste pose une main sur son cœur et, bien vite, tout le monde se met en branle. Même Atta oscille prudemment.

Une femme vêtue d'une jupe noire et d'un chemisier blanc du dimanche s'avance pour livrer son témoignage. Je ne comprends pas tout, mais ici et là s'élèvent des mots lingala : *Nzambe* (Dieu), *motema* (cœur), *mawa* (chagrin), *makasi* (dur). Elle lève la tête et les mains vers le ciel, ferme les yeux, en appelle à Dieu et le supplie de l'aider. Elle parle de plus en plus vite, des larmes roulent sur ses joues et les choristes pleurent avec elle. Devant moi, quelqu'un essuie la sueur de son front et de sa nuque avec une serviette. La touffeur de cette pièce, avec ses rideaux épais et ses fleurs en plastique, cette musique familière que j'entends si loin du Congo – en moins de rien, les larmes me montent aux yeux.

Un homme corpulent en boubou bleu clair prend le micro. Il vient du Togo, murmure Atta, il est ici avec un confrère ; ils habitent en France et ils ont un conflit d'intérêt avec un Chinois. Ça doit être une question pénible car l'homme saisit le microphone des deux mains et tient un monologue agité dans sa langue. La sueur coule sur son visage, formant des taches sombres sur son boubou damassé.

Après l'office, je parle avec le Togolais et son associé congolais. Ils ne tardent pas à me raconter leur infortune. Ils ont acheté pour 60 000 dollars de pagnes à un Chinois par le biais d'un intermédiaire. Mais, au lieu des pagnes Real Wax qu'ils avaient commandés, le Chinois leur a livré des contrefaçons de la célèbre marque hollandaise Vlisco. À son arrivée au Havre, le lot a été confisqué. "Non seulement nous avons perdu les pagnes, mais nous devons payer en plus une forte amende", se plaint le Congolais. Leur intermédiaire savait que le Chinois traitait ses commandes par-dessus la jambe. "Parfois, les intermédiaires empochent 30 % de commission, alors ils ont tendance à fermer les yeux."

Le Congolais a la nationalité française. Il y a longtemps qu'il ne traite plus d'affaires avec l'Afrique et surtout pas avec le Congo. "On ne peut pas faire d'omelette dans une cuisine en feu", dit-il. L'ambassade de

France lui a fourni un avocat. Ensemble, ils essaient de coincer le Chinois. Son collègue togolais se tait. Il n'a pas l'air de croire à un dénouement heureux et il a jugé plus prudent de remettre l'affaire entre les mains de Dieu.

En 1995, lorsque l'ingénieur agronome Silas Rugaba a été nommé ambassadeur du Rwanda en Chine, il a réuni ses enfants et leur a dit : "Le XIXe siècle appartenait à l'Europe, le XXe aux États-Unis ; le XXIe est le siècle de l'Asie, le continent où je vous emmène." La Chine était un tigre endormi, disait-il ; avant le XIXe siècle, c'était une grande nation qui, pour toutes sortes de raisons, s'était isolée du reste du monde. Maintenant, elle faisait à nouveau parler d'elle.

Albert Rugaba avait alors vingt et un ans. Il avait pris beaucoup de retard dans ses études à cause de la guerre au Rwanda et il ne rejoindrait sa famille que plus tard. La Chine lui semblait un endroit où il ne se passait rien, il aurait préféré continuer ses études en Belgique. Il avait réussi à manquer trois fois l'avion pour Beijing. "Allez viens, avait insisté son père, dans dix ans tu me remercieras."

Aujourd'hui, Albert a trente-cinq ans. Il parle couramment le chinois et porte un costume à la coupe impeccable et une chemise rayée – le genre d'Africain distingué que j'ai vu au Garden Hotel lorsque j'attendais en vain Cheikhna. Nous nous rencontrons dans le hall du Westin Hotel, dans le quartier des affaires de Guangzhou où, penché sur son ordinateur, il note ses impressions sur la Foire de Canton. Albert habite avec sa femme, une

Française, à Shenzhen, jadis le nom d'un village de pêcheurs près de Hong Kong. Le village se trouvait dans une région qui a obtenu le statut de "zone économique spéciale" en 1980. Depuis, c'est l'une des plus riches mégapoles de la Chine.

En tant que fils d'ambassadeur, Albert jouissait de bien des privilèges, mais après ses études de commerce international et économie à Beijing, il a plongé dans l'inconnu : il a donné des cours d'anglais et s'est fait truander comme un bleu par des fournisseurs chinois quand il a fondé une entreprise qui exportait des machines en Afrique.

Il est à présent le patron du Rwanda Development Board, une agence financée par le ministère du Commerce rwandais qui promeut les relations commerciales entre le Rwanda et la Chine. Bien qu'elles aient fait peu d'impression sur lui autrefois, les paroles de son père lui sont restées en mémoire et il n'a pas tardé à comprendre qu'il avait raison. Son frère, qui habite à Beijing, le formulera plus tard ainsi : "Quand je visite le Louvre ou le château de Versailles, je me sens intimidé. Tant de siècles d'histoire – nous ne pourrons jamais les rattraper. Mais quand je vois à quel point la Chine s'est développée ces dernières décennies, je me dis : qu'est-ce qui nous empêche d'en faire autant ?"

Albert raconte sa visite à la Foire de Canton avec un plaisir évident. "Les Chinois ont démocratisé l'industrie pour nous. Pour 15 000 dollars, tu peux acheter une unité industrielle qui produit des biscuits, alors qu'autrefois cela aurait coûté un million. À la foire, on voit les biscuits sortir en bout de chaîne, si bien qu'on est immédiatement motivé. Récemment encore, pour les Africains, le mot « usine » évoquait de grosses machines allemandes autour desquelles il fallait construire un bâtiment de trois étages. Ce mythe est démasqué : de nos jours, on peut gérer une usine avec dix personnes. Une imprimerie, c'est trois machines. Pour 50 000 dollars, tu peux installer dans ton garage une machine qui fait du jus de fruits, qui met le thé en paquets ou qui assemble des téléphones portables."

Il me montre un gobelet qui ressemble à du plastique mais s'avère être un aggloméré de marc de café et de farine de maïs – deux produits qu'on trouve en abondance au Rwanda. "Une machine pour fabriquer ce gobelet, tu l'as pour moins de 50 000 dollars." Il y a quelques années, le président du Rwanda, Paul Kagame, a interdit l'utilisation des sacs en plastique dans son pays. Albert est en pourparlers avec une entreprise chinoise qui va livrer des machines produisant des sacs biodégradables.

Plus tard, je rendrai visite à Albert au Parc industriel hi-tech de Shenzhen où les start-up étrangères peuvent opérer à des conditions avantageuses. Son vaste bureau est encore un peu nu : sous les affiches de paysages vallonnés, de champs de café et de thé, et d'hommes munis de lances exécutant la danse traditionnelle rwandaise Intore, la secrétaire chinoise semble bien perdue derrière son bureau. Seuls l'Égypte et le Rwanda ont un bureau dans le bâtiment. "Les Sud-Africains roupillent", dit Albert. Et il ajoute avec un sourire narquois : "Les Zambiens veulent bien mais ils n'arrivent pas à décider qui sera le patron : le neveu du président ou le fils d'un ministre."

En Chine, faire du commerce rime avec repas bien arrosés. Les dîners d'affaires dégénèrent souvent en bacchanales auxquelles Albert ne participe pas. "Je m'excuse en disant que j'ai un problème d'estomac." La méfiance légendaire des Rwandais le tient à distance du terrain miné qui se révèle au cours de ces dîners – même si, d'après lui, les Chinois sont encore plus méfiants. "Quand tu te soûles avec un directeur d'usine, tu oublies ta réserve. Si, en plus, tu sais chanter en chinois, ton succès est garanti. Mais dès que les Chinois commencent à te flatter, il faut faire gaffe, car là ils s'apprêtent à te faire avaler une pilule amère."

Une partie du travail d'Albert consiste à inciter les Chinois à investir au Rwanda, *"a thriving, safe country with one of the lowest crime rates in Africa"* (un pays prospère et sûr, avec l'un des taux de criminalité les plus bas d'Afrique), comme l'annonce la brochure qu'il diffuse. Dernièrement, il a accompagné vingt Chinois en tournée en Égypte et au Rwanda. Le voyage était coorganisé par une responsable politique shenzhenoise de haut rang. La délégation se composait de gens fortunés, et pourtant le voyage n'avait rien donné de concret. Mais l'expérience était intéressante.

Pendant la visite d'une réserve naturelle, la responsable politique avait voulu donner du pain à une girafe. Albert avait dû lui expliquer qu'ils n'étaient pas dans un zoo. Le soir, la gérante d'un sous-traitant de Ralph Lauren lui avait dit : "Les gens qui vivent aux alentours du parc sont pauvres. Pourquoi ne mangent-ils pas les animaux ?"

Les Chinois construisent des routes dans l'arrière-pays rwandais. "Parfois, ils rencontrent un chien sur le chemin, raconte Albert. Auparavant, ils l'attrapaient, le mettaient dans leur camion, le mangeaient le soir dans leur compound et laissaient traîner ses os. Nous avons dû leur expliquer qu'ils s'attiraient ainsi les foudres de la population, car un chien, au Rwanda, c'est un gardien. Si on le tue, les gens craignent d'être tués à leur tour."

Le président du Rwanda est connu pour être un grand admirateur de l'Asie. Il veut faire de son pays le Singapour de l'Afrique. Il est anglophone, et quand on lui demande s'il ne devrait pas apprendre le français, il répond que le chinois lui serait probablement plus utile.

Récemment, Kagame est venu en Chine avec une délégation de quelques ministres et de quarante commerçants rwandais. Ils ont visité Beijing et Shanghai, et Albert a organisé un forum d'investissement où la délégation a rencontré les représentants de trois cents grandes entreprises implantées à Shenzhen et ses environs. Un membre de la délégation s'est intéressé à un produit d'une firme d'informatique. Le PDG lui a demandé combien d'unités il pensait commander. "De quoi remplir un ou deux conteneurs", a répondu le Rwandais avec témérité. Sur quoi le Chinois, ennuyé, a tourné la tête en disant : "Alors ce n'est pas avec moi que vous devez traiter, mais avec mon adjoint." L'homme envoyait des cargaisons entières d'ordinateurs dans les pays arabes et ses clients passaient le voir au moins deux fois par an, tandis que la délégation rwandaise était là pour la première fois.

Après ce voyage, les commerçants n'ont pas seulement compris à quel point la Chine était grande, mais aussi à quel point le Rwanda était petit et insignifiant. "Regardez ce qu'ils ont accompli en trente ans, avait dit Kagame, ému, avant son départ.

Nous en sommes encore bien loin, nous allons devoir travailler dur." Il avait observé les contremaîtres chinois qui mangeaient, accroupis, avec leurs ouvriers pendant la pause de midi. "Et nous, à côté ? Dès que nous faisons carrière, nous devenons gros et fainéants et nous ne savons que donner des ordres à nos subalternes."

Cela fait plus de dix ans maintenant qu'Albert Rugaba est en Chine et il commence à se lasser. "Les premières années sont les plus intéressantes, tout est nouveau, tout te surprend. Ensuite, tu t'habitues et ton regard change." Il aimerait retourner en Afrique pour travailler dans une banque d'investissement ou monter sa propre entreprise. "J'en ai marre de ce refrain sur l'amitié entre la Chine et l'Afrique qu'il me faut toujours entendre, dit-il ; sur la ligne de chemin de fer que les Chinois ont construite de 1970 à 1975 entre la Tanzanie et la Zambie ; sur le vote des pays africains grâce auquel la République populaire de Chine est devenue membre du Conseil de sécurité des Nations unies en 1971, et que le temps est venu de nous en remercier. Sous couvert de cette amitié, on signe de gros contrats peu transparents. On voit constamment des entreprises d'État chinoises qui sous-traitent avec des entreprises inférieures. Les Chinois négocient, de préférence, avec des gens qui ne connaissent pas bien leur dossier. Ils n'aiment pas qu'on leur dise : « Cela peut se faire pour 40 % de moins. »"

Les commanditaires africains doivent veiller eux-mêmes à ce que les projets chinois soient bien exécutés, ajoute-t-il, et heureusement, certains pays commencent à s'armer. "Les Angolais savent mieux se défendre. Quand ils ont négocié la construction d'un chemin de fer, ils ont consulté des experts occidentaux." En Tanzanie, les Chinois commençaient à s'infiltrer dans le commerce de détail ; la loi tanzanienne le leur a interdit.

Si un Rwandais a un conflit à propos d'un marché en Chine, l'ambassade du Rwanda fait appel à un avocat chinois qui exerce des pressions en sous-main – en menaçant, par exemple, d'écrire au gouvernement chinois ou rwandais. "Je dis toujours : « Attention, je travaille pour le gouvernement rwandais et il a de très bonnes relations avec le vôtre. »"

C'est agréable de parler avec un Africain qui fait preuve d'une si fine compréhension de ce que la Chine peut apporter à l'Afrique et qui, en même temps, a conscience des écueils que cela représente. "Des Chinois me demandent régulièrement si je ne suis pas le fils ou le neveu du président du Rwanda, me dit Albert. Sinon comment pourrais-je avoir une si haute fonction à mon âge ? Je réponds toujours : « Si j'étais le fils ou le neveu du président rwandais, je n'aurais pas fait mes études en Chine mais aux États-Unis ou en Europe, comme les enfants de votre élite. Je ne serais pas ici aujourd'hui, mais là-bas. »" Il me regarde de son air finaud. "Tu peux être sûre que ça les fait taire."

Parfois, je pense à Cheikhna et à sa mystérieuse disparition – ma première déception dans cette ville étrangère. J'ai essayé de l'appeler plusieurs fois, en vain. Le marchand de chaussures malien, dans le passage de la Galerie Éléphant, ne l'a pas revu non plus et, après quelques hésitations, je me suis rendue au restaurant de Badiallo. Je l'ai trouvée en train d'agonir d'injures un coursier chinois parce qu'il s'apprêtait à emporter deux pains au lieu d'un. Elle non plus ne savait pas où était Cheikhna. Un soir – je suis déjà dans le taxi qui me ramène chez moi –, il m'appelle. "Où étais-tu ? lui demandé-je. Je me faisais du souci.

— Oh, dit-il, j'étais en brousse." Je suppose qu'il parle du paysage de guerre qu'Abu a découvert en visitant une usine de couvertures dans l'arrière-pays. "Tu viens ? dit-il, comme si nous avions rendez-vous.

— Où es-tu ?

— Chez Badiallo."

Il est presque onze heures. "Il n'est pas trop tard ?"

Je l'entends rire. "Tu sais à quelle heure on se couche, non ?"

"Cheikhna ? Il doit être en train de prier." Badiallo m'indique une porte dans le couloir, derrière laquelle se cache un deuxième appartement. Deux tapis de prière sont posés sur le sol du séjour, mais il n'y a personne. Puis, Cheikhna sort d'une des pièces attenantes. *"Lieve! Ça va? Comment va?*"* J'étais fâchée contre lui, mais maintenant qu'il est là, je suis seulement contente et curieuse de ce qui lui est arrivé.

Il a maigri et il a l'air énigmatique d'un rebelle congolais revenant tout juste d'une mission secrète. En jean et polo bleu ciel, il se laisse tomber sur le canapé, envoie promener ses tongs, replie ses jambes sous lui et me fait signe de le rejoindre.

Il est allé à l'usine où il a commandé des tee-shirts et il a aussi visité d'autres endroits. "Il n'y a pratiquement pas de réseau en brousse", dit-il. J'ai du mal à le croire. "Pourquoi ne m'as-tu pas dit que tu partais ? J'aurais voulu venir avec toi."

Il secoue la tête. "Si tu savais comme c'est loin – j'ai passé des heures dans le bus et quand tu arrives… Non, c'est pas bon pour toi."

L'importateur de meubles malien qui loge dans la chambre à côté de la sienne enclenche le DVD d'un feuilleton télévisé sur Ségou et, bien vite, nous sommes dans un salon malien. La fille de Badiallo arrive avec du thé sucré qu'elle verse de haut dans les verres et qu'ils lampent bruyamment. Nous appelons la femme de Cheikhna et, sur un coup de tête, je lui promets de venir à Brazzaville.

Le compatriote de Cheikhna était aujourd'hui à Foshan où il a acheté des canapés et des tables de salon et de télévision. À l'arrêt du bus, il a vu un homme qui vendait un curieux objet : une racine d'une trentaine de centimètres qui avait une forme humaine. "Elle sortait tout juste du sol, de la terre y collait encore. Elle avait un tronc, des bras, des jambes et même une touffe de cheveux verts sur la tête." Il en a fait une photo que Cheikhna copie immédiatement sur son ordinateur portable.

La racine ressemble effectivement à une figure humaine. Plus tard, j'apprendrai que les Chinois cultivent ce genre de racines et qu'ils les travaillent un peu pour que la ressemblance soit plus marquée.

"Il en demandait 1 000 yuans. Je voulais l'acheter mais il était entouré de tant de monde que je n'ai même pas pu l'approcher. Brusquement, il est monté dans une voiture et il a disparu."

Ils sont aussi excités à propos de la racine que l'étaient les Congolais à Dubaï à propos du géant pakistanais. “Tu devrais écrire quelque chose là-dessus”, dit Cheikhna.

Je demande à son camarade : “Qu’est-ce que tu en aurais fait, de cette racine ?

— Je l’aurais mise dans mon conteneur et emportée au Mali. Là-bas, j’aurais pu en demander trente fois plus.”

J’essaie d’imaginer à quoi aurait ressemblé la racine en fin de trajet : à une pomme de terre rabougrie. “Et à qui tu l’aurais vendue ?

— Au musée islamique !

— C’est un miracle, dit Cheikhna, comme celui de la femme juive qui a mis un bébé au monde avec les mots *« La ilaha illa Allah wa Muhammad rasul Allah »* (Il n’y a pas d’autre dieu qu’Allah et Mahomet est son prophète) tracés sur son ventre.”

On frappe à la porte et un bonhomme chinois apparaît, un sac en cuir suspendu à l’épaule – on dirait un facteur d’autrefois. Quelqu’un a-t-il besoin d’une carte téléphonique ? Après lui, un Chinois qui vient chercher le linge sale – alors qu’il est minuit passé. “Oui, oui, dit Cheikhna avec satisfaction. Dans ce bâtiment, nous sommes en Afrique. Tant que nous ne dormons pas, les Chinois ne dorment pas non plus.”

Depuis que je suis allée à Foshan et à Shunde avec les Lusangi, je me creuse la tête au sujet du bois africain qui traverse l’océan pour aller en Chine et qui en revient sous forme de meubles. “Nous ne pouvons pas nous payer des meubles en bois africain, m’explique le Malien, ceux-là partent tous vers les riches pays arabes. Mes meubles ont l’air d’être en bois, mais ils sont faits de déchets compressés.” Si on laisse tomber un verre d’eau sur les tables qu’il importe, le plateau ne tarde pas à faire des cloques. Un client lui a demandé s'il ne pouvait pas rapporter des meubles de meilleure qualité car ceux-ci on pouvait les jeter au bout de deux ans. "Des meubles meilleurs, c'est au-dessus de vos moyens", avait-il répondu fermement.

Cheikhna est constamment pendu au téléphone. Il parle en regardant l'écran de télévision du coin de l'œil. "Viens, dit-il tout à coup, on va manger des brochettes.

— À cette heure ?

— Ben oui, je fais ça tous les soirs."

Les enfants du marchand chinois, en face du restaurant de Badiallo, courent dans le passage, jouent à cache-cache derrière les sacs poubelles sur le palier et crient *"Happy Birthday"* à tue-tête, bien que ce ne soit l'anniversaire de personne.

Dans la rue, un Ouïghour grille des pigeons devant son restaurant. À l'intérieur, il y a foule et tout le monde a le téléphone vissé à l'oreille ; de l'autre côté de l'océan Indien, la journée de travail touche à sa fin. Tous les Africains portent des vêtements de marque : des sacs à dos Vaio, des pantalons Prada, des baskets All Star. Je ne pense pas que des Blancs viennent s'aventurer dans cet endroit et, par-ci par-là, j'observe des regards furtifs. Ceci est le nouveau territoire que nous avons conquis, semblent dire ces regards, pourquoi faut-il qu'un Blanc vienne fourrer son nez ici et nous gâcher le plaisir ?

Dehors, un Africain passe avec une jeune Chinoise. Le restaurateur fait une remarque à son assistant, ils rient en douce. Cheikhna a commandé un pigeon grillé et cinq brochettes, qu'il a avalés en un temps record. Son téléphone continue de sonner. Tout en parlant, il pique machinalement sa fourchette dans les oignons restés sur son assiette. Entre deux coups de téléphone, il dit : "Toi et moi, on pourrait faire de bonnes affaires. Combien tu m'as dit que ça coûtait déjà, une boîte de lait en poudre hollandais ?"

Nous avons rendez-vous à midi au Canaan Market, un gigantesque complexe où jeans et tee-shirts sont vendus au prix de gros. Cheikhna y est déjà et il met un moment à s'arracher au ventre du bâtiment. Il cherche de nouveaux modèles de vêtements, mais aussi de petits lots de jeans et de tee-shirts bon marché – des liquidations de stocks d'usine pour lesquels les vendeurs écument toute la province. Il vient de voir des jeans pour enfants de la marque Diesel. "D'après moi, ce sont des originaux."

Il passe devant les éventaires pour examiner la marchandise, pénètre en coup de vent à l'intérieur, retire un pantalon de son tas. Les échoppes sont en majorité tenues par des jeunes femmes. Elles parlent l'anglais, un peu de français et j'entends même quelques mots de swahili et de lingala. Certaines ont emmené leurs enfants, qui trottent dans des pantalons fendus au niveau des fesses. Il y a aussi un enfant aux traits indéniablement africains qui sautille dans le passage.

Les jeunes femmes qui n'ont pas de clients font de la broderie : un aigle, un paysage, une Chinoise en costume traditionnel. D'autres sont plongées dans la Bible et une vendeuse a accroché une photo sur laquelle elle pose au milieu d'un groupe d'Africains devant la cathédrale de Guangzhou. Elles me font penser aux personnages du livre de Leslie Chang, *La Fabrique des femmes*, qui travaillent 70 kilomètres plus loin dans la mégapole industrielle de Dongguan : après avoir quitté la vie rassurante de leur campagne, elles sont brusquement englouties par la ville et sont parfois dans un tel état de désarroi qu'elles cherchent la consolation dans la religion.

Une vendeuse semble étonnée en voyant Cheikhna, attiré par une rangée de tee-shirts, s'engager dans sa boutique. "Cheikhna ?" Maintenant seulement il la remarque. *"Sandy, long time no see !"* Avant, elle tenait boutique dans un autre quartier de Chocolate City – il ne s'attendait pas à la voir ici. Sandy porte un chemisier ruché sur un short rouge effrangé et elle le regarde d'un air interrogateur : *"Why you not come ?"*

"Because now in Africa, business so-so." Il s'avère qu'ils ont fait autrefois des affaires ensemble et ils échangent brièvement des informations, sur le bébé que Sandy a eu, sur le frère de Cheikhna qui importe des chaussures. Entre-temps, les yeux avertis de Cheikhna glissent sur les tee-shirts : Armani, Polo Ralph Lauren, Burberry – l'usine n'a pas pris la peine de déformer le nom des marques. *"Sandy is a big boss, she has nice car"*, dit-il, flatteur. "Elle est sympa, ajoute-t-il en français, je lui dois 10 000 yuans mais elle ne m'en dit rien." Il s'assoit à côté d'elle et pose familièrement sa main sur son genou nu.

"When you come ? demande-t-elle.

— *Yesterday*, ment-il.

— *Why you not call me ?"*

J'ai l'impression qu'ils sont en train de flirter, mais Sandy appelle son mari pour discuter du prix des tee-shirts que Cheikhna a sortis d'un portant et dit : "Mon mari veut que tu paies ta dette aujourd'hui." Elle rit encore, mais son ton est intransigeant et, rapidement, l'atmosphère se gâte.

"*Africa business go down*, se plaint Cheikhna.

— *But here material price go up! Me no have money now*" (Mais ici, prix du tissu monte! Moi pas d'argent maintenant).

"Les Chinois ne croient pas aux relations, ronchonne Cheikhna en français. Qu'est-ce qu'elle croit, que je vais le manger, son argent?" Il promet qu'il paiera demain. Il me dit que sa dette date d'il y a un an, Sandy parle de deux ans et pas de 10 000 mais de 20 000 yuans. *"My baby – I pregnant!"* (Mon bébé, moi enceinte!), ajoute-t-elle d'un air de reproche.

En pleine dispute, un bambin chinois entre en vacillant sur ses petites jambes, sourit à Cheikhna, me voit, prend peur, se met à hurler et fait demi-tour. Sandy se lève et ferme le lourd rideau pour signaler qu'ici on discute de choses sérieuses. Elle téléphone à nouveau à son mari et passe l'appareil à Cheikhna. J'entends crier à l'autre bout du fil, le mot *police* tombe. "Ne me parle pas comme ça, dit Cheikhna, tu es mon patron – je promets que je viendrai payer demain."

Comme une balle de ping-pong, ma sympathie vole d'un Cheikhna indigné à une Sandy dupée, bien plus combative que sa tenue frivole ne l'aurait laissé soupçonner. Est-ce là un des secrets de Cheikhna, est-ce pour cela qu'il hésitait à m'emmener dans ses expéditions? "Donne-moi ton passeport, dit Sandy d'un ton implacable. Tu ne partiras pas d'ici sans m'avoir donné ton passeport."

À contrecœur, Cheikhna lui tend son passeport. Sandy l'examine méticuleusement. "Il est bien vieux, conclut-elle. – Quoi ! s'exclame Cheikhna. Je ne le donne à personne. Ce passeport, c'est ma mère, mon père, mon pays !"

Je tremble sur mes jambes quand nous partons enfin, mais Cheikhna demeure calme. Je me sens coupable, car, pendant qu'il inventait bobard sur bobard, j'ai acheté pour 22 yuans un tee-shirt Paul & Shark, soi-disant pour mon mari, mais en fait pour Cheikhna, qui veut le faire copier.

Je lui demande, quelque peu estomaquée : "Ça t'arrive souvent, ce genre de bagarre ?"

Cheikhna hausse les épaules. Il avait commandé des tee-shirts pour enfant à Sandy, marmonne-t-il, mais ils n'ont pas été livrés à temps ; quand on les a chargés dans le conteneur, il était déjà retourné à Brazzaville. Les cols étaient trop larges, il a eu beaucoup de mal à les écouler, c'est pour ça qu'il a fait traîner le paiement. Je ne sais pas si je dois le croire après tous ses faux-fuyants de tout à l'heure. "Les Chinois ne sont pas sociables, râle-t-il. Au Mali il y a des gens qui me doivent beaucoup plus d'argent, c'est normal dans ce business.

— Entre Maliens peut-être, mais entre Maliens et Chinois – à une telle distance ?"

Il n'a pas envie d'entendre ma remarque. Quelques couloirs plus loin, il achète pour 10 500 yuans un lot de chemises qu'il avait marchandé auparavant. "Si Sandy savait que j'ai autant d'argent sur moi…"

Au même moment, elle l'appelle. Le passeport qu'il lui a donné est périmé. Qu'il repasse la voir immédiatement. Cheikhna ne se laisse pas faire. “Évidemment que je ne lui ai pas donné mon nouveau passeport, me dit-il, j’en ai besoin pour retirer de l’argent demain à Western Union.”

Nous prenons le bus pour la Galerie Éléphant. Il est bondé, nous devons rester debout. Une Chinoise sort un mouchoir de son sac et le met devant son nez. Je pense d’abord qu’elle est enrhumée, mais d’autres jeunes filles font de même et, en peu de temps, je compte quatre nez blancs et au-dessus, des yeux noirs qui fixent Cheikhna.

Il n’y prête pas attention, ses pensées sont ailleurs. Dans quelques jours, il prend l’avion pour Bangkok. Mon portable n’a pas suffisamment de réseau, dit-il, il l’a remarqué hier quand il m’a téléphoné. “Et si on achetait tous les deux le Samsung que j’ai en vue ? Comme ça, chaque fois qu’on téléphonera de partout dans le monde, on pensera à l’autre.”

Des amis arabes de Dubaï m’emmènent dans un pub irlandais non loin du Garden Hotel. Sur le point de partir, ils rencontrent une connaissance accompagnée de trois étudiants chinois. Ils vont dans un autre bar et nous demandent de les y rejoindre. Les jeunes Chinois ont étudié l’anglais, ils se jettent sur moi avec avidité. Ce que je fais à Guangzhou, qu’est-ce qui m’a amenée jusqu’ici ? “Le Congo, s’exclame une voix enthousiaste près de moi, j’y vais bientôt.”

Elton, c’est son prénom anglais, et, au cours des heures suivantes, nous discutons à une table, dehors, pendant que les autres s’amusent à la discothèque.

Ses compagnons ont des parents riches, l'un va poursuivre ses études en Écosse, l'autre aux États-Unis. Les parents d'Elton sont pauvres, mais il était bon élève à l'école secondaire. "Je devais tout apprendre par cœur, dit-il, des citations de Marx, de la propagande communiste – des informations inutiles. Grâce à mes bonnes notes, j'ai pu aller à l'université." Maintenant que la fin de ses études approche, il veut, lui aussi, quitter la Chine.

Il a appris le français et l'espagnol pendant son temps libre et, récemment, il a postulé auprès d'une compagnie qui cherchait des traducteurs pour l'Amérique du Sud. "J'ai promptement reçu une réponse, mais, en fait, c'était pour aller au Congo. Ils craignaient probablement que personne ne se présente s'ils annonçaient d'emblée la couleur." Les postulants avaient appris la nouvelle sans broncher et se l'étaient murmurée ensuite de bouche à oreille.

Nous sommes assis dans la semi-pénombre. Elton est petit et presque gracile, et j'ai du mal à détacher mon regard de son beau visage aux traits légèrement féminins. Il a vingt-trois ans, mais s'exprime d'une manière si adulte qu'on lui en donnerait beaucoup plus. C'est un grand admirateur de Lionel Messi du FC Barcelone. "En fait, j'aurais voulu aller à Barcelone, mais les desperados de mon espèce ne peuvent prétendre qu'à des pays comme le Congo."

Il a eu deux entretiens avec le patron de la compagnie, qui exploite des mines de coltan à Lubumbashi et Likasi. À en juger par son bureau et sa voiture, l'homme est très riche. "J'aurai besoin d'un permis de conduire, mais le patron m'a dit que là-bas on pouvait en acheter un pour 10 dollars. Pas besoin de prendre des leçons de conduite, a-t-il dit – je devrai seulement faire la navette entre Lubumbashi et Likasi. Je n'aurai pas à m'arrêter en chemin pour faire des courses, ils ont de tout au compound : ils tuent leurs propres cochons et cultivent leurs propres légumes."

Elton est déjà parti en pensée, mais sa mère, divorcée, a paniqué quand il lui a dévoilé son projet. Elle habite un village à trois heures de route de Guangzhou, elle a travaillé toute sa vie en usine et elle associe l'Afrique à la pauvreté et au sida. A-t-elle laissé son fils étudier pendant toutes ces années pour annoncer finalement à la famille et aux amis, pendant les fêtes du Nouvel An chinois, qu'il travaille au Congo ? Ses oncles lui téléphonent et prennent un ton menaçant pour lui demander ce qu'il lui prend. "Mais le patron ne le sait pas, bien sûr."

Ce dimanche après-midi, je prends un taxi pour l'université d'Elton, au nord de la ville. Il m'attend devant l'imposante porte d'entrée. Je suis contente d'échapper un instant à l'agitation de la ville et j'entre, surprise, sur le campus : de grandes allées bordées d'arbres, de petits parcs avec des statues, des restaurants, des cafés. Le linge flotte aux balcons des résidences étudiantes et l'un des bâtiments s'orne du slogan *"We will bring every pupil to success"* (Nous mènerons chaque étudiant sur le chemin du succès) – ce qui, d'après Elton, fait rire les étudiants, étant donné l'augmentation du nombre de chômeurs parmi les diplômés.

La chambre aux lits superposés qu'il partage avec trois autres étudiants aurait besoin d'un grand ménage. Sur la partie de la table qui lui est dévolue, il y a un ordinateur portable, une photo de Messi, le livre de Milan Kundera *La vie est ailleurs* et une bible. L'ordinateur est le centre du monde d'Elton. Pendant des nuits entières, il regarde des matchs de football, des films téléchargés illégalement et il surfe sur des forums où l'on raille la Chine. Cela aiguise son esprit critique et explique probablement l'ironie qui fuse de la plupart de ses propos.

"Attendons voir, dit-il quand je lui raconte que certains Africains croient qu'on peut acheter des reins en Chine, nous sommes une si grande nation, nous ne tarderons pas à en fabriquer. Tu savais qu'un Chinois a copié un œuf? Cet homme devrait recevoir le prix Nobel. Son œuf est uniquement constitué d'éléments chimiques, le jaune danse quand tu le fais bouillir – comme une balle de ping-pong. Ma mère ne verrait pas la différence avec un œuf véritable, même s'il est fortement déconseillé de le consommer.

— Tu sembles bien cynique.

— Tu devrais lire les Chinois qui s'expriment sur mes sites favoris : ce sont des généraux du cynisme – à côté d'eux, je ne suis qu'un simple soldat."

Nous avons convenu d'aller nous promener dans le massif montagneux de Baiyun qui se dresse derrière le campus. Je m'attendais à des sentiers dans les montagnes boisées, mais, bien vite, nous sommes entourés de centaines de Chinois qui grimpent vers le sommet ou qui en redescendent sur une route goudronnée. Ils se photographient, s'arrêtent devant les boutiques de souvenirs, se frappent les membres en marchant pour stimuler la circulation du sang, chantent à tue-tête, à moins qu'ils n'aient emporté leur propre musique.

Trônant sur un radeau entouré de fleurs en plastique géantes, la majestueuse statue d'un Chinois à la barbe et aux moustaches tombantes flotte sur un lac artificiel. Les pointes de ses sourcils descendent elles aussi en fines mèches le long de son visage joufflu.

"C'est une figure traditionnelle qui symbolise une longue vie, m'explique Elton, un croisement entre Bouddha et Dieu – un demi-dieu, disons." Des Chinois circulent autour du radeau sur des pédalos décorés de poulets en plastique. Les couleurs criardes, au milieu de ces montagnes vertes et brumeuses – c'est ma première expérience d'une nature transformée en parc de loisirs que je rencontrerai partout en Chine.

Amusée, je regarde un homme qui, raide dans son costume vert, un haut-parleur suspendu au cou, descend de la montagne en marchant au pas dans un tintamarre d'airs folkloriques chinois – on dirait un petit soldat de fer-blanc qu'on vient de remonter. Pour le jeune rebelle à mes côtés, c'est un égoïste, qui impose ses préférences musicales à son entourage.

La langue de cette région est le cantonais, mais, d'après Elton, quantité de gens autour de nous parlent le mandarin. Les gens du Nord se comportent de façon arrogante envers ceux du Sud, dit-il. "Surtout les habitants de Beijing, ils nous méprisent parce qu'ils viennent de la ville des empereurs. S'il ne tient qu'à moi, on peut séparer dès demain le Sud du reste de la Chine, car la grossièreté commence déjà au-dessus de la province du Guangdong."

Ce matin-là, il a téléphoné à sa mère. Il espérait sans trop y croire qu'elle aurait changé d'avis, mais elle a raccroché dès qu'il a prononcé le mot "Congo". "Alors que c'est en partie pour elle que je voudrais aller là-bas." Il veut lui acheter une maison ou un appartement. En Chine, en tant que traducteur pour une entreprise privée, il gagnerait tout au plus 350 dollars par mois ; au Congo, il en aurait le double et son patron a promis de le payer 1 000 dollars après la période d'essai.

"Je comprends ma famille", dit Elton, plus indulgent tout à coup. Depuis qu'il sait qu'il va au Congo, il passe son temps à surfer sur des sites où des Chinois travaillant en Afrique échangent des informations. "Des Chinois ont été tués par des cambrioleurs au Katanga – ce type de nouvelles fait peur aux gens, bien sûr."

L'Afrique ne lui est pas complètement étrangère : il a un petit boulot d'interprète pour des Africains qui, sur invitation du ministère du Commerce chinois, suivent des cours à Guangzhou. Dernièrement, il a servi de guide à un homme d'affaires nigérian profondément religieux. "Il n'a pas arrêté de me faire la morale, ricane-t-il, il a sûrement senti que je n'étais pas irrécupérable." Vers dix-sept ans, il était désespéré et pensait souvent au suicide. À cette époque, il aurait peut-être été sensible aux paroles de l'homme, mais depuis qu'il a lu Sartre et Dostoïevski il se sent moins seul. "Pourtant, c'est un problème que nous n'ayons pas de religion, dit-il, pas de jours saints, pas de vendredi comme les musulmans, pas de samedi comme les juifs, pas de dimanche comme les chrétiens – nous travaillons toute la semaine. Nous sommes amoraux, seuls l'argent et la science comptent pour nous. Les gens ont bien des autels pour les ancêtres à la maison, mais c'est ce que j'appelle de la superstition pragmatique : ils ne servent qu'à demander des faveurs matérielles."

De retour au campus, nous passons devant un verger avec des pêches mûres. "Vous ne les cueillez pas ?

— Je n'y ai jamais songé", dit-il.

Quelques jours plus tard, Elton m'envoie un message. La nuit, il est allé chiper des pêches avec une étudiante. Elle était si excitée qu'elle a failli glisser sur le pont qui mène au verger. Les pêches avaient l'air délicieuses, mais la première qu'Elton a cueillie lui a semblé légère comme une plume. Il a touché le tronc et les feuilles : ils étaient vrais, mais les pêches étaient de petits ballons gonflés. "Des pêches ornementales ! J'avais honte – comme si une foule invisible m'observait et se moquait de moi."

Il est tard quand je retourne chez moi, de l'autre côté de la ville. Le taxi traverse le quartier africain de Guangzhou. Dans l'avenue Huanshi Zhong un Africain téléphone en gesticulant. Derrière lui, deux hommes traînent de lourdes valises sur le trottoir. Je suis prise d'un immense sentiment de tristesse. Tout ce trimballage d'un continent à l'autre – l'Afrique ne peut-elle donc rien fabriquer elle-même ?

Ces dernières semaines, j'ai été propulsée, comme en rêve, d'une histoire à l'autre. Le mouvement, l'énergie, l'optimisme m'ont fascinée, mais petit à petit je commence à voir le revers de la médaille. Il est temps d'élargir ma perspective, de chercher de nouveaux horizons.

LA PORTE DE LA CHINE S'OUVRE

BEIJING

Au Congo, l'arrivée dans un aéroport est souvent une expérience si éprouvante que je préfère qu'on vienne me chercher, parfois même au pied de la passerelle. Mais, à Beijing, les formalités douanières se déroulent avec une telle facilité que j'ai l'impression de sortir sur un petit nuage. Le chauffeur de taxi émet un grognement quand je lui tends la feuille portant l'adresse imprimée de Maggie, une Namibienne de ma connaissance, mais il se met aussitôt en route.

Les réverbères qui bordent la route de l'aéroport au centre-ville ont tous leur panneau solaire bleu. Chez nous, malgré tant de débats sur le sujet, on est encore bien loin du compte. L'air qui pénètre dans l'habitacle par la fenêtre ouverte a des relents chimiques. Le bois nouvellement planté le long de l'autoroute paraît chétif et irréel – comme les pêchers sur le campus de l'université d'Elton.

Elton et moi avons échangé de nombreux courriels ces derniers mois. Il ne part pas au Congo ; l'exploitant de coltan a trouvé un autre interprète et résolu ainsi son dilemme. Il a terminé ses études, quitté le campus et il travaille pour une entreprise de bois dans le port de Zhangjiagang, près de

Shanghai. Un nouveau dilemme l'attend, car son patron importe du bois du Gabon où il va envoyer Elton d'ici quelques mois ; la demande de visa est déjà faite. "Tôt ou tard, tu briseras le cœur de ta mère", lui a prédit son professeur d'anglais.

Dans le port, il a appris à conduire et il a été initié aux noms, prix et qualités de diverses sortes de bois car, en Afrique, ses responsabilités excéderont le simple interprétariat. Son patron est issu d'un milieu modeste, il mange avec son personnel, ce qui ne l'empêche pas d'être un entrepreneur ambitieux et têtu, qui n'admet pas qu'on le contredise. Elton est végétarien, à la stupéfaction de ses collègues : comment pense-t-il survivre en Afrique s'il ne mange pas de viande ? La secrétaire lui a conseillé de manger de temps à autre un morceau de viande ou de poisson en présence de son patron, sinon il risque de ne pas terminer sa période d'essai.

Le gouvernement chinois appelle les Africains "nos frères", son patron les appelle "ces bons à rien de Noirs". Il a confié à Elton qu'en échange de téléphones mobiles, ses employés gabonais arrondissent à la baisse le diamètre du bois qu'il importe, ce qui lui permet de faire pas mal de bénéfices supplémentaires.

Elton passe une grande partie de son temps dans le port. Le prix du bois est fluctuant ; comme en Bourse, les entreprises attendent qu'il monte, si bien que le bois pourrit sur place. Il se sent petit et insignifiant entre ces troncs d'arbres. Il y en a qui ont une bonne centaine d'années. Ils sont imprégnés d'histoire – il les respecte. Certains répandent une odeur forte. "J'ai l'impression qu'ils pleurent", écrit-il.

Ces derniers mois, il a dîné avec bien des gens fortunés et il a pu constater que, dans ce pays, le fossé entre riches et pauvres n'est pas un vain mot. Pendant les conversations, à table, il n'arrêtait pas de penser à sa mère qui travaille pour une bouchée de pain dans une usine. S'il s'accroche, grâce à l'argent qu'il gagnera, elle pourra s'arrêter.

Vu le nombre élevé de chômeurs parmi les jeunes diplômés en Chine, j'ai idée qu'Elton se propulse en avant à la vitesse grand V, mais lui a l'impression de stagner et de buter sur une série d'obstacles. Il vient de découvrir que l'entreprise pour laquelle il travaille est sur la liste noire de Greenpeace. Alors qu'il milite pour la protection de l'environnement ! Il croit de moins en moins à ce qu'il fait et craint qu'à la longue son manque d'intérêt nuise à l'entreprise.

Avant de partir à Zhangjiagang, il a postulé un emploi de traducteur pour une organisation qui veut monter un festival de films documentaires à Guangzhou. Le salaire qu'on lui proposait aurait juste suffi à le faire vivre et à mettre un peu d'argent de côté pour sa mère. À ce moment-là, c'était à peine envisageable, mais, depuis qu'il est à Zhangjiagang, son amour du cinéma le taraude et il se dit que ce serait agréable de travailler avec des gens qui partagent sa passion. Quand il a visité le bureau de l'organisation, qu'il a vu les affiches sur les murs, il s'est tout de suite senti à sa place. Les collaborateurs étaient aimables – ce serait un environnement idéal pour lui. Et s'ils l'appellent pour lui dire qu'il obtient le poste ? Doit-il vendre son âme pour de l'argent ou suivre son cœur ?

Le bois chétif au bord de l'autoroute menant au centre-ville est depuis longtemps derrière nous, nous roulons dans Chaoyang Park, un quartier résidentiel verdoyant. Le chauffeur tente d'obtenir plus d'informations mais, impuissante, je montre à nouveau l'adresse sur la feuille. Il fait chaud dans la voiture et je remarque que, tout en conduisant, il a roulé son tee-shirt jusqu'au-dessous de ses aisselles, si bien que j'ai tout loisir d'admirer son gros ventre blanc.

Maggie travaille pour l'ambassade de Namibie à Beijing et auparavant elle était en poste à Kinshasa. Son meublé, au vingt et unième étage, se trouve dans un compound où habitent des étrangers et des Chinois aisés.

Elle approche de la quarantaine et jouit d'un caractère enjoué – je me sens tout de suite à l'aise dans ma nouvelle demeure. Son copain Malick, qui loge souvent chez elle, travaille pour l'ambassade du Bénin. Le week-end, ils passent des heures à regarder CNN devant le grand écran plat qui domine la pièce, font des courses, cuisinent à l'africaine avec les ingrédients qu'ils ont rapportés de leurs dernières vacances. Le débarras déborde d'emballages en carton et de housses de vêtements Boss et Armani. Dès qu'elle a quelques jours de libres, Maggie prend l'avion pour aller faire des achats à Guangzhou. Malick, lui, y fait un saut avant son congé annuel pour les cadeaux de la famille et des amis au Bénin.

Ma chambre, à l'arrière de l'appartement, donne sur un quartier pauvre aux constructions basses. À moins que ce ne soit un campement où les migrants de l'arrière-pays ont trouvé refuge ? Des voitures, des ânes, des hommes avec des chevaux et des charrettes se déplacent dans les rues ensablées. Les tours qui se dressent à l'arrière-plan laissent présager que le quartier est sur le point d'être démoli. Ce qui n'empêche pas quelques optimistes, tout en bas, d'inaugurer un restaurant ou un magasin. On décore la façade de guirlandes et, soudain, un joyeux feu d'artifice fuse de ces constructions grisâtres pour éclore dans les airs.

Le matin, Maggie et Malick vont ensemble en voiture au travail et, chaque fois, c'est la même scène : Malick est prêt et attend devant la porte, le livre qu'il est en train de lire sous le bras – la biographie d'un homme politique français, *Le Grand Bluff chinois** de Thierry Wolton ou *Les Sociétés secrètes et comment elles affectent nos vies aujourd'hui*, de la médium américaine Sylvia Browne. Maggie papillonne dans la pièce, décide de mettre des escarpins écarlates à la place de ses talons aiguilles argentés, court se parfumer dans sa chambre, disparaît dans la cuisine pour s'emparer du casse-croûte qu'elle a préparé. Pendant tout ce temps, Malick me lance des regards entendus.

Plus avant dans ce mois de septembre, un vent froid et sableux soufflera du désert de Gobi. C'est un vent impétueux qui rappelle l'époque où pas un immeuble ne se dressait ici et qui nous donne, sur notre perchoir, un sentiment de grande vulnérabilité. Il est si fort que je peine à ouvrir la porte de ma chambre quand la fenêtre est entrebâillée. Il s'immisce dans un sifflement triomphal à travers trous et fentes dans l'appartement, laissant une traînée de poussière pernicieuse sur le parquet. "Voilà bien le vent de Mongolie, dit le chauffeur chinois de l'ambassade du Bénin à Malick. Personne ne l'a invité, il débarque sans passeport et sans visa."

Maggie, qui vient de rentrer de Namibie, déborde d'anecdotes sur les Chinois qu'elle a vus là-bas. Ils sont de plus en plus nombreux, ils ont même ouvert des magasins dans le village de sa mère, où il n'y a pas l'électricité. "En Chine, la terre appartient au gouvernement, mais pas en Namibie, alors ils y achètent un terrain sur lequel ils construisent une maison. Ici ils ne peuvent avoir qu'un seul enfant, en Namibie ils en ont plein."

À presque quatre-vingts ans, sa mère croit elle aussi au miracle chinois. "Elle m'a demandé de lui rapporter un produit qui fait disparaître les rides." Maggie rit, rien que d'y penser. "Pas de la crème pour le visage, mais un remède qui lui rendrait la peau de ses vingt ans."

Pendant le séjour de Maggie en Namibie, les journaux parlaient d'un commerçant chinois qui vendait de la lessive en poudre sous l'étiquette d'une marque sud-africaine renommée, sauf que la sienne était meilleur marché. Les gens qui l'ont utilisée ont attrapé des boutons, ce qui a fait éclater l'affaire. Il s'est avéré que l'homme avait une petite usine clandestine et un dépôt de produits chimiques dans son arrière-boutique.

On estime à quarante mille le nombre de Chinois en Namibie. Quand ils demandent un visa à l'ambassade, ils affirment se rendre en Namibie pour investir, mais, au lieu de construire l'usine d'assemblage de téléphones promise, ils importent des téléphones. "Notre ministre du commerce dit qu'on ne peut pas leur refuser de visa, mais ils commencent à poser problème, car nous ne sommes que deux millions."

Au début, Malick est plutôt bougon avec moi. "L'Europe est jalouse de la relation entre la Chine et l'Afrique, dit-il. Elle essaie constamment de montrer la Chine sous un mauvais jour." Quand il comprend que je ne fais pas de *China-bashing*, il s'adoucit. Le Bénin a peu de ressources naturelles et pendant sa période marxiste, ses rapports avec l'ancien colonisateur français n'étaient pas toujours faciles. Un puissant partenaire comme la Chine renforce sa position sur le marché international. Avec ses neuf millions d'habitants, le Bénin n'apporte pas de gros débouchés à la Chine mais, étant situé sur le golfe de Guinée, il a un intérêt stratégique car il offre une ouverture sur les pays du Sahel, le Burkina Faso, le Mali et le Niger, coupés de la mer. Par ailleurs, les États africains demeurent importants pour la Chine au sein des Nations unies. "Sans oublier que le Bénin est un pays stable, dit Malick, et la stabilité, c'est une denrée rare en Afrique."

Un soir que je rentre avec de délicieux raisins secs de couleur bleue, Maggie fait la grimace. "Ils y ont sûrement ajouté un exhausteur de goût." Malick est plus réticent à critiquer tout ce qui est chinois, mais je découvrirai progressivement que lui aussi a ses réserves. Il va faire du sport tous les dimanches matin. "Tu sais ce que me disent les jeunes Chinoises du centre sportif quand je gagne une partie de tennis de table ? « Tu es fort comme un éléphant ! »"

Les employés chinois de l'ambassade du Bénin travaillent comme des robots : ils commencent à neuf heures et s'arrêtent à cinq heures, quoi qu'il arrive. Dernièrement, un commerçant béninois était de passage. Comme il ne connaissait personne à Beijing, l'ambassade lui a organisé un rendez-vous avec un homme d'affaires chinois. "Figure-toi que l'interprète a refusé de traduire. Ce type d'entretien n'entrait pas dans ses fonctions, disait-elle."

Malick fait toujours appel au même interprète quand il a un rendez-vous à l'extérieur. Il s'étonne que l'homme persiste à ne pas dévoiler son adresse. "Il s'arrange pour que le chauffeur de l'ambassade ne vienne jamais le prendre chez lui et, au retour, il a toujours une excuse pour qu'on le dépose quelque part en chemin."

Il y a certainement des Chinois malhonnêtes en Afrique mais Malick connaît également des Chinois qui se sont fait rouler par leurs partenaires africains. Un investisseur chinois avait fait connaissance avec un homme d'affaires nigérian sur Internet. Ce dernier l'invite à visiter son pays. Il le reçoit le mieux du monde puis il l'emmène dans un ministère pour signer un contrat et lui faire payer une grosse avance. "Un complice avait, pour l'occasion, loué un bureau au ministère et s'était fait passer pour un haut fonctionnaire, avec papier à lettres officiel, tampons et le toutim. Le Chinois, pensant qu'il avait gagné le jackpot, est rentré chez lui en se frottant les mains pour faire ses valises. Mais, à peine parti, le décor nigérian s'est volatilisé dans son dos."

L'idée que je me faisais d'un peuple chinois bien discipliné vole en éclats dès ma première sortie à vélo dans Beijing. Les automobilistes font demi-tour aux endroits les plus incongrus, les cyclistes ignorent les agents de la circulation et grillent les feux rouges comme un seul homme. J'avais l'intention de respecter les règles, mais la masse désobéissante a une telle force coercitive qu'un nouvel ordre se crée auquel je me soumets en traçant derrière les contrevenants.

Sur la piste cyclable, le danger est partout : tantôt c'est un cycliste qui fonce sur moi en sens interdit, tantôt un scooter électrique avec des plaques de verre dépassant de son porte-bagage qui me frôle en me doublant.

C'est émouvant de voir des bonshommes dépenaillés entrer en ville avec leur charrette et leurs chevaux tels des personnages d'un autre siècle, éblouis par les tours et l'élégance des passants. Un motocycliste tire une carriole rembourrée de plusieurs matelas sur lesquels sa femme est assise, un bébé dans les bras. Quatre vieillards jouent aux cartes sous un arbre où pendouillent quatre cages avec des oiseaux.

Cet après-midi-là, je pédale en direction de Sanlitun, le quartier des ambassades. De larges avenues bordées d'arbres, des rues avec bars, supermarchés et boutiques dernier cri. Dans le jardin de la résidence de l'ambassadeur des Pays-Bas, il y a des vaches en plastique. J'ai rendez-vous avec Jacques Tshiamala, un Congolais qui jouit d'une certaine renommée auprès de ses compatriotes. Il vit depuis vingt-cinq ans en Chine, a fait des études de chimie à Shanghai et s'est installé ensuite à Beijing. Actuellement, il est le directeur local de l'entreprise espagnole Minersa qui produit des matières premières industrielles et qui a des filiales non seulement en

Chine, mais aussi en Afrique du Sud et au Congo-Brazzaville. Au téléphone, il avait une voix posée – aucune trace de la fébrilité confuse qui émane de beaucoup d'Africains de Guangzhou.

Le beau quadragénaire plein d'assurance que je rencontre à la terrasse du restaurant Ras Ethiopian Cuisine semble sortir tout droit d'un studio de cinéma. Peau mate, crâne chauve, boucle en or à l'oreille gauche. Certains Chinois le prennent parfois pour le basketteur américain Michael Jordan. “J'aimerais avoir son argent”, leur répond alors Jacques, pince-sans-rire.

À l'entrée du restaurant, mes yeux tombent sur une photo grandeur nature du leader Mao Zedong en compagnie de l'empereur éthiopien Hailé Sélassié. Elle a été prise en 1971, pendant la visite de l'empereur à Beijing. Les deux hommes approchent des quatre-vingts ans et, bien que Mao ait deux ans de moins que Sélassié, il semble plus âgé et plus fatigué. Les mois précédents, Mao n'était plus apparu en public – ce qui n'était pas rare. À Beijing, les rumeurs sur sa maladie, et même sa mort, allaient bon train, mais il était là, bien vivant, la main du petit empereur fragile dans la sienne : deux vieillards entre eux. Quelques semaines plus tard, entre autres grâce aux vingt-six voix des pays africains, dont celle de l'Éthiopie, la République populaire de Chine obtenait le siège de membre permanent du Conseil de sécurité des Nations unies jusque-là dévolu au gouvernement de Taiwan.

“C'était une bonne période dans les relations entre la Chine et l'Afrique, dit Jacques, la Chine construisait le chemin de fer Tanzanie-Zambie ; Mao envisageait même d'envoyer là-bas de jeunes

Chinoises pour épouser des Tanzaniens." Dans son discours à l'Assemblée générale de l'ONU, en 1973, le président Mobutu louait les experts chinois envoyés dans son pays, qui étaient prêts à partager les conditions de vie de leurs collègues africains.

Dans le cadre de l'amitié sino-africaine, les années soixante-dix ont vu les bourses accordées aux étudiants africains se multiplier. Jacques est arrivé en 1984. C'était l'un des dix-sept étudiants d'un pays qui, à l'époque, s'appelait encore le Zaïre ; quatre d'entre eux sont repartis – ils ne supportaient pas la vie en Chine. Peu après son arrivée, chaque Chinois avait dû donner un demi-yuan pour la famine en Éthiopie, se souvient-il. "Si bien qu'ils s'imaginaient que tous les Africains étaient pauvres. Le gouvernement nous chouchoutait : on était seul ou à deux dans une chambre que les étudiants chinois devaient se partager à sept, on avait la télé, on était bien habillés et on se douchait quand on voulait alors qu'eux ne pouvaient se laver qu'une fois par semaine."

On leur interdisait d'avoir des relations avec des Chinoises, mais les représentants de l'ordre eux-mêmes leur faisaient connaître des jeunes filles. À six heures du soir, une voix annonçait au mégaphone que tous les visiteurs devaient quitter les étages. Plus tard, ce fut neuf heures. Jacques rit. "Les premiers mariages entre Chinoises et Africains ne se sont pas fait attendre." Quant à lui, il allait épouser une Espagnole.

"Tu te faisais des amis chinois ?

— Bonne question", dit-il, et il réfléchit un instant. "À cette époque, oui, j'avais des amis chinois, mais nous ne sommes pas restés en contact."

Ils le connaissaient depuis des années, pourtant ils lui posaient des questions idiotes, du genre : "Est-ce que tous ceux qui naissent en Afrique sont systématiquement noirs ? – Évidemment pas, répondait Jacques, les enfants qui naissent de parents chinois en Afrique sont des Chinois. Les Noirs qui vivent depuis des centaines d'années aux États-Unis ne sont pas devenus blancs, que je sache ?"

Jacques espérait trouver du travail dans une entreprise chinoise au Zaïre une fois ses études terminées, mais elles ne prenaient que du personnel chinois. "Tous les matins, je sortais en costume cravate, mes diplômes et papiers sous le bras, mais à part transpirer, je n'arrivais à rien. À la fin, j'ai laissé tomber la veste. Je n'ai jamais réussi à gagner ne serait-ce que 100 dollars à Kinshasa ; pourtant, les gens y ont d'immenses maisons et de grosses voitures. D'après moi, ils sont toute une bande assis autour d'un pot plein d'argent, et ils s'emploient à le vider."

"Quand est-ce que tu retournes en Chine ?" Tout le monde lui posait la question. Ils ne pouvaient pas imaginer qu'il était revenu pour de bon. Son père, qui le voyait tourner en rond, a dit : "Comme ça tu ne vas pas t'en sortir. Tu ferais mieux de repartir."

Ce n'était pas évident, à cette époque, de travailler en Asie, pour un Africain. "Parfois, tu étais invité sur la base de ton CV ; quand on te voyait, on te congédiait." Jacques avait trouvé du travail à Taiwan, mais il gagnait moins que ses collègues asiatiques. Il a décidé de faire un master à Beijing ; cette fois, il a payé lui-même ses études. Quand il est retourné à Kinshasa, ce nouveau diplôme en poche, la situation était restée inchangée.

Il avait l'impression de se faire ballotter. C'était en 1996 et des Africains anglophones commençaient à s'introduire dans des entreprises étrangères en Chine. Kényans, Tanzaniens, Nigérians – ils servaient d'intermédiaires entre des entreprises françaises, allemandes et néerlandaises et leurs partenaires chinois.

Jacques devint directeur local de Minersa et, les décennies suivantes, il allait faire de nombreux allers-retours entre la Chine et l'Afrique. Aujourd'hui, il conseille aussi des Chinois qui veulent investir en Afrique, des gouvernements africains qui confient un projet à une firme chinoise, et même des étudiants africains et leurs partenaires potentiels chinois. "Dernièrement, j'ai été appelé par le représentant des étudiants étrangers à Shanghai. Il connaissait un Chinois qui s'intéressait au commerce du cobalt au Congo. J'ai mis l'homme en contact avec mes relations là-bas. Il est allé au Congo et il y est toujours."

Si Mobutu avait, en 1973, fait l'éloge des experts chinois qui se contentaient d'une vie simple, lui même s'entourait d'un luxe de plus en plus extravagant. Sa visite en Chine ne lui avait pas donné le goût de la modestie mais l'idée d'organiser de grands spectacles de danse en son honneur et de se construire un palais supplémentaire de style chinois en bordure de Kinshasa.

Quand Mobutu fut détrôné par le vieux Kabila en 1997, Jacques et ses compatriotes en Chine s'étaient réjouis et avaient repris espoir. Cette même année, Kabila était venu en visite officielle à Beijing. "Il a refusé de rencontrer l'ambassadeur congolais, qui était un mobutiste, dit Jacques, mais le numéro deux de l'ambassade a réuni quelques personnes." C'était en décembre et il faisait froid à Beijing. Kabila ne s'est pas montré, il n'avait pas emporté de manteau chaud et s'était enrhumé. Mais peut-être était-il soûl et cuvait-il son vin ? Car de mauvaises langues affirmaient que le président buvait beaucoup.

"Le nouveau ministre des Affaires étrangères, qui faisait partie de la délégation, s'est approché de moi et m'a dit : « Nous avons enterré le Zaïre et fait naître le Congo. Et maintenant, nous allons à Shenzhen pour voler la technologie des Chinois. » Quelle folie ! Mais ensuite, ils ont bel et bien pris l'avion pour Shenzhen."

En 2002, un an après l'assassinat de son père, le jeune Kabila débarque à Beijing accompagné d'une importante délégation. Jacques connaissait deux hommes d'affaires australiens qui voulaient lancer un projet de pêche au Congo et il avait réussi à obtenir un rendez-vous avec le ministre de l'Agriculture, de l'Élevage et de la Pêche. "Nous l'attendons dans le lobby de l'hôtel, mais on vient nous signifier que le ministre nous recevra dans sa chambre."

Ils prennent place tous les trois sur le lit du ministre, assis en tongs en face d'eux – Jacques était mort de honte. Plus tard, le ministre l'appelle et lui demande si ses partenaires en affaires étaient "solides". Jacques fait l'innocent et répond qu'en ce qui concerne leur capital d'investissement, oui, ils sont tout à fait solides. "Évidemment, ce n'était pas ce que le ministre cherchait à savoir, il se renseignait sur sa commission." Jacques secoue la tête d'un air irrité. "Sur un projet pour lequel il n'avait encore rien fait ! En Chine aussi ils veulent une commission, mais du moins ils offrent quelque chose en échange."

Jacques Tshiamala a la même perspicacité que le Rwandais Albert Rugaba à Shenzhen, mais son pays ne sait apparemment pas mettre son talent à profit. Les Chinois ont signé un contrat colossal de 6 milliards de dollars avec le Congo que le jeune Kabila a baptisé *Cinq Chantiers** : en échange de matières premières, ils entreprennent de grands travaux, construisent des routes, des hôpitaux et des écoles. Pendant les négociations, aucun connaisseur congolais de la Chine n'a été consulté, dit Jacques. Que les Chinois préfèrent se passer de témoins encombrants, il peut le comprendre, mais pourquoi les Congolais ont-ils accepté cela ? "Les Angolais sont plus intelligents, ils font appel à leurs compatriotes qui parlent le chinois."

Tout comme Albert Rugaba, il se montre sceptique envers les grandes entreprises d'État chinoises qui raflent tous les contrats parce que leurs partenaires africains pensent : ceux-là ont de l'argent. "Elles acceptent, par exemple, un chantier d'un million de dollars et le cèdent pour 800 000 à une entreprise plus petite, qui le cède à son tour et ainsi de suite, jusqu'à ce que l'entreprise qui, *in fine*, exécute les travaux n'ait pas assez d'argent pour terminer le projet." Il montre, d'un signe de tête, les luxueuses voitures garées devant le supermarché attenant. "Je parie que la moitié des autos de Beijing sont achetées avec l'argent des commissions de ce type de marché."

*Cinq Chantiers** est un projet énorme, explique-t-il, mais sa mise en œuvre n'a pas été bien pensée. "Il fallait rénover le boulevard qui relie le centre de Kinshasa à l'aéroport. Ça fait déjà une paie que ça traîne. D'abord, on a utilisé des pierres si tranchantes qu'elles cassaient les machines ; on est allé en chercher d'autres le long du fleuve Congo. Comme il n'y en avait pas assez, on va en prendre de plus en plus loin. Le boulevard est en cours d'élargissement ; on a donc abattu les arbres de l'époque coloniale pour les remplacer par des fleurs. Mais qui va s'en occuper, qui va les arroser ?"

Et les hôpitaux que les Chinois construisent sont-ils vraiment nécessaires ? N'aurait-il pas été préférable de rénover les anciens et de les doter d'équipements plus modernes ? "Il faut du ciment pour les nouveaux bâtiments. Seules deux usines en fabriquent au Bas-Congo, elles ne peuvent couvrir que 10 % des travaux, il faut donc en importer de Belgique, de Turquie et même de Chine. Entre-temps, tout le monde attend que les *Cinq Chantiers** soient achevés. Alors, il y aura des écoles, des routes pour que les gens puissent acheminer leurs produits de la campagne à la ville. Avec quels véhicules, et qui achètera ces produits ? Aujourd'hui, grâce aux *Cinq Chantiers**, il y a du travail, mais qu'en sera-t-il demain ?"

Récemment, Jacques était à Kinshasa, il a vu les cantonniers congolais travailler sur le boulevard et les Chinois haut perchés sur leurs machines. Entre ces deux groupes, un Chinois criait quelque chose dans un français abominable. Pourquoi ne font-ils pas appel à des Congolais qui parlent le chinois ? s'est-il demandé. Il était dans une voiture avec des Chinois. Sur leur passage, les Kinois (habitants de Kinshasa) ont sifflé entre leurs dents : *"Cinq Chantiers ! Cinq Chantiers !**" "Pourquoi est-ce qu'ils nous injurient ?" ont demandé les Chinois. Jacques avait traduit, mais pas ce que ses compatriotes avaient ajouté : "Si vous ne les terminez pas rapidement, on vous mange !"

Jacques a passé plus de la moitié de sa vie en Chine et, bien qu'il aille régulièrement au Congo, il est parfois dépassé par ce qu'il y découvre. Dernièrement, au marché central de Kinshasa, tout le monde parlait d'un serpent qui crachait des dollars. Quelle ineptie !

Les Chinois s'étonnent de la façon dont les choses se passent au Congo, dit-il. Un Chinois qui dirige un projet à 120 000 dollars se rend à Kinshasa. Il est convoqué par le ministre. Il n'est pas habitué à cela, ce n'est pas son niveau en Chine. Le ministre lui souhaite la bienvenue, le remercie, attend des remerciements en retour et, à partir de ce moment-là, il veut suivre le projet. "En Chine, un projet est élaboré par une pyramide de fonctionnaires avant d'être présenté au ministre, qui y applique sa signature. Au Congo, c'est le contraire : tout dépend entièrement du ministre."

Jacques a trouvé un partenaire chinois pour un projet de rénovation de bâtiments publics dans plusieurs villes congolaises. Les négociations sont déjà avancées, mais, au moment d'aborder la phase suivante, le ministre concerné dit : "Attendez un peu, il y a des changements dans l'air." Jacques présume que l'homme sera bientôt remplacé. Si oui, il faudra tout reprendre. "Le nouveau ministre sera très méfiant : pourquoi son prédécesseur a-t-il voulu faire exécuter ces travaux ? A-t-il reçu une commission ? Dans ce cas, il n'y aura probablement plus rien à en tirer pour lui. Chaque nouveau ministre apporte ses projets à lui, ses gens à lui et les dessous-de-table qui vont avec."

Les Congolais s'imaginent que les Chinois partiront quand les travaux seront achevés, mais Jacques connaît des Chinois qui commencent à s'installer au Congo. "Le jour où les Congolais comprendront qu'ils n'ont pas l'intention de partir, ils les verront d'un autre œil", présage-t-il.

Tous les entrepreneurs chinois en Afrique se connaissent. Quand un projet au Congo est sur le point de s'achever et que le contremaître apprend qu'un collègue en Angola a besoin de deux cents personnes, il y envoie ses travailleurs. "Certains ouvriers chinois ne sont pas retournés chez eux depuis une dizaine d'années."

L'ouvrier du bâtiment ou le cantonnier chinois qui fait un tour au marché de Kinshasa pendant son temps libre et voit qu'un parapluie y coûte cinq fois plus cher qu'en Chine appelle un frère ou un cousin et dit : "Il y a de l'argent à se faire ici." En moins de rien, son parent est dans l'avion pour Kinshasa.

Une fois, Jacques a apporté quarante pagnes à Kinshasa. Il s'est avéré qu'ils y coûtaient autant et même moins cher que ce qu'il les avait payés à Beijing. Comment était-ce possible ? "Je suis allé dans un magasin de textile chinois et j'ai découvert qu'on pouvait y acheter des pagnes au détail mais aussi un grand lot pour le prix de gros. Tu comprends que les commerçants congolais râlent. Chez nous, entre emmagasiner une cartouche de cigarettes et les vendre à la pièce, il y a une longue chaîne qui profite à tout le monde – du grossiste au gamin des rues. Les commerçants libanais et portugais respectent ce système, mais les Chinois le détruisent, ce qui fait que beaucoup de gens perdent leur gagne-pain."

Il est également indigné par les films pornos et articles apparentés que les Chinois ont introduits sur le marché congolais. Dans les rues, en plein jour, des enfants colportent des produits qui stimulent la libido. "De mon temps, il était même interdit d'en parler. Les parents t'envoyaient au fond de la forêt pour te faire initier à ce type de secrets. Mais les Chinois pensent : les Congolais ont plusieurs femmes, ils en ont sûrement besoin." Le dernier gadget que les enfants vendent, ce sont des mouchoirs imprégnés d'une substance aphrodisiaque. Les Kinois lui ont déjà trouvé un nom : *Truquer le match**.

Il fait frais sur la terrasse. J'ai sorti un pull et une écharpe de mon sac, mais Jacques demeure stoïque dans le froid humide de l'automne qui transperce les os dès que le soleil se couche. Il semble tirer plaisir de cette plongée dans le passé. Quand il dit d'où il vient, les Chinois le regardent et disent invariablement : "Mais tu es différent des autres Congolais. Tu n'as sûrement pas grandi là-bas?" Jacques rit chichement : "Ils ne se rendent pas compte qu'ils m'insultent."

Depuis l'an 2000, un forum est organisé tous les trois ans – tantôt à Beijing, tantôt dans un pays africain – pour fêter l'amitié sino-africaine et discuter des projets à venir. "Si le forum se tient à Beijing, la ville s'emplit de slogans sur la mystérieuse Afrique et d'affiches représentant des éléphants, des girafes et des Massaï en tenue traditionnelle. Une fois, sur une de ces affiches, figurait un Papou avec un os dans le nez. Jamais un Africain moderne, comme moi.”

À Beijing, les Chinois se sont habitués à voir des Africains, mais quand Jacques voyage à l’intérieur du pays et qu’ils voient sa silhouette élégante et élancée, ils le prennent pour un Noir d’Amérique. Selon eux, les Africains sont petits, pauvres et sales.

Et pourtant, depuis vingt-cinq ans, il a constaté de nombreux changements. “Auparavant, les Chinois pensaient que nous vivions au milieu des lions et des serpents et qu’au sortir de l’avion ils mettraient les pieds dans un zoo.” Maintenant qu’ils commencent à mieux connaître l’Afrique, ils lui posent d’autres questions : “Pourquoi avez-vous si peu d’industries ?” Ou : “Pourquoi est-ce à nous de construire vos routes ?”

Récemment, Jacques était au Congo-Brazzaville en compagnie d’un ministre chinois. Ils avaient rendez-vous avec un ministre local, qui leur a posé un lapin ; quant à son chef de cabinet, il s’est fait attendre pendant des heures. “Les Africains pensent qu’ils peuvent se permettre de ne plus rien faire quand ils sont ministres, dit Jacques, dépité. Ils trouvent qu’ils ont atteint leur but.” Le soir même, il en parlait dans un restaurant asiatique avec un riche Chinois qui habite depuis longtemps à Brazzaville. “Pourquoi ne m’as-tu pas téléphoné, lui a-t-il dit, j’aurais pu te l’arranger, ce rendez-vous avec le ministre.” Jacques grimace. “Les Chinois commencent à apprendre comment les choses fonctionnent. Cet homme sait que, pour discuter d’affaires importantes, on ne rencontre pas un ministre dans son bureau mais à l’extérieur.”

Bien que Jacques passe la plupart de son temps entre la Chine et l'Afrique, il lui arrive aussi d'aller à Bilbao, d'où sa femme est originaire et où se trouve le siège central de Minersa. Dernièrement, il a fait escale à Schiphol. Un Congolais qui vit en Chine et se rend en Espagne en passant par les Pays-Bas, cela laissait les douaniers perplexes. "Vous venez du Congo, vous parlez donc le français ?"

Jacques confirme d'un signe de tête.

Ils font venir un fonctionnaire francophone. "Pourquoi passez-vous par les Pays-Bas ? demande celui-ci.

— Parce qu'il n'y a pas de vol direct et que j'ai une carte de fidélité KLM", dit Jacques qui commence à sentir les premiers signes d'irritation.

L'homme n'avait pas terminé son interrogatoire. Et qu'en était-il de la Chine, que faisait-il là-bas ?

"Qu'est-ce que ça peut vous faire ? Vous allez me faire rater mon avion.

— Vous parlez le chinois ?" Ils font venir un fonctionnaire qui baragouine le chinois et trouve ce que dit Jacques plutôt suspect. S'il veut attendre un peu, il va appeler la Chine. Il était deux heures et demie de l'après-midi, six heures plus tard à Beijing, Jacques doutait fort qu'ils puissent joindre quelqu'un là-bas. Mais quand le fonctionnaire revient, il dit que tout était en ordre. "Ils m'ont retenu deux heures. J'ai failli manquer mon vol pour l'Espagne."

Le jour du soixantième anniversaire de la République populaire de Chine, je suis scotchée devant la télé dans le séjour de Maggie. Sur les images de la chaîne anglophone CCTV-9, le président Hu Jintao debout dans sa limousine, ses cheveux teints en noir plaqués en arrière, passe sur la grande avenue près de la place Tiananmen au son d'une musique militaire. Ses troupes sont au garde à vous et il leur crie dans quatre micros : *"Tongzhimen hao!* (Salut à vous, camarades!)

— *Shouzhang hao!* (Salut à vous, chef d'état-major!), répondent les militaires en chœur.

— *Tongzhimen xinku le!* (Vous avez travaillé dur, camarades!), les félicite-t-il.

— *Wei renmin fuwu!"* (Nous servons le peuple!), s'exclament-ils.

La limousine noire avec le drapeau rouge dépasse lentement la rangée de soldats et les salutations résonnent de part et d'autre. Ce sont sûrement de vieux slogans éculés mais, à mon étonnement, je suis presque émue en les écoutant. C'est agréable de se retrouver dans un monde ordonné après avoir vécu entre des rebelles et des troupes gouvernementales irrégulières au Congo. Le dialogue entre Hu Jintao et ses troupes résonnera encore longtemps dans ma tête.

Le soir, il y a des feux d'artifice et j'appelle Elton, même si je peux imaginer que des parades militaires comme celles-ci lui inspirent des sentiments mitigés. Les célébrations ne l'ont pas laissé froid lui non plus; il en a même rêvé la nuit dernière. Il était sur la place Tiananmen, où Hu Jintao commençait son discours dans un large sourire. "Dans mon rêve, je pouvais zoomer sur son visage, dit-il. Sa grimace était macabre – elle m'a poursuivi toute la journée." Soudain, le président a saisi un pistolet et s'est tiré une balle dans la tête, après quoi il y a eu un énorme chaos sur la place : des tanks se sont mis en marche, des hélicoptères volaient en rase-motte et des tireurs d'élite surgissaient sur les toits des bâtiments environnants. "Ça tirait de toutes parts, la foule hurlait et j'essayais de sortir en rampant de dessous les cadavres."

Elton se tait, gêné. "Je dois regarder trop de films d'horreur."

Certains militaires avaient dû se rendre chez l'acupuncteur avant le défilé, a-t-il entendu dire, sinon ils n'auraient pas pu tenir la tête tournée d'un seul côté durant des heures.

Théodore, un étudiant congolais qui fait un master à l'École centrale des beaux-arts, était, comme moi, rivé à la télé pendant le défilé. "Vous voyez ce que les Chinois ont réalisé, dit-il, alors que nous… Dans les années soixante, le Congo était l'un des pays les plus développés d'Afrique. Dans le domaine de la télégraphie et de la téléphonie, nous étions en avance sur la Chine, et maintenant, où en sommes-nous ? Nulle part !"

Théodore a trente-sept ans et, depuis qu'il est arrivé en Chine, il y a six ans, il n'est plus retourné chez lui. Il connaît tous les étudiants congolais de Beijing et eux aussi le connaissent. Ils l'appellent *Vieux**, parce qu'il est le plus âgé, mais peut-être aussi à cause de son ton solennel et de son langage livresque.

Depuis le défilé, Beijing est envahi par des badauds qui marchent dans les rues avec de petits drapeaux rouges. Ce dimanche-là, je vais chercher

Théodore à l'École des beaux-arts et nous nous rendons ensemble en ville. À l'arrêt du bus, les Chinois le regardent avec curiosité. Raide comme un piquet, il se tient à côté de moi, vêtu d'un jean et d'une chemise à carreaux. Moi aussi on me regarde, ai-je remarqué ces derniers jours, même dans cette grande ville où il y a pourtant beaucoup d'étrangers – mais ceci est différent.

"Au début, j'ignorais leurs regards et leurs remarques, répond Théodore quand je lui en parle. Maintenant, je leur fais la leçon." Pourquoi est-il noir ? Au début, il ne le savait pas lui non plus, mais il a fait des recherches.

Peu après, il était dans le métro et un petit garçon a demandé à son père : "Pourquoi il est noir, le monsieur ?

— Parce qu'il ne se lave pas", a répondu le père. Autour d'eux, tout le monde s'est mis à rire. Théodore a attendu que les rires se taisent pour prendre la main du gamin dans la sienne et lui dire : "Regarde ma peau, elle est noire parce qu'elle contient beaucoup de mélanine. Vous en avez moins, et les Blancs encore moins. Je viens d'un pays où il fait très chaud et la mélanine me protège contre les rayons ultraviolets du soleil. Ton papa ne t'aime pas, sinon, il ne te mentirait pas."

Le père est devenu tout rouge et les gens, déconcertés, ont chuchoté : "Il parle chinois !"

Une femme a pris sa défense : "Arrêtez donc de traiter les gens comme ça. Cet homme se promène tout seul, cela signifie qu'il habite ici. Évidemment qu'il comprend ce que vous dites."

Un Chinois lui a récemment demandé depuis combien de temps il vivait à Beijing.

"Six ans, a répondu Théodore.

— Si vous restez encore plus longtemps, vous allez blanchir ?

— Oui, lui a répondu Théodore. Regardez, la paume de mes mains est déjà plus claire. Dans une douzaine d'années, je serai complètement blanc."

L'homme a réfléchi, puis il a dit : "Vous plaisantez."

Tout Africain, en Chine, doit traverser ce mur de regards et de remarques, comme je vais le découvrir. Ils doivent apprendre à se donner une contenance, imaginer des réponses aux questions qu'on n'arrête pas de leur poser. Certains le font avec humour et intelligence, d'autres refusent de comprendre et s'en irritent constamment.

Nous prenons le métro. Des flots de voyageurs se pressent dans les couloirs ; un personnel en uniforme muni de mégaphones leur indique la bonne direction. Je sens naître un début de claustrophobie, mais les gens semblent si habitués à ce rituel et s'y conforment de si bonne grâce que je me laisse porter par la foule et me calme.

Dans les wagons du métro, Hu Jintao passe de nouveau sur les écrans dans sa limousine noire. *"Tongzhimen hao ! Shouzhang hao !"* Les wagons se vident place Tiananmen et, soudain, nous sommes sous le ciel bleu de ce lieu qui, dans ma mémoire, se confond avec l'image d'un jeune Chinois qui tente, seul, d'arrêter une rangée de tanks.

Des dizaines de milliers de personnes se sont rassemblées sur la place. Elles inspectent les chars du défilé, s'assoient par petits groupes sur le sol, se prennent mutuellement en photo, ainsi que les miliciens qui, pour l'occasion, se mettent au garde-à-vous. Théodore est une attraction lui aussi. Mais si des gens veulent le photographier, il met sa main devant l'appareil et il refuse toute photo de groupe avec des inconnus.

Des passants bavardent avec des policiers appuyés contre un tank noir; des appareils photos les mitraillent. "Et pas un seul de ces policiers ne mendiera une cigarette ou un *sucré** (une limonade) comme chez nous", dit Théodore.

Une fois, il a fait de la figuration dans un film d'action chinois. Lui et un autre étudiant africain ont passé sept jours dans un village en dehors de Beijing. Ils avaient beaucoup de temps libre entre les scènes et ils en profitaient pour observer les environs. "C'était non loin d'une caserne qui abritait un centre de formation de l'armée. Il y régnait une sacrée discipline. Le premier matin, nous avons vu une voiture de l'armée passer à onze heures sonnantes. Le lendemain, elle passait à nouveau exactement à la même heure. Ensuite, nous n'avions plus besoin de consulter notre montre. Quand la voiture de l'armée se pointait, on savait qu'il était onze heures."

C'est la première fois que je vois des Chinois rassemblés un jour de fête et je ne me lasse pas des scènes de rue qui se déroulent sous mes yeux. Un homme, sur un vélo électrique, tire une carriole où se trouve une femme tenant sa vieille mère dans les bras. Elle a posé un plaid sur les jambes de sa mère et lui a mis une canette dans la main. Ici et là, des gens pique-niquent. Ils viennent de la campagne, ça se voit à leurs vêtements, aux regards qu'ils jettent autour d'eux. La mère donne la becquée à son enfant, épluche un concombre ou une pomme pour le père.

Partout il y a des cyclistes transportant, sur leur porte-bagage, un joyeux éventail de fruits enrobés de sucre sur des bâtonnets. Les policiers les refoulent. Parfois, ils se réunissent en conclave au coin de la rue, et puis ils reviennent après avoir fait un détour. Les badauds produisent un nombre astronomique de déchets que des bonshommes viennent pêcher dans les poubelles. Bouteilles en plastique, emballages en carton, journaux – tout disparaît, consciencieusement trié, dans les sacoches ou les paniers de leurs vélos. En s'acquittant de leurs tâches tels de petits animaux laborieux, ils surveillent les policiers du coin de l'œil. Ils savent qu'ils sont exclus des réjouissances et qu'on peut les chasser sans préavis.

Je passerai plusieurs dimanches après-midi avec Théodore. Une fois, nous visitons un musée, une autre, nous allons voir une exposition au village des artistes Espace 798 ou dans le quartier Caochangdi, situé plus loin. Il y a quelque chose de monomane dans sa façon de parler. Il évoque avec la même facilité des souvenirs de son enfance au Congo que de sa vie en Chine.

Il a suivi des cours de latin mais aussi de philosophie au lycée classique, et un jour il fait un exposé sur la différence entre Chinois et Congolais que je ne suis pas près d'oublier. Comme souvent, son exposé commence par une anecdote.

Il roulait à vélo dans l'avenue Liangmaqiao, non loin de l'hôtel Kempinski. Au feu rouge, une jeune Chinoise l'interpelle pour lui proposer un massage. Théodore la regarde, surpris. "D'habitude, les filles comme toi cherchent un homme en voiture, mais toi tu t'adresses à un cycliste ?" Ils bavardent un peu, puis Théodore poursuit son chemin.

À quelque temps de là, il est dans le même quartier à la recherche d'une boutique de DVD et voit la jeune fille au comptoir d'un magasin de tapis. Il entre et lui demande : "Tu travailles ici ?"

Elle acquiesce d'un signe de tête. Il s'avère qu'elle est la gérante du magasin.

"Mais alors pourquoi est-ce que je t'ai vue faire un tout autre métier dans la rue ?"

Elle lui dit que c'était une occupation provisoire ; elle n'avait pas dix-huit ans à ce moment-là et devait racoler des clients pour un service d'escorte. "Mais maintenant, j'ai trouvé un vrai travail."

Sur la dernière page d'une édition de poche de Jack London que Théodore trimballe avec lui, il dessine une poupée supposée représenter la jeune fille ou, plus généralement, l'être chinois. À l'intérieur de la poupée, il dessine, comme dans une bouteille thermos, le contour d'une seconde poupée. "Peu importe le travail que fait un Chinois pour joindre les deux bouts car son véritable moi est à l'intérieur, intact, et il peut le retrouver à tout moment."

Il dessine une deuxième poupée, creuse. "Et ça, c'est le Congolais. À l'intérieur, il est vide." Une bulle sort de la bouche du Congolais dans laquelle Théodore gribouille des mots fictifs. "On cause, on cause, on sait ce qui est bien mais on n'agit pas en conséquence."

Je regarde les poupées et j'essaie de saisir la portée de ses paroles. Puis, d'un coup sec, il ferme son livre et nous poursuivons notre chemin.

La bourse chinoise de Théodore devait, en principe, être complétée par le gouvernement congolais, mais cet argent, il n'en a jamais vu la couleur. Dans les années quatre-vingt, les étudiants manifestaient devant l'ambassade quand ils ne recevaient pas leurs bourses ; une fois même, ils ont pris l'ambassadeur en otage, mais ces temps-là sont révolus. L'ambassadeur actuel ne donne même plus de réception le jour de la fête nationale, ce sont désormais les étudiants eux-mêmes qui organisent une petite fête.

Comme beaucoup d'étudiants étrangers, Théodore dispense des cours de langue à des Chinois pour gagner un peu d'argent, ou alors il fait "la toilette littéraire", comme il dit, d'un texte français ou anglais. Pendant les mois d'été, il donne des cours de dessin à Wuning, une petite ville à 1 350 kilomètres au sud de Beijing. "Peu de gens connaissent cette partie de la Chine. Une région si pauvre – à choisir, je préfère le Congo."

Il y a aussi des façons plus aventureuses de gagner de l'argent. De nombreux étudiants congolais sont approchés par des Chinois qui désirent investir au Congo ou simplement y jeter un coup d'œil. Si l'étudiant en question a un parent ayant ses entrées dans les milieux gouvernementaux kinois, celui-ci pourra contacter l'ambassadeur du Congo à Beijing et lui demander d'accorder un visa au Chinois. Parfois le parent a moins d'influence qu'il ne voulait le faire croire, mais de temps à autre cela débouche sur de vrais accords.

"L'élite congolaise commence à découvrir la Chine, dit Théodore. Il y a beaucoup de fils à papa ici. Autrefois, il fallait passer un test pour obtenir une bourse du gouvernement chinois ; de nos jours, lorsque l'attaché culturel de l'ambassade de Chine à Kinshasa commence à mieux connaître un Congolais influent, il lui demande : « Vous n'auriez pas un fils ou un neveu qui voudrait étudier chez nous ? » Les Chinois essaient ainsi de mettre le grappin sur les futures élites africaines."

Théodore a pratiquement terminé son master. Il veut enchaîner sans attendre sur une thèse. "Tu n'iras pas chez toi entre les deux ?" Tant de choses ont changé au Congo ces dernières années – ne se fait-il donc pas d'illusions sur le pays qu'il retrouvera à son retour, comme son compatriote Jacques Tshiamala à l'époque ?

Théodore secoue résolument la tête. Il veut d'abord épargner assez d'argent pour retourner là-bas. En attendant, il ne se passe pas grand-chose dans sa vie personnelle. À Kinshasa, il avait une copine, mais les jeunes Chinoises veulent sortir en boîte et lui, il ne fume pas, ne boit pas et ne danse pas. "Les femmes, ici, ne sont pas faciles, il y en a même qui battent leur mari. Certains Chinois sont des lavettes, mais moi, je viens de la province de l'Équateur – une femme ne peut me traiter de la sorte."

J'aime bien le sérieux presque solennel de Théodore, mais je finis par me faire du souci pour lui. Quand sa vie va-t-elle enfin commencer ?

Il y a réfléchi lui aussi. "Quand je parle avec des Chinois, me dit-il un dimanche, et qu'ils me demandent qui je suis, ce que je fais, ce que j'ai déjà fait, je me rends compte que je projette tout dans l'avenir. Eux, ils ne parlent pas de ce qu'ils aimeraient accomplir, mais de ce qu'ils ont déjà accompli."

Des étudiants namibiens ont invité Maggie à un après-midi culturel à l'université Jiaotong de Beijing. "Tu viens avec moi ? demande-t-elle. Il y aura des étudiants de l'Afrique entière."

Dans la voiture, elle me raconte qu'un scandale a éclaté dans la presse namibienne à propos de bourses accordées par la Chine à des membres des familles de neuf hauts dignitaires – de la fille du président namibien aux fils du ministre de la Défense et du vice-ministre des Mines et de l'Énergie. "Ces bourses sont destinées à des jeunes gens intelligents mais trop pauvres pour financer de hautes études, dit-elle, outrée, pas aux enfants des élites." La presse s'interroge sur l'impartialité des hauts responsables qui négocient des accords portant sur des millions avec la Chine quand leurs enfants sont boursiers dans ce pays.

Sur le campus de l'université, des étudiants étrangers interprètent des sketchs, chantent et dansent sur un podium en plein air pour un public de diplomates et de fonctionnaires chinois. Des Saoudiens en tunique blanche, la tête ceinte d'un turban, exécutent une danse du sabre ; des étudiants camerounais jouent un sketch comique en chinois. Après la partie officielle, l'action se déplace vers les stands où, sous le drapeau de leur pays, les étudiants exposent toutes sortes de gadgets. "Pour que les Chinois puissent voir ce que nous produisons et le copier", comme le dit ironiquement un étudiant.

Je me retrouve rapidement dans le coin des Africains. Des étudiants rwandais, un pagne noué sur l'épaule gauche, se font photographier avec des jeunes filles ouzbeks en robes rose barbe à papa et des Maoris aux visages peints. Je passerai une grande partie de l'après-midi à bavarder avec des étudiants qui passent devant le stand des Rwandais où je suis assise sur un tabouret. Ils sont drôles, vifs et parfaitement au courant de ce qui se passe aussi bien dans leur propre pays qu'en Chine.

Les Chinois leur demandent toujours où il fait meilleur vivre, en Chine ou en Afrique, et ils s'attendent naturellement à ce qu'ils répondent "en Chine". Ça les rend amers. Pourquoi dénigreraient-ils leur pays, pourquoi les Chinois veulent-ils leur faire sentir que l'Afrique ne vaut rien, que ce n'est pas un endroit où l'on a envie de retourner ? La plupart ne se sentent pas non plus soutenus par leur propre pays. Un étudiant burundais raconte qu'un de leurs ministres en visite en Chine avait accordé un entretien à un groupe de ses compatriotes dont il faisait partie. Quand le ministre a appris ce qu'il étudiait, il s'est écrié : "L'informatique ! Nous n'en avons que faire au Burundi."

Partout, des étudiants discutent avec le public. Les Rwandais vendent du jus de fruits de la passion et du café. "Les Chinois ont peur de boire du café, dit un étudiant, ils croient que ça va les rendre noirs." Les Congolais ont invité leurs copines étrangères et dansent sur une musique congolaise que braillent des haut-parleurs. Les Chinois les regardent à distance. Une fois, je vois un Chinois esquisser un pas de danse – il est allé en Afrique, c'est évident.

Sur un panneau en carton que les Congolais ont posé devant leur stand, une femme tient un téléphone portable dans la paume d'une main, un petit tas de minerai gris et brillant dans l'autre : du coltan. En dessous, on peut lire : *"80 % of global reserves of coltan are found in the DRC"* (80 % des réserves mondiales de coltan se trouvent en RDC). Ils ont apparemment récupéré la photo sur Internet sans réaliser qu'elle provient d'une campagne contre l'extraction du coltan : la main qui tient le portable saigne. L'étudiant burundais la regarde en secouant la tête. "Comment peut-on vendre ainsi son pays et danser par-dessus le marché ?"

Moi aussi, je considère la scène avec gêne, mais Franck, un Rwandais qui dépasse tout le monde d'une bonne tête, ce qui lui donne une autorité naturelle, dit qu'il discute assez souvent avec des étudiants congolais pour savoir combien la situation dans leur pays les inquiète. Il a grandi en partie dans l'est du Congo – son cœur est des deux côtés de la frontière entre le Rwanda et le Congo.

Franck a servi d'interprète au président Kagame et à sa délégation d'hommes d'affaires lors de leur récente visite en Chine. Il a été choisi parce qu'il parle plusieurs langues et qu'il connaît des gens partout. Peu après, le China-Africa Youth Club l'a invité à un voyage organisé à Shanghai et ses environs. Tout était gratuit, on leur faisait des cadeaux et, le soir, on buvait sec. "Les Chinois, qui savent que la plupart des étudiants n'ont pas été sélectionnés pour leur mérite mais en tant que rejetons des élites de leur pays, essaient d'entrer en contact avec eux, de les faire parler et de les observer pendant ces excursions. Je pense que, si j'ai été invité, c'est parce que j'ai accompagné mon président."

Franck, à son tour, observe les Chinois. Quand il sort le soir et qu'il a une touche avec une Chinoise sur la piste de danse, elle lui demande invariablement d'où il vient. "Si je réponds que je suis américain, c'est dans la poche, elle pense que je suis un joueur de basket ou quelque chose dans le genre et les jours suivants, elle me bombarde de textos au point que je suis obligé de changer de numéro. L'Afrique du Sud, c'est bien aussi, c'est associé au succès. Si je dis « Afrique » tout court, elle voit aussitôt se profiler les maladies et la misère. Elle continue à sourire, car les Chinois sont hypocrites, mais je sais déjà que c'est foutu. Si j'ajoute « Rwanda », elle s'informe sur Google et ça lui suffit. Si je l'appelle quelques jours plus tard, elle dit qu'elle est très occupée et elle efface mon numéro de sa liste de contacts. La prochaine fois que j'appellerai, elle dira : « Vous êtes qui ? »" Il me regarde en riant : "Je les connais par cœur – je fais le test à tous les coups."

Parfois, il a une bonne note alors qu'il s'est planté à son examen. "Les Chinois ne prennent pas les Africains au sérieux, ils ne s'intéressent pas vraiment à notre éducation. Tout ce qu'ils veulent, c'est nous amadouer pour réaliser leurs rêves en Afrique. Les plus gâtés, ce sont les étudiants soudanais, dont le pays regorge de pétrole : on ne leur demande rien, on leur donne tout ce qu'ils veulent."

Il aurait préféré étudier en Europe, mais il n'a pas eu le choix. "Quand un Européen vous donne quelque chose, c'est du solide : un vrai diplôme, un vrai bâtiment, une vraie route – pas du vite fait bâclé, des sous-produits, comme le font les Chinois."

Un jour, un étudiant chinois est venu le voir et lui a dit : "Je m'excuse de te demander ça, mais est-ce vrai qu'en Afrique vous vivez dans les arbres et que vous ne vous habillez que pour venir ici ?" Le genre de type que Franck adore faire marcher : "Oui, bien sûr que nous vivons dans les arbres, et tu sais que la Chine a un ambassadeur au Rwanda ? Eh bien, il habite à trois arbres de chez moi." Alors ils comprennent qu'il y a quelque chose qui cloche et ils vont s'informer plus sérieusement.

Franck s'excuse : il doit refaire du café. "Quand les Chinois cherchent le Rwanda sur Google, ils tombent immanquablement sur le génocide. Après cette journée, j'espère qu'ils penseront aussi au café."

Les Occidentaux à qui je raconte ce qui m'a poussée à me rendre en Chine, me regardent d'abord d'un air bizarre. Mais, tôt ou tard, ils ont eux aussi leur anecdote à raconter. Un diplomate européen a fait un voyage à l'intérieur de la Chine avec une délégation internationale dans laquelle il y avait un ministre africain et un homme politique américain. "Normalement, les Chinois sont très protocolaires, mais l'Américain, pourtant d'un rang inférieur à l'Africain, a été traité avec beaucoup plus d'égards que ce dernier", dit-il.

Au cours d'une visite dans la province du Henan – le berceau de la civilisation chinoise –, il était assis à table à côté d'un Chinois, chef du protocole du gouverneur, qui avait étudié à la London School of Economics. À gauche, il y avait l'ambassadeur du Nigeria. Le chef du protocole a fait une remarque sur la façon dont l'ambassadeur tenait ses baguettes. Celui-ci a continué à manger sans sourciller. Sur quoi le Chinois a dit : "Saviez-vous qu'une étude scientifique a démontré que manger avec des baguettes favorisait le développement du cerveau ?" Le diplomate européen a vu le Nigérian se contracter et a dit d'un air moqueur : "Oh, effectivement, j'en sens déjà les bienfaits!" L'ambassadeur a dû lui en être reconnaissant, car, à la fin du repas, il a envoyé un de ses collaborateurs lui demander sa carte de visite.

Une Belge se souvient d'un Africain qui étudiait la médecine en Chine. Pendant son stage, les femmes enceintes hurlaient en le voyant : elles ne voulaient à aucun prix qu'il assiste à l'accouchement. Il est parti s'installer au Japon, d'où sa femme est originaire, et il a trouvé du travail dans un abattoir. Pendant son temps libre, il fait le clown dans des sketchs pour la télé : on le jette à l'eau alors qu'il ne sait pas nager et les gens sont morts de rire en le voyant se débattre.

Bien vite, tout le monde se met pour moi en quête d'Africains à Beijing et je sillonne la ville pour les rencontrer. "Diplomates, consultants, étudiants – quand vais-je rencontrer quelqu'un qui n'est pas de passage mais qui a construit sa vie en Chine? dis-je à une amie portugaise.

— Je crois que je connais la personne que tu cherches", me répond-elle. Elle fait confectionner ses vêtements par une Chinoise mariée à un Africain. "Elle a un magasin à l'Holiday Inn Lido Hotel – je le rencontre là-bas quelquefois. Un homme aimable, à première vue."

Luc Bendza regarde une émission d'actualités africaines sur Internet quand je pénètre dans le magasin de sa femme. Elle a une cliente et Luc et moi décidons de sortir. Il s'avère être une petite célébrité dans le pays et il se montre un peu piqué quand je lui demande ce qui l'a amené en Chine. "J'ai déjà raconté cette histoire mille fois, tu n'as qu'à te renseigner." Mais une fois installé avec moi dans son restaurant indien préféré, il se détend.

Luc a grandi dans la capitale du Gabon. Enfant, il adorait les films de Bruce Lee et Jackie Chan. Vers ses dix ans, il a eu un voisin chinois qui était traducteur à l'hôpital chinois de Libreville. Tous les matins, Luc le voyait faire des mouvements de taï chi dans son jardin et il pensait : cet homme est sûrement très dangereux.

Monsieur Wang et Luc sont devenus amis et Wang lui a appris les rudiments de l'art martial chinois. Luc avait de nombreux copains et il se rendait parfois avec eux chez monsieur Wang. Il n'a pas tardé à être fourré chez lui tous les jours, à chanter des chansons chinoises, à porter une tenue de combat noire et à vouloir se rendre en Chine pour apprendre à voler. Le jour où sa mère l'a entendu parler chinois avec monsieur Wang, elle a compris que son fils était déterminé à partir.

Luc avait quatorze ans quand il est arrivé à Beijing. Son oncle, qui travaillait à l'ambassade du Gabon, l'attendait à l'aéroport. Une fois dehors, Luc a levé la tête et scruté le ciel. "Qu'est-ce qu'il y a ?" lui a demandé son oncle. Luc scrutait toujours : "Où sont les Chinois volants ?"

L'oncle lui a fait visiter un studio de cinéma où Luc a découvert que les acteurs ne volaient pas mais qu'ils planaient accrochés à une corde. Profondément déçu, il a voulu repartir immédiatement en Afrique. Son oncle l'a alors emmené au temple de Shaolin, à 670 kilomètres au sud de Beijing, où des moines bouddhistes enseignent les arts martiaux. Luc y est resté un an.

"Les moines m'y ont enseigné les bases du wushu, l'ancêtre des arts martiaux chinois, dit-il, mais surtout ils m'ont appris à avoir un but et à m'y tenir, en dépit des revers de fortune. Tous les matins, je devais transporter deux seaux remplis d'eau, les bras écartés à l'horizontale, depuis un lac jusqu'à un tonneau. C'était très difficile, mais cela m'a endurci. J'ai appris à élargir mon seuil de tolérance à la douleur. Il y a un mouvement du wushu dont tu sais qu'à un certain moment tu vas toucher un nerf, mais tu t'accroches. Quand tu as été entraîné à cela, tu sais tout faire."

Luc a quarante ans à présent et, de tous les Africains que je rencontre à Beijing, il est le plus imprégné de culture chinoise. Son français, qu'il n'a pour ainsi dire plus enrichi depuis ses quatorze ans, est truffé de bizarreries. Il utilise à tout bout de champ des expressions peu orthodoxes ou des variantes sur des paroles de chansons comme *"laisse tomber la neige*"* au lieu de *"laisse tomber*"*.

Après son séjour au temple de Shaolin, Luc a fait des études à la Beijing Sport University. Il a participé à des compétitions de wushu et a été remarqué par l'ancien agent de Bruce Lee, qui lui a ouvert les portes du cinéma : il l'a présenté à Jackie Chan et au réalisateur Frankie Chan, avec qui Luc tournera plusieurs films. "C'est toujours moi le méchant, badine-t-il. Et, à la fin, je me fais le plus souvent liquider."

Impossible de passer inaperçus en se promenant avec Luc dans les rues de Beijing, je vais bientôt m'en rendre compte. Il joue dans une série télévisée en cinquante épisodes sur la vie de Bruce Lee et on le reconnaît dans la rue, surtout les jeunes. Ils s'arrêtent net en le voyant, puis, la première surprise passée, les plus audacieux viennent lui serrer la main. Luc se promène en pantalon de survêtement et il est toujours sympa avec ses fans.

Quand il faisait encore du sport en professionnel, il avait une copine française. En rentrant chez lui, il était si fatigué qu'il avait tout juste l'énergie de s'affaler devant la télé. Un soir, elle lui a reproché : "Tu ne me parles jamais !" et elle l'a giflé. Sur quoi, il l'a mise dehors. Une copine allemande l'avait mieux compris. Quand il s'énervait, elle disait : "Bendza… on se calme." Elle venait d'une bonne famille et l'emmenait aux sports d'hiver. "Je portais un bonnet débile avec deux cordons de chaque côté et j'étais le seul Noir dans tout ce paysage blanc. Le ski, c'est pas fait pour moi. Tous les matins, on prenait le téléphérique. Un jour, j'ai refusé. Je lui ai dit : « Je suis en train d'apprendre à skier alors qu'il n'y a même pas de neige au Gabon ! »"

Finalement, il a épousé Carol, qui avait quitté son village natal pour chercher du travail dans la capitale. Son premier boulot consistait à racoler des touristes au Silk Market pour le compte d'un tailleur. Elle parlait à peine l'anglais mais son patron encore moins. De loin, il la voyait s'adresser à des clients potentiels et ne se rendait pas compte qu'elle arrivait tout juste à dire : *"Could you please speak very slowly?"* (Vous pouvez parler très lentement SVP ?) Mais elle avait du succès, au point qu'un concurrent l'a débauchée. Maintenant, elle a deux magasins de vêtements sur mesure ; parmi sa clientèle, elle a des ambassadeurs et des ministres étrangers.

En général, je rejoins Luc dans le magasin de Carol. Souvent, je le trouve devant l'ordinateur ; il suit les nouvelles du Gabon sur Internet. Il a beau vivre depuis vingt-cinq ans en Chine, son pays natal continue à lui tenir à cœur. Il a fondé la Fédération gabonaise de wushu et, quand son ambassadeur reçoit une importante délégation, il est convoqué en tant que Gabonais connu.

Carol a vingt-cinq ans, c'est une mignonne petite femme qui respire l'honnêteté et l'ambition. Chaque fois que je la vois, elle me fait penser à la poupée thermos que Théodore a dessinée pour moi. Elle s'est lancée dans sa relation avec Luc avec ce même entêtement qui lui a permis de trouver du travail. Les femmes chinoises sont plus curieuses et plus ouvertes que les hommes, m'ont dit des Africains.

Carol habitait chez sa sœur aînée à Beijing quand elle a rencontré Luc. Elle savait que ses parents auraient un choc en apprenant qu'elle sortait avec un Africain, elle a donc demandé à sa sœur de les préparer. Mais, d'abord, il fallait qu'elle la mette dans son camp. Elle lui a fait lire un article sur Luc et elle a dit : “Il m'intéresse, cet homme.” Peu de temps après, elle lui a annoncé qu'elle allait déjeuner avec lui. Petit à petit, sa sœur a compris de quoi il retournait et, après avoir fait connaissance avec le charmant Gabonais, elle a été conquise.

Restait à convaincre les parents. Sa mère voulait qu'elle épouse un garçon de Beijing mais, un jour, sa sœur lui a dit au téléphone : “Et si elle épousait quelqu'un d'une autre province, tu en penserais quoi ?” La fois suivante, elle a dit que Carol rencontrait tellement d'étrangers dans son travail – son futur mari pourrait ne pas être chinois. “Qu'importe, s'il s'occupe bien d'elle, c'est ce qui compte, non ?” Carol rit en me le racontant. “Quand, finalement, mes parents ont rencontré Luc, nous étions déjà mariés.”

Luc a les problèmes de tous les ex-sportifs. Bien qu'il voyage un peu partout en tant que membre de la Fédération Internationale de Wushu, qu'il soit entraîneur et qu'il joue de petits rôles dans divers films, une partie de ses activités est bénévole et sa situation financière n'est pas stable. Les Chinois ont beau être fiers de lui, il est et demeure pour eux un oiseau rare.

"Tous les Chinois admirent Bruce Lee, dit-il, mais ils ne s'intéressent pas aux autres cultures, ils ne se mélangent pas, ce que Bruce Lee faisait. De nombreux Chinois méprisent les Africains, ils pensent que nous n'avons rien à leur apprendre."

Son propre pays ne le déçoit pas moins. Le président gabonais Omar Bongo, décédé il y a quelques années, était devenu, à la fin de sa vie, très prochinois. Luc imite sa voix aiguë : *"Mais les Français sont fatigués ! Laissez-les, les Chinois vont faire.*"* Lors d'une visite au Gabon, Luc a été reçu au palais présidentiel. Un ministre l'a annoncé, là-dessus Bongo l'a cherché du regard et il a couiné : "Où est-il ?" Après l'avoir localisé, il s'est écrié : "Hé, ces gens qui volent dans les films de kung-fu, c'est vrai ou c'est du chiqué ?" Luc attendait beaucoup de cette rencontre, mais c'en est resté là.

Il essaie de vendre la série télévisée sur Bruce Lee en Afrique. Des chaînes de télévision intéressées lui demandent de leur envoyer les DVD. Quand il leur dit qu'il faut payer d'abord, il n'entend plus parler d'elles. "Tous les ministres gabonais qui viennent en visite veulent se faire prendre en photo avec moi. « Ah, c'est lui, disent-ils. Dans les films, il a l'air plus grand. » Ils ne discutent pas avec moi. Je suis jeune, donc je ne connais rien. Alors qu'ils n'ont pas le dixième des relations que j'ai."

J'étais venue à Beijing le cœur serré. Comment trouver mon chemin dans cette mégapole ? Mais les premières semaines, tout se passe si bien que la chanson de Joan Armatrading, *I'm Lucky*, commence à me trotter dans la tête. *"I'm lucky, I'm lucky, I can walk under ladders"* – je la chante le matin dans la salle de bains, quand je parcours la ville à vélo, je la fredonne dans la propreté méticuleuse des couloirs du métro.

J'ai quitté le monde des commerçants qui voyaient surgir une énorme boîte de lait en poudre hollandais quand ils me rencontraient. Mais, à la longue, je commence à ressentir un autre manque. Les voix des Africains que je croise tendent à remplir tout l'espace. J'ai besoin d'une caisse de résonance ; une caisse de résonance chinoise.

Lorsque je rencontre Pan Huaqiong, la porte de la Chine s'ouvre lentement pour moi. Huaqiong a étudié six ans en Belgique, parle le français et enseigne l'histoire de l'Afrique à Peking University. Silhouette frêle, yeux vifs derrière de fines lunettes – elle a quarante-quatre ans mais en paraît beaucoup moins. Nous nous voyons dans le studio qu'elle loue à l'université et où règne un ordre monacal. Ses livres sur l'Afrique sont soigneusement rangés sur les étagères. Au mur, une affiche de *Tintin au Congo*.

Huaqiong est fascinée par l'Afrique, particulièrement le Mali et le Congo, bien qu'à ma grande surprise elle n'y ait jamais mis les pieds. "Cela n'a rien d'exceptionnel en Chine, rit-elle, mon directeur de thèse a donné des cours sur l'Afrique pendant des années sans la connaître. Il n'a visité l'Égypte et l'Afrique du Sud qu'à un âge avancé." Cet après-midi-là, elle dira plusieurs fois en me regardant avec une nuance de respect : "Donc, tu y es allée, toi."

Elle s'occupe tout de suite de moi comme une sœur. J'ai de la chance, dit-elle, sous peu, la Chinese Society of African Historical Studies organise un congrès à Xiangtan, à 1 500 kilomètres au sud de Beijing. Un groupe de professeurs et d'étudiants s'y rendra de Beijing en train. Elle va m'obtenir un rendez-vous avec son collègue Li Baoping, le vice-président de l'association – je pourrai peut-être les accompagner.

Les contacts entre la Chine et l'Afrique se sont intensifiés ces dernières années, mais la recherche scientifique n'a pas avancé pour autant, selon elle. "De nombreux chercheurs s'intéressent surtout à la politique. Moi, je préfère la culture africaine. Tu connais Sanmao ? Son livre *Chroniques du Sahara* a fait rêver des millions de Chinois."

J'ai vu des photos de la ravissante Sanmao avec ses épais cheveux de jais. Elle est née en Chine mais a grandi à Taiwan. Dans les années soixante-dix, elle a parcouru ce qui s'appelait encore le Sahara espagnol et consigné les récits des gens qu'elle a rencontrés. Son époux, un Espagnol, ayant trouvé la mort en faisant de la plongée sous-marine, elle est retournée à Taiwan. Elle s'est suicidée à quarante-huit ans.

Huaqiong me fait écouter la chanson mélancolique *Ganlan shu* (Les Oliviers), dont Sanmao a écrit les paroles. Je la reconnais – un Africain, ami de Luc Bendza, me l'avait chantée.

Ne demandez pas d'où je viens.
Mon village natal est bien loin.
Pourquoi errer dans des pays lointains,
pourquoi errer ?

Pour les oiseaux dans les airs,
les ruisseaux entre les collines,
pour les vastes prairies.
J'erre dans des pays lointains,
j'erre.

Mais aussi… aussi… pour les oliviers de mes rêves,
les oliviers.

Ne me demandez pas d'où je viens.
Mon village natal est bien loin.
Pourquoi errer dans des pays lointains,
pourquoi errer ?
Pour les oliviers de mes rêves.

C'est un texte énigmatique, il se dérobe. Où sont les fameux oliviers ? Dans le village natal de la voyageuse ou à l'endroit où elle se rend ? Ou bien n'existent-ils que dans ses rêves ?

Huaqiong a pris un livre sur une étagère. "Tu as déjà entendu parler de Liangzi ?" Sur la couverture, une Chinoise enveloppée d'une couverture bariolée pose à côté d'un grand Africain ; derrière eux, le ciel est d'un bleu pur. "Liangzi a parcouru le Lesotho, l'Érythrée, la Sierra Leone, le Cameroun, murmure Huaqiong. Selon moi, c'est une militaire.

— Qu'est-ce qui te fait penser cela ?
— Elle n'a peur de rien, elle reste parfois des mois entiers dans un village, toute seule.
— Tu la connais ?"

Huaqiong secoue la tête. "J'ai essayé de la contacter, mais elle n'est pas souvent en Chine."

Elle me parle de l'Institut d'études africaines qui a été fondé il y a quelque temps à Jinhua, à l'est de Xiangtan. "Le directeur de l'Institut est anthropologue, c'est lui que tu devrais voir. Il a étudié à l'université de Lagos et dit que, dans sa province natale du Yunnan, il y a autant de peuples différents qu'au Nigeria."

Un sentiment agréable et familier me saisit quand nous nous penchons sur la carte de la Chine. Quitter la capitale, s'enfoncer dans l'arrière-pays ! Jinhua est situé plus ou moins à la latitude de Xiangtan, mais plus près de la côte. Si je suis admise au congrès, je pourrai pousser jusqu'à Jinhua.

J'ai apporté un exemplaire de mon livre *L'Heure des rebelles* à mon rendez-vous avec le vice-président de la Chinese Society of African Historical Studies dans l'espoir de gagner ma place dans le train pour Xiangtan. Sur la première de couverture, on voit un jeune soldat déguenillé – comme on en rencontre à chaque barrage à l'est du Congo. Li Baoping le regarde, l'air soucieux. "Qu'est-ce que ça veut dire, rebelles ?" Quand je le lui explique, il semble encore plus inquiet.

Les traits fins de Baoping me font penser aux visages des Chinois sur les affiches des années soixante : sa bouche, son nez et ses yeux semblent à peine indiqués, son regard a quelque chose d'étonné et de candide. Une foule bruyante s'est installée au restaurant de Peking University – nous ne serons pas bien servis, décide-t-il, et donc nous voilà installés à la cafétéria, qui se donne des allures européennes. On nous met à chacun des couverts et une assiette avec le plat que nous avons commandé. Baoping demande deux fourchettes pour le supplément de légumes ; manger avec des baguettes dans un plat commun, comme c'est l'habitude en Chine, ce n'est pas hygiénique selon lui.

Nous sommes pratiquement les seuls clients et les jeunes serveuses nous regardent sans vergogne manger, parler et finalement rire, car Baoping est un excellent conteur.

En 1995, il a demandé l'autorisation de se rendre en Afrique. Elle ne lui a été accordée que huit ans plus tard. "À l'origine, il n'y avait pas d'argent. On pouvait étudier aux États-Unis avec une bourse, mais les Africains n'en accordaient pas."

Je lui demande : "C'était comment, votre première fois en Afrique ?"

Baoping a tendance à tourner la tête de côté quand il parle, mais là, il se penche en avant et dit : "C'était comme dans les livres, mais bien pire. Bien plus pauvre.

— Il y a pourtant des gens riches en Afrique.

— Le fossé entre riches et pauvres est beaucoup plus grand."

Il vient de passer huit mois en Afrique. Au début, il était avec des collègues chinois sur le campus de l'université de Jos, au Nigeria, puis il est parti seul à Brazzaville et à Kinshasa, pour aller finalement au Cameroun.

Son séjour au Cameroun lui a laissé de mauvais souvenirs. À Douala, un ami qui lui servait de guide lui a conseillé de ne pas emporter sa sacoche avec son ordinateur. Trop tentant pour les voleurs. Peu auparavant, un Chinois qui téléphonait dans la rue s'était fait dérober violemment son téléphone.

"Nous nous promenions le long de la rivière. J'ai proposé d'aller sur la rive opposée pour photographier la ville de là-bas. « Il vaut mieux éviter », a dit mon ami. D'après lui, il y avait des hommes embusqués sur la rive, qui pouvaient surgir à tout moment pour nous dévaliser." Baoping me regarde d'un air tourmenté. "Pourtant, ça semblait tellement paisible."

Sur les dangers au Cameroun, il est intarissable. "J'étais dans un taxi et je voulais donner la pièce au Camerounais qui m'avait piloté. J'ai pris un billet de 5 000 francs CFA (10 dollars) dans ma poche et j'étais en train de le défroisser quand... (il s'arrête un instant et part d'un rire nerveux) une main s'est engouffrée par la fenêtre et a raflé le billet !"

En écoutant Baoping, je mesure la distance entre le village de montagne d'où il vient et le monde complexe dans lequel il s'est retrouvé. Son anglais semble bon, mais dès que ma question se fait plus abstraite, il ne comprend plus.

Les Chinois ont mauvaise réputation au Cameroun, dit-il. Ils ne sont pas très solidaires entre eux et éliminent les Camerounais du marché. Il espère que la crise actuelle chassera tous ces commerçants qui ruinent l'image de la Chine en Afrique.

"Tu as visité combien de pays africains ? demande-t-il soudain.

— Je ne sais pas, je ne les ai jamais comptés."

Lui, il le sait avec précision : dix-sept. “Et je veux tous les visiter.”

Dehors, il fait froid à présent. Baoping m’accompagne à la station de métro et s’inquiète quand il me voit trembler dans ma veste légère. “J’ai un manteau dans mon bureau. Tu veux que j’aille te le chercher ?” Lui, il aime bien la fraîcheur. L’été à Beijing, il fait chaud et humide, encore pire qu’en Afrique. “Je suis né dans les montagnes, on y est habitué au froid.”

Pendant tout ce temps, nous n’avons pas une seule fois évoqué la conférence à Xiangtan, mais maintenant il dit : “Le train pour Xiangtan traverse mon village natal. Malheureusement, il fera nuit à l’heure où nous passerons. Tu ne verras rien.”

IL Y A TOUTES SORTES DE SERPENTS

JINHUA

Nous sommes onze à voyager : trois professeurs, sept étudiants et moi, et nous dormons dans des couchettes voisines. Lorsque je me réveille, nos compagnons de voyage chinois sont dans le couloir en train de faire leur gymnastique matinale, en survêtement ou en pyjama. Du côté des lavabos, des raclements de gorge alarmants se font entendre et un bonhomme pousse un chariot plein d'une bouillie de riz fumant dont il remplit des bols à l'aide d'une cuillère en bois. Près de la fenêtre, une jeune fille écrit des textos à un rythme accéléré. Chaque fois qu'un nouveau message arrive, une voix métallique dit : *"Anybody there ?"* (Il y a quelqu'un ?)

Li Baoping a dormi dans une autre voiture et, quand tout le monde est réveillé dans notre compartiment, il vient s'asseoir auprès de moi. "Tu as déjà voyagé en train en Afrique ? demande-t-il.

— Bien sûr, et toi ?"

Il hoche la tête. "Au Cameroun, j'ai pris le train de Yaoundé à Douala.

— Et ?

— J'y ai fait connaissance avec la corruption camerounaise."

Le contrôleur de service estimait que son visa n'était pas valable. Pourquoi prétendre être un touriste alors qu'il avait un visa d'affaires ? S'il voulait bien le suivre. Dans le couloir, l'homme lui dit que normalement il devait l'amener à son patron mais qu'ils pouvaient aussi s'arranger entre eux.

"Combien ?" demande alors Baoping. Le contrôleur ne veut pas répondre, aussi Baoping prend une pièce de 500 francs CFA (1 dollar) et la lui donne en refermant sa main dessus, comme s'il s'agissait d'un cadeau précieux. "Tu n'as pas honte ?" s'écrie le contrôleur en voyant son butin ; il voulait au moins dix fois plus.

Baoping proteste : "Un de mes amis qui vit aux États-Unis gagne 7 dollars de l'heure en travaillant et moi je vous en ferais gagner 10 à ne rien faire en un rien de temps ? L'ambassade du Cameroun m'a délivré un visa en tant que professeur. Qu'est-ce qui m'interdit d'être touriste dans mon temps libre ? Votre comportement est une insulte aux autorités de votre pays."

Le contrôleur proteste : il n'a fait que son devoir.

"Nous avions, en Chine, un philosophe qui s'appelait Confucius, reprend Baoping. Il disait : « Tout le monde aime l'argent, mais au moins gagnons-le honnêtement. »"

Pendant tout ce temps, son passeport est resté dans la poche de poitrine du contrôleur. Brusquement, il le lui rend en disant : "Fous-moi le camp !"

Baoping a raconté son histoire avec un mélange de plaisir et de dégoût. Maintenant il rit, libéré. Confucius dans un train au Cameroun, me dis-je, voilà qui nous change de l'Évangile du Christ ou de la doctrine de Mahomet.

“Une université, en Chine, c’est comme une ville, m’a dit un étudiant africain. Ou mieux encore : un pays.” À la gare de Xiangtan, des minibus nous attendent. Ils nous conduisent à un hôtel sur le campus où des bannières accueillent les participants à la conférence. Il y a cent cinquante invités et l’enregistrement se passe dans une sérénité exemplaire.

Huaqiong et moi partageons une chambre. C’est la compagne idéale. Pendant le voyage en train, elle s’est tenue à distance et m’a laissée faire à ma guise, mais dès que nous sommes toutes les deux, nous nous parlons sans relâche. Je dors en tee-shirt et, lors d’une prochaine rencontre, elle m’offrira un pyjama ouaté à motif de petites pommes. Je le range parmi d’autres cadeaux aussi bien intentionnés qu’inutilisables, mais bientôt il fait si froid que je commence à le porter. Les jambes du pantalon sont trop étroites ; un tailleur chinois les élargit avec des pièces de flanelle où de petits avions jouets côtoient des nuages bleus, et me voici parée pour l’hiver chinois.

Après le dîner, je pars à la recherche d’un café avec un groupe d’étudiants de Beijing. Nous atterrissons dans un établissement grand comme une salle de bal avec des alcôves où les clients peuvent discrètement se retirer derrière de lourds rideaux imprégnés d’odeur de cigarette. Ça respire la morosité des cafés d’Europe de l’Est à l’époque communiste, mais le personnel est ravi de notre venue et fait tout pour nous contenter.

Je parle avec Moses, un doctorant chinois tout juste rentré du Japon où il a passé un an et demi à étudier pour sa recherche les relations entre ce pays et l’Afrique du Sud. Il m’a tout de suite abordée dans le train. Son anglais est bien meilleur que celui de ses professeurs. C'est une tendance générale, comme je vais le remarquer : l'ancienne génération s'est mise à l'anglais sur le tard et franchit le pont entre les deux langues – et les deux univers mentaux – avec beaucoup de circonspection.

Moses a grandi dans une famille modeste des environs de Shanghai ; son père est policier. Son parcours scolaire s'est déroulé sans problème, mais, au Japon, il a connu des difficultés. "Les Japonais sont polis et sourient constamment, je n'ai pas réussi à percer cette façade. Je ne me suis pas fait d'amis – j'étais seul."

Le soir, dans sa chambre, il lisait *Mao, l'histoire inconnue*, coécrit par Jung Chang et son mari Jon Halliday, un livre interdit en Chine. Parfois, il était obligé de le poser, tellement c'était horrible et contraire à tout ce qu'il avait appris jusque-là. "Il m'arrivait de pleurer de rage sur tous les mensonges qu'on m'avait racontés, je jetais le livre dans un coin mais je finissais toujours par le reprendre. Ce n'était pas vraiment un bon livre, il n'expliquait pas comment un homme aussi épouvantable avait pu être adulé à ce point, mais, pour la première fois, j'étais confronté à une vision différente de l'histoire."

D'autres livres avaient suivi, sur le Grand Bond en avant et la famine qu'il avait provoquée, décimant des dizaines de millions de Chinois. "Mes professeurs présentaient la famine comme une catastrophe naturelle, je me rendais compte qu'elle était due à de mauvaises décisions politiques."

Moses a vingt-cinq ans, il a encore des traits adolescents mais son intelligence est évidente. Il parle sans arrêt, comme un soldat qui, revenu du front, veut se débarrasser de ses fantômes. Je suis un peu étonnée de me retrouver en plein dans l'histoire de la Chine à la veille d'une conférence sur l'Afrique, mais ce n'est peut-être pas si étrange qu'un jeune homme avide d'apprendre se plonge dans le passé récent de son pays avant de partir à la découverte du monde.

"À mon retour, j'ai voulu discuter avec mon père de ce que j'avais lu, dit Moses. Il s'est fâché et a dit que je n'aurais jamais dû aller au Japon." Son père avait été un ardent partisan de la Révolution culturelle. Grâce à ses lectures, Moses a compris que ses parents étaient autant victimes que coupables. "Tout le monde avait peur à cette époque, et la peur est mauvaise conseillère."

Au Japon, Moses a rencontré un Sud-Coréen qui l'a emmené aux réunions de l'Église protestante à laquelle il appartenait. "Tout le monde s'entraidait, je me suis immédiatement senti chez moi." De retour en Chine, il a contacté la branche locale de cette Église ; entre-temps, son amie et lui se sont tous deux fait baptiser.

Moses se tait un instant. "Je suis membre du Parti communiste, dit-il, une hésitation dans la voix. Les étrangers peuvent pratiquer leur religion en Chine, dans des chambres d'hôtel ou autre, mais pas les Chinois. Au fond, c'est illégal ce que je fais."

La Chine se targue de ne pas se mêler de la politique interne de l'Afrique ; depuis qu'il est croyant, Moses se demande si ce relativisme est justifié. "Il faut avoir des valeurs morales pour pouvoir décider si une chose est bonne ou mauvaise, non ? Sinon, on peut soutenir tout et n'importe quoi."

Je pense à Elton, qui se plaignait aussi du manque d'éthique des Chinois. Il a la même intelligence et le même genre d'aisance dans le contact que Moses, mais son milieu familial est moins solide : ses parents ont divorcé quand il avait quatre ans – il s'est très vite senti responsable de sa mère, qui l'élevait seule, et a dû lutter pour échapper à la pauvreté de ses origines.

Moses vient d'un environnement familial plus sécurisant. Il brûle d'ambition et rien, dans son cas, ne devrait faire obstacle à une brillante carrière. Il a étudié à Peking University, la meilleure université de Chine, il s'est inscrit au prestigieux concours d'entrée des fonctionnaires du ministère des Affaires étrangères, mais il songe aussi à faire une seconde thèse. Il a déjà posé sa candidature à six universités américaines ; Harvard est en tête de sa liste.

Je lui demande : "Pourquoi les États-Unis ? N'est-ce pas un grand détour pour aller en Afrique ?" Car l'Afrique, il n'y est encore jamais allé.

Moses secoue la tête. "Aux États-Unis, ils ont de bien plus gros budgets qu'ici pour mener des études de terrain en Afrique."

Lorsque nous payons l'addition, le personnel du café propose de nous raccompagner à l'hôtel. Pas de doute, nous sommes bien en province.

Un homme petit et menu, vêtu d'un pantalon sombre et d'un polo à manches longues, gravit l'estrade. Dès qu'il se met à parler, la salle est électrisée ; les cent cinquante personnes présentes se dressent pour mieux l'écouter. C'est l'ancien ambassadeur de Chine en Érythrée, me chuchote Huaqiong ; en tout, il a été huit ans en poste en Afrique.

L'ambassadeur fait son discours de mémoire, inspiré, passionné. Les relations sino-africaines sont en vogue, dit-il – c'est déjà la cinquième conférence sur le sujet à laquelle il assiste cette année. On dit souvent que les pays en voie de développement doivent s'inspirer de la Chine, mais la Chine a fait de nombreuses erreurs par le passé, tant à l'intérieur que dans ses efforts pour exporter son modèle de développement. L'Afrique ne doit surtout pas s'inspirer de la Chine d'avant 1979. Dans les années soixante, son père, alors ingénieur au ministère de l'Industrie, a participé à la construction d'usines en Tanzanie, au Zimbabwe, au Soudan et au Mali. Lui-même, en tant que diplomate, a visité quatre de ces usines ; plus une seule ne fonctionne. Dans les bâtiments démantelés, l'herbe pousse haut entre les vestiges de machines obsolètes.

Chaque fois qu'il lit, chez lui, des livres ou des articles sur l'Afrique, il est optimiste. Le PIB augmente, tout semble aller pour le mieux. Mais quand il se rend sur place, le pessimisme l'emporte, car il voit que le progrès ne profite pas au peuple.

Bien qu'il s'agisse en principe d'une conférence internationale, il n'y a que huit étrangers dans la salle et personne n'a songé à la traduction simultanée. Huaqiong traduit et des bribes du discours seront reprises plus tard à table, car de même que Moses n'avait pas accès à des ouvrages critiques en Chine, les auditeurs ne sont pas habitués à des discours qui ne présentent pas la relation sino-africaine sous son meilleur jour.

De nombreux Africains, notamment les Sud-Africains et les Nigérians, sont hostiles à des contacts trilatéraux entre Africains, Chinois et

Européens, dit l'ambassadeur. Ils ne veulent pas que leurs anciens colonisateurs se mêlent de leur relation avec la Chine. En préparation du forum triennal sur la coopération sino-africaine, il a visité plusieurs pays d'Afrique pour recueillir leur avis sur le programme. Les Africains ont été agréablement surpris : leurs partenaires occidentaux ne leur demandent jamais leur avis, ils se contentent de leur dire ce qu'ils doivent faire. Grâce à l'approche chinoise, le comportement des Européens et des Américains envers eux est en train de changer, lui ont-ils confié.

Dans d'autres domaines, la Chine pourrait s'inspirer de l'Occident, selon l'ambassadeur. En 2006, le forum a décidé d'envoyer trois cents volontaires en Afrique, mais les candidats ne se bousculaient pas et ceux qui sont partis ont eu beaucoup de mal à survivre dans les campagnes africaines. Le Chinois d'aujourd'hui n'a aucune envie d'aller vivre en Afrique au contact des gens, il préfère le confort de la Chine moderne.

Puis il parle de l'époque où il était ambassadeur en Érythrée. Un projet de culture du riz avait échoué parce que les experts, originaires d'une région de plaines en Chine, n'avaient pas adapté leurs techniques aux collines érythréennes. Une autre espèce de riz n'avait pas bon goût parce qu'elle poussait trop vite. En Afrique, il veut voir des techniciens, dit-il, pas des experts qui gagnent plus qu'un ambassadeur et exigent une voiture avec la clim.

À la fin de la conférence, les étudiants se pressent autour de l'ambassadeur et le bombardent de questions. J'observe la scène à distance. J'aimerais bien, moi aussi, lui poser deux ou trois questions, mais je me sens gênée : je ne pense pas que son discours était destiné à des oreilles étrangères.

La conférence durera un jour et demi. Parmi les assistants, il y a quelques vieux Chinois connaisseurs de l'Afrique que je reverrai à d'autres congrès. Des figures d'un autre âge, qui conservent la flamme communiste au fond du cœur. Dans les couloirs, ils parlent du lien particulier qui unit l'Afrique et la Chine, toutes deux colonisées par L'Europe. Je m'étonne de cette facilité à mettre sur le même plan la colonisation de l'Afrique et la domination économique de l'Angleterre, de la France et de l'Allemagne sur la côte est de la Chine au XIXe siècle, mais cela semble un argument irréfutable – je l'entendrai souvent répéter dans ces cercles-là.

Les problèmes de l'Afrique ne les étonnent pas ; ce sont encore de si jeunes nations, combien de temps n'a t-il pas fallu à la Chine et à l'Europe pour trouver leur voie ? L'un d'eux a créé une bourse pour les étudiants qui font des recherches en Afrique ; un autre affirme que toutes les grandes puissances – sauf le Japon – doivent leur richesse à l'Afrique et déclame à pleins poumons un poème qu'il a écrit sur l'or, les diamants et la faune de son continent bien-aimé et qui se termine par : "Afrique, je te serre dans mes bras."

Les petits déjeuners, les lunchs et surtout les dîners arrosés au *baijiu* – un alcool de sorgho, riz ou autre céréale – pris en commun dans le majestueux restaurant de l'hôtel ont délié les langues, et maintenant le noyau dur de la compagnie monte dans un bus pour aller au village natal de Mao, non loin d'ici.

Je ne suis pas encore habituée à la campagne chinoise qui défile par la fenêtre. Instinctivement, je cherche un centre de village, une église, un minaret à la rigueur, mais les maisons, neuves pour la plupart, semblent disséminées au hasard dans le paysage. De temps à autre, nous dépassons un village à l'abandon, portes béantes des maisons délabrées, fenêtres sans vie ; on dirait que les habitants ont tous accompli leur mue en même temps.

On nous a assigné pour guide une femme qui trimballe son propre équipement audio. Elle a une voix dure, mécanique et, dès qu'elle est lancée, plus moyen de l'arrêter. Une seule fois, une professeure de swahili se lèvera pour entonner un chant africain. Elle regrette l'époque où elle travaillait comme traductrice dans une entreprise chinoise au Kenya, m'a-t-elle confié. De retour en Chine, elle rêvait constamment qu'elle était dans une voiture remplie d'enfants ; ils riaient et chantaient.

Au village de Shaoshan, la maison natale de Mao, une bâtisse ocre jaune, est prise d'assaut par les touristes ; partout résonnent les voix perçantes des guides. "Hum… dit Moses, sceptique, ce n'est pas une simple cabane, comme le prétendait Mao, c'est une grosse ferme." Comme de petites balles, nous rebondissons constamment l'un vers l'autre dans la foule. Il est très conscient de ce qui va de travers dans son pays et, quoique membre du Parti, il en parle ouvertement.

"Beaucoup de gens qui, à la fin de la Révolution culturelle, se trouvaient dans un camp de travail ou à la campagne, essayaient d'entrer dans les bonnes grâces de leurs supérieurs, dit-il, car même si leur peine avait pris fin, ils n'arrivaient pas à quitter le village. Les femmes vendaient parfois leur corps, les hommes trahissaient leurs camarades. Leur sens moral en a été dégradé. Les caciques du Parti envoient leur femme et leurs enfants aux États-Unis et essaient d'obtenir une *Green Card* grâce à leurs contacts étrangers afin de pouvoir fuir s'ils sont accusés de corruption."

Les critiques de Moses ne l'empêchent pas de viser pour lui-même le cœur du pouvoir. Le lendemain, alors que nous visitons l'académie Yuelu, un institut d'études supérieures vieux de plus de mille ans, dirigé à l'origine par des moines puis par des savants confucéens, il dit qu'en Chine cela a toujours été un honneur de mettre son intelligence au service de son pays. "De nombreux étudiants de cet institut passaient le concours des fonctionnaires, car Confucius a dit : « L'excellence académique doit servir le gouvernement. »" Il n'ajoute rien, mais je le soupçonne de souscrire à cette tradition.

Nous sortons avant les autres et nous bavardons, assis sur un muret, lorsqu'un véhicule de l'armée passe. Moses le reconnaît à son numéro d'immatriculation. Peu après, nous en voyons un autre. "Que font tous ces militaires par ici, ronchonne-t-il. Ils sont sûrement en train de faire une excursion touristique. Ce n'est pas pour ça qu'ils ont des voitures de service !"

Dans un restaurant où l'on nous sert des plats de l'époque de Mao, je m'entretiens avec Zeng Qiang – "Appelle-moi Peter" –, un homme grand, aux cheveux raides, qui a modéré un des débats pendant le congrès. Peter travaille pour un think tank du ministère chinois de la Défense et a souvent voyagé en Afrique. "Quand je suis allé pour la première fois au Kenya en 1987, il y avait encore si peu de Chinois qu'on m'a pris pour un Japonais."

Il approche de la soixantaine et parle l'anglais avec une telle souplesse que je lui en fais la remarque. "Les autres *parlent* anglais, dit-il finement, moi je *pense* anglais."

Je l'interroge sur les volontaires chinois auxquels l'ambassadeur a fait allusion dans son exposé – quel est le problème exactement ?

"Les Chinois qui n'ont rien à perdre sont très courageux, dit-il, on en trouve jusqu'au fin fond de l'Afrique. Mais les Chinois qui ont déjà atteint un certain niveau, comme les étudiants, ne sont pas chauds pour y aller. Les gens que nous avons envoyés là-bas devaient préparer eux-mêmes leurs repas. Ils n'y étaient pas habitués – ils ne savaient pas s'organiser. Les Occidentaux sont plus futés, ils partent en Afrique en tant que volontaires du *Peace Corps* ou au nom d'une quelconque religion et ils arrivent à s'en sortir. Nous, le terrain, ce n'est pas notre fort."

La remarque de l'ambassadeur sur l'hostilité de beaucoup d'Africains à des concertations trilatérales entre l'Afrique, la Chine et l'Europe le fait rire. "Ce n'est pas la première fois que j'entends ça. Qui sait, peut-être que les Africains le disent pour mieux nous manipuler, car il y a un proverbe chinois qui dit : Le fort utilise sa force, le faible son discernement. Nos partenaires africains aiment aussi jouer sur la rivalité entre la Chine et Taiwan – mais nous ne sommes pas si bêtes."

Les Chinois ont du mal à négocier avec les Africains, dit-il, car on se retrouve souvent en face de gens qui se battent entre eux comme des chiens et il est impossible de savoir qui est le chef de file. Le temps de le comprendre et il est remplacé par un autre. “Les Chinois sont des sédentaires, ce sont des éponges : ils absorbent, ils collectent. En ce moment, nous essayons même de rapatrier la diaspora chinoise. Les Africains sont plutôt des nomades : ils vont leur chemin et n’emportent rien avec eux.”

Il y a des exceptions cependant et, dans certains pays, il voit des progrès manifestes. Il était en Éthiopie à l’époque du dictateur Mengistu. Personne n’avait l’air de travailler, les gens traînaient dans les rues, cigarette au bec, ou plutôt posant avec un mégot, car ils n’avaient pas grand-chose à fumer. Lors d’une visite ultérieure, Mengistu avait fui le pays et les gens s’étaient mis à travailler ; tout le monde était occupé. “Cela va relativement bien maintenant. Les Éthiopiens sont malins, ce sont de bons stratèges. Ils sont pauvres, mais ils essaient de profiter de notre expérience dans la lutte contre la pauvreté.”

Auparavant, sur les marchés africains, il voyait des tas de vêtements d’occasion en provenance de l’Occident empilés à même le sol. Aujourd’hui, sur ces mêmes marchés, on vend des étoffes chinoises. “Elles ne coûtent pas plus cher ; la différence, c’est qu’elles sont neuves.”

Une fois, en Ouganda, Peter a observé toute une journée un groupe de villageoises. Elles se rendaient à la rivière le matin, une cuvette en plastique sur la tête, lavaient les vêtements, les mettaient à sécher sur l’herbe, puis allumaient un feu pour faire la cuisine, après quoi elles retournaient à la rivière chercher de l’eau pour la vaisselle.

Je lui demande : “Est-ce qu’on pourrait comparer ce mode de vie à celui de certains villages chinois ?”

Peter acquiesce et fait un signe en direction d’une femme assise à notre table, qui écoute discrètement notre conversation. “Dans le Yunnan, d’où elle vient, les gens aiment rire et mènent la même vie paisible.” Les seuls volontaires chinois qui arrivent à se débrouiller en Afrique viennent du Yunnan, selon lui. C’est une province qui compte beaucoup de minorités. Ils ont l’habitude de côtoyer des gens qui n’ont ni les mêmes coutumes ni les mêmes traditions alimentaires, ils savent allumer un feu et s’adaptent plus facilement que le Chinois lambda. “Le Yunnan, c’est comme l’Afrique, il y a même une région où règne le matriarcat.”

S’il n’est pas facile de trouver des bénévoles pour l’Afrique, le continent est en train de devenir une attraction touristique pour hauts fonctionnaires, dit-il. “Les ambassades chinoises ont tellement de demandes de fonctionnaires qui veulent se faire chouchouter qu’on a dû établir des règles : désormais, seules les délégations ministérielles sont reçues par les ambassades.” Peter, quant à lui, a visité plusieurs réserves africaines. “Les animaux dans ces parcs ont énormément d’espace et sont bien soignés. Je pense qu’ils vivent mieux que la plupart des Africains.”

Mes compagnons de voyage sont légèrement alarmés quand ils nous voient poursuivre notre conversation dans le bus. “Il travaille pour la Sûreté”, me prévient quelqu’un ce soir-là. “Une sorte de CIA, renchérit un autre, une institution soi-disant publique, mais en fait secrète.

— Ça ne le rend que plus intéressant", dis-je.

Peter et moi allons nous voir assez souvent les mois suivants et je finirai par l'apprécier beaucoup. Il est originaire de la Mandchourie, au nord-est de la Chine, mais il vit à Beijing depuis son enfance. Il a un côté mélancolique. Comme si, en dépit de tous ses voyages, sa vie restait en quelque sorte inaccomplie. Pendant la Révolution culturelle, ses parents, accusés d'être des contre-révolutionnaires, s'étaient retrouvés dans des camps de rééducation. À seize ans, lui-même avait été envoyé dans le Grand Nord, près de la frontière russe. "À l'époque, j'étais très abattu, dit-il, mais cela m'a formé et endurci."

Ses compagnons d'exil dans cette région frontalière, il y a plus de quarante ans, ont repris contact entre eux. Ils ont voyagé tous ensemble vers le nord et ils vont bientôt le refaire. "Ça a toujours été une région de faible peuplement et, depuis, l'exode des habitants s'est aggravé. À l'époque, je devais conduire un chariot tiré par quatre chevaux, mais aujourd'hui il n'y a plus de chevaux. Les habitants devraient investir dans une agriculture plus diversifiée car ils ne cultivent que du blé et ils n'ont pas d'industrie. Nous en discutons avec eux, mais nous leur faisons aussi comprendre que c'est à eux d'agir – personne ne peut résoudre ces problèmes pour eux. De ce point de vue, c'est comme en Afrique."

Il aime les animaux – c'est ce qui l'a sauvé à l'époque. Un ami lui avait donné un couple de pigeons, ça l'avait rendu heureux. Plus tard, ce même ami s'est noyé en essayant de sauver deux gamins qui étaient tombés dans un puits. Peter a les larmes aux yeux quand il en parle. Il a commencé à noter ses souvenirs pour le blog de son club d'amis ; à sa grande surprise, il a déjà deux mille fans.

Même si ses compagnons et lui lisaient tous les livres qui leur tombaient entre les mains et se donnaient des cours entre eux, la Révolution culturelle a fait un trou dans la formation de Peter. Il était heureux qu'on lui donne enfin une chance de reprendre ses études à l'université américaine Johns Hopkins à la fin des années quatre-vingt. "Mais après le drame de la place Tiananmen, je pouvais faire une croix dessus", dit-il, affligé.

Il parle avec affection de son chien, Qiqi. C'est un husky ; chaque fois que nous allons au restaurant, Peter demande un *doggy bag*. Sa femme est souvent absente. Depuis qu'elle a pris sa retraite, des entreprises la sollicitent dans tout le pays, pour assister les ouvriers qui ont des problèmes. Elle donne des *psycho-massages*, selon le mot de Peter.

On dirait parfois que Qiqi lui est plus cher que tout autre être vivant et les remarques qu'il fait sur son comportement sont particulièrement subtiles. Son fils vit encore à la maison mais, quand Peter part en voyage, il confie provisoirement Qiqi à l'asile. Il soupçonne qu'il s'y fait attaquer par des chiens plus costauds car, en rentrant, il est toujours très docile et craintif et il se réfugie dans un coin. Si Peter le promène et qu'ils croisent un petit chien qui lui aboie dessus, Qiqi réagit à peine, parce qu'il sait qu'il est le plus fort. "C'est comme la Chine. Elle peut adopter un comportement modeste parce qu'elle est puissante, elle n'a pas besoin de se prouver continuellement."

À Changsha, la capitale de la province du Hunan, je descends du bus avec ma valise ; à partir d'ici, je vais voyager seule. La main protectrice de Huaqiong m'accompagne : elle m'a trouvé un gîte chez son amie Jiang Yi, avec qui elle partageait une chambre quand elle était étudiante.

En apprenant que j'allais passer la journée à Changsha, Peter m'a dit : "Alors tu dois visiter le Musée provincial du Hunan. Il y a la momie d'une marquise vieille de deux mille ans, exposée dans un sarcophage." Il rit d'un air mystérieux. "Elle n'est pas belle, mais elle est assez spéciale – il faut absolument que tu la voies."

Il est trop tard pour réserver des billets en ligne. On admet cinq mille visiteurs par jour, dit Jiang Yi, mais lorsque nous nous rendons au musée le lendemain matin, nous apprenons que tous les billets sont vendus. Cinq mille personnes un jour de semaine dans un musée de province ! Je regarde les bus sur le parking, la queue devant l'entrée et je perds courage : je ne me rends toujours pas compte à quel point tout, ici, est démesuré. Comités d'entreprise, voyages scolaires – un musée comme celui-ci est vite rempli, évidemment. Je ne me suis pas encore défaite du réflexe congolais, qui me dit que tout se passe dans la capitale et que l'intérieur du pays, en grande partie, est laissé à l'abandon. Cinquante ans après l'indépendance, de gros trous se sont formés dans le tapis congolais, mais la trame du tissu chinois est solide, ses motifs se prolongent à travers tout le territoire.

"Qu'est-ce qu'on va faire ?" Je lance à Jiang Yi un regard désappointé. Elle parlemente avec le gardien, lui dit que je suis venue exprès à Changsha pour visiter le musée et que je reprends la route cet après-midi. L'homme entend probablement ce genre d'histoires à longueur de journée mais, soudain, Jiang Yi demande : "Tu as ton billet de train sur toi ?"

Ravies d'être passées entre les mailles de la bureaucratie muséale chinoise, nous nous dirigeons vers l'entrée principale avec deux billets gratuits. Les heures qui suivent se passent comme dans un rêve. Les tombeaux en bois de cyprès où les corps du marquis de Dai, de sa femme et de leur fils présumé ont été inhumés deux siècles avant J.-C., sont grands comme les pièces d'une maison. Ils ont été découverts au début des années soixante-dix dans deux tumuli voisins. Le tombeau du marquis avait été pillé plusieurs fois, mais ceux de sa femme et de son fils étaient intacts.

Salle après salle, le contenu des tombes est exposé. Des pièces de soie peintes qui, vingt-deux siècles plus tard, n'ont pas perdu leurs couleurs, une carte de l'ancien royaume du Changsha sous l'empire Han, des traités d'astronomie, des instruments de musique, des plats laqués, des dessins représentant les exercices de Dao Yin, qui seraient garants d'une longue vie. De nombreux cartels sont aussi en anglais, Jiang Yi me traduit le reste.

L'attention que les visiteurs chinois qui nous entourent portent à ces objets anciens est touchante. Jiang Yi s'avère capable de lire une partie des écrits médicaux, philosophiques et historiques de l'époque. J'en ai le vertige – un tel contact avec ses ancêtres ! Dans la plupart des pays africains, tout s'est passé "à peu près" comme ça et a "approximativement" tant d'années.

Un groupe de gens se presse autour d'un très léger vêtement de soie. "Il ne pèse que quarante-neuf grammes, chuchote Jiang Yi, il est plus mince que du papier, les vers à soie d'aujourd'hui ne sont plus capables de produire un tissu aussi fin."

Le corps momifié de la marquise de Dai se trouvait dans le dernier de quatre cercueils emboîtés. Il était enveloppé dans des bandelettes de soie. Posée sur le cercueil intérieur, une bannière funéraire en forme de T représentait le voyage de l'âme de la défunte. D'après les archéologues, elle était si bien conservée que ses membres étaient encore souples. Une autopsie a montré qu'elle était morte d'une crise cardiaque. Elle avait un taux de cholestérol élevé : elle mangeait trop de viande et de sucreries. On a retrouvé des pépins de melon non digérés dans son estomac.

Elle est là, couchée dans un sarcophage de verre encastré, le corps, des genoux aux épaules, chastement recouvert d'un tissu blanc. Elle avait dans les cinquante ans et, bien qu'elle soit un peu flétrie, on distingue nettement ses pommettes hautes, ses oreilles fines, les ailes de son nez et ses yeux clos.

Mon regard traverse vingt-deux siècles d'histoire chinoise et je pense à ce que disait Peter : les Chinois sont des sédentaires et les Africains des nomades. Dans ce musée aménagé avec tant de soin, entourée de gens fascinés qui s'imprègnent de leur passé, je comprends mieux ce qui a inspiré sa remarque.

Après Xiangtan et Changsha, je commence à me faire une idée de ce qu'est une ville moyenne de l'intérieur de la Chine. Jinhua ne déroge pas à la règle : larges boulevards à la circulation bruyante, immeubles sans caractère, hôtels avec de grands portails, supermarchés aux panneaux publicitaires envahissants. Ici et là, un morceau de terrain vague où des grues creusent avidement une terre sableuse couleur de rouille, car la fureur de construire ne se tarit pas.

Le professeur Liu Hongwu, directeur de l'Institut d'études africaines à Zhejiang Normal University, que je dois absolument rencontrer d'après Huaqiong, est grippé mais il me recevra chez lui le lendemain matin. En attendant, une étudiante m'emmène à l'Institut pour me faire rencontrer l'équipe de direction.

Elle sautille à mes côtés. Elle va bientôt séjourner six mois en Zambie avec un groupe d'étudiants dans le cadre d'un programme d'échange. Un commerçant chinois qui possède un supermarché en Zambie est venu leur faire un exposé à l'Institut. Elle s'inquiète de ce qu'ils vont manger là-bas. "Nous ne pourrons pas aller dans des restaurants chinois, parce qu'ils sont très chers et qu'on ne nous donnera que 170 dollars par mois. Nos parents devront nous aider." Sa mère se fait du souci. Elle pense que sa fille va devenir noire en Afrique et qu'aucun Chinois ne voudra plus l'épouser.

Il est onze heures et demie et, de chaque côté de la rue qui mène au campus, les patrons de restaurants en plein air s'affairent à griller, frire et cuire à la vapeur des aliments pour les étudiants qui ne mangent pas au resto U. Mon accompagnatrice rencontre un condisciple de l'Institut. Ils parlent du professeur Liu Hongwu avec une certaine vénération. Il leur insuffle l'amour de l'Afrique ; il leur dit que l'Afrique est pleine de vie et mystérieuse.

Le hall de l'Institut d'études africaines a les murs recouverts de bois jeune et odorant. Des masques et des représentations naïves d'hommes avec des lances y sont accrochés, des étagères portent des statuettes d'éléphants et de girafes. Une des girafes a un ruban chinois rouge noué autour du cou. On se croirait dans une maison de repos pour missionnaires belges, sauf que les bibelots africains brillent de nouveauté. Nous autres Européens, nous avons créé une Afrique imaginaire – apparemment, les Chinois font de même.

Dans la salle de conférence, des costumes éthiopiens et des tableaux représentant des femmes au visage peint en blanc et aux seins nus alternent avec des motifs décoratifs chinois de nœuds rouges. La salle donne sur une pièce d'eau idyllique et des pavillons aux toits en pagode. Une Afrique imaginaire à l'intérieur, une Chine imaginaire à l'extérieur.

"Quelle belle vue", dis-je au directeur adjoint, qui me fait visiter.

Il soupire. "Malheureusement je suis si occupé que je n'ai pas le temps d'en profiter."

C'est un spécialiste du Soudan, où il ira bientôt avec le directeur de l'Institut et deux journalistes, sur invitation du ministère soudanais des Affaires étrangères. Il comprend bien que les informations que le ministère lui fournira ne seront pas neutres, mais que peut-il y faire ? Ce sera son premier voyage de ce côté-là ; il craint pour sa sécurité.

À part des livres et des magazines en chinois, la bibliothèque possède de nombreuses publications anglaises sur l'Afrique. À peine classés sur des rayonnages métalliques plutôt vides, les documents commencent déjà à prendre la poussière. Des ouvrages historiques de référence, mais aussi de la non-fiction comme *Le Chemin parcouru : Histoire d'un enfant soldat*, d'Ismaël Beah et *Dans l'enfer du Darfour*, de Daoud Hari.

Tout semble neuf dans ce bâtiment, toutes les pièces que nous traversons sont vides. L'institut, lui, existe – il ne manque plus que les professeurs et les étudiants.

"C'est bien calme ici, dis-je.

— C'est l'heure de la pause", répond le directeur adjoint.

Mais une collègue fait remarquer d'un ton aigre que les trente étudiants de l'Institut préparent leur master et qu'ils travaillent dans leur chambre.

Une odeur de poisson flotte dans le lobby de l'hôtel Fountain Blue. Elle vient du restaurant où des poissons à moitié engourdis font une dernière longueur dans les eaux troubles de l'aquarium. Ma chambre, à l'arrière de l'hôtel, donne sur une piscine vide aux carreaux cassés et sur une rangée de conteneurs à ordures. Sur la porte de la douche, un autocollant avertit : *"Careful of landslide"* (Attention aux glissements de terrain).

Un homme a garé son vélo électrique à remorque près d'un conteneur qu'il explore systématiquement. Tongs usagées, restes de nourriture, boîtes de conserve, morceaux de carton – tout est soigneusement trié avant de disparaître dans la remorque. Les jours suivants, je verrai bien d'autres hommes et femmes fouiller les conteneurs. Il y en a qui arrivent dès six heures du matin sur leur vélo.

Je m'étais réjouie à l'idée de rendre visite au premier Institut d'études africaines à l'intérieur de la Chine. J'avais secrètement espéré que l'équipe de direction, en retour, serait intéressée par une visiteuse occidentale ayant quelque expérience de l'Afrique. Mais l'accueil était plutôt frais. Pas de traces de la cordialité dont Huaqiong, Moses et Peter m'avaient gratifiée. Est-ce parce que je me trouve loin de la capitale, les gens sont-ils ici moins habitués aux Occidentaux, plus méfiants ?

Je décide de téléphoner à Elton, mon premier ami chinois. "*Guess what*, dit-il, je suis à Guangzhou." Les organisateurs du festival de films documentaires lui ont téléphoné il y a quelque temps pour lui demander si le poste d'interprète l'intéressait toujours ; si oui, il était le bienvenu. Elton a menti, leur a dit qu'il travaillait à mi-temps et demandé s'ils acceptaient de patienter un peu.

"Puis j'ai prévenu mon patron au port de Zhangjiagang que je voulais partir – non pas en raison d'une meilleure proposition mais parce que j'avais perdu mon intérêt pour le bois. Une excuse bidon, mais j'avais honte d'avouer la vérité." Son patron a été choqué, il a demandé à Elton d'annoncer lui-même la nouvelle à ses collègues. "Ils ont évidemment pensé que j'avais trouvé un autre job, mais personne n'aurait cru que je lâchais mon travail pour gagner dix fois moins à Guangzhou."

Il habite provisoirement sur le campus. Il n'est parti que quelques mois, mais ça lui semble une année. Des images du port de Zhangjiagang lui traversent l'esprit quand il se promène le soir, ou quand il écoute Bob Dylan, la seule musique qu'il avait là-bas. Les effluves de pétrole des cargos, l'odeur pénétrante des troncs d'arbres, la poussière de charbon – tout remonte à la surface.

Maintenant qu'il a quitté Zhangjiagang, il réalise ce qu'il a fait. Une fois de plus, il a laissé filer une chance de se rendre en Afrique. Son patron l'a supplié de rester et lui a proposé un bonus de 100 000 yuans en plus de son salaire de 200 000 yuans. 300 000 yuans (33 000 euros) par an ! Elton a hésité. Jamais auparavant il n'avait eu à prendre une décision aussi difficile.

"J'ai une autre nouvelle." Sa voix se fait plus joyeuse. Dans quelques semaines, en tant que traducteur interprète, il va accompagner deux documentaristes à un festival de cinéma en France. "Du moins, si j'obtiens un visa." Son premier voyage en Europe – il est passablement excité.

"Tu l'as déjà dit à ta mère ?

— Non, pas encore. Je ne pense pas qu'elle sache où Paris se trouve car, pendant la Révolution culturelle, elle a quitté l'école en primaire – c'était bien vu à l'époque. En tout cas, je lui dirai que la France n'est pas en Afrique."

"Vous devez parler lentement", me conseille l'étudiante alors que nous marchons sur le sentier ombragé qui mène à l'appartement du professeur Liu Hongwu, "son anglais n'est pas très bon. Je traduirai de temps à autre ce qu'il veut dire ou je raconterai ce qu'il a écrit sur les sujets qu'il évoque." Son dévouement est touchant. À la conférence à

Xiangtan, j'avais déjà remarqué que les étudiants avaient un lien particulier avec leurs professeurs. Même Moses, pourtant assez autonome, parlait avec déférence de son directeur de thèse, comme d'un tonneau rempli de connaissances où il pouvait puiser librement.

Liu Hongwu nous reçoit en bras de chemise et pantalon de jogging. Les manches longues de son maillot de corps thermique dépassent des poignets de sa chemise et il porte des pantoufles aux bouts jaunes en forme de museaux d'ours. Il essaie de se ménager car demain il s'envole pour Beijing. Avec neuf autres Chinois et cinq Africains, il y recevra un prix en récompense de ses efforts pour promouvoir l'amitié sino-africaine.

En 1990, Liu Hongwu fut l'un des premiers Chinois à passer un an à l'université de Lagos, au Nigeria, dans le cadre d'un programme d'échange entre la Chine et l'Afrique. "Étudiant, j'avais lu les livres de Sanmao sur le Sahara espagnol, dit-il. Ils étaient très populaires dans la jeunesse chinoise." Il s'intéressait aux différences entre les groupes ethniques, suivait des cours d'art africain, voyageait à travers le pays. À l'époque ne vivaient au Nigeria qu'une poignée d'hommes d'affaires taïwanais et le personnel expatrié de l'ambassade de Chine, aussi se sentait-il bien souvent seul. Il supportait mal la chaleur, et les conditions de vie sur le campus étaient loin d'être idéales : il partageait une chambre avec des Ghanéens.

Le Nigeria lui faisait-il penser à sa province natale du Yunnan, comme me l'avait dit Huaqiong? "Certaines traditions – comme l'utilisation des masques – ressemblent à celles de l'Afrique, avance-t-il prudemment, mais en creusant un peu je me suis rendu compte que les ressemblances étaient superficielles. L'Europe est proche de l'Afrique, elle a toujours été une plaque tournante d'échanges culturels. Nous nous trouvons à l'extrémité lointaine d'un continent, nous étions donc plus isolés."

L'étudiante, qui traduit de temps à autre, dit que le professeur Liu a écrit un livre sur le Yunnan qui s'intitule *Pays natal du cœur.* L'Afrique aussi est pour lui le "pays natal du cœur".

De retour en Chine, Liu Hongwu avait la nostalgie de l'Afrique, mais il devrait attendre onze ans avant de pouvoir y retourner. "Je dis toujours à mes étudiants : avant de partir pour l'Afrique, on a peur, on s'inquiète, mais une fois qu'on y est, on l'aime, et dès qu'on est rentré chez soi, on la regrette."

Il a créé le Centre d'études africaines à l'université du Yunnan. En 2007, on est venu lui demander de diriger l'Institut d'études africaines à Jinhua. Maintenant qu'il s'est rapproché de Beijing, il semble mieux comprendre l'importance que l'Afrique a prise pour la Chine, et lui qui s'intéressait surtout à la culture, réfléchit aujourd'hui davantage à la politique. "Le vice-Premier ministre Deng Xiaoping disait à l'époque : on ne peut pas enrichir tous les Chinois d'un coup, mais on peut commencer par quelques-uns, à l'est par exemple. La même chose pourrait se faire en Afrique : de concert avec l'Occident, nous pourrions soutenir des pays comme la Zambie, l'Angola et le Ghana, qui se portent relativement bien, en espérant qu'ils entraînent les autres à leur suite."

La femme de Liu Hongwu est rentrée de son travail. Il est presque midi : l'heure de s'en aller.

Sur le seuil de la porte, il dit en montrant son étudiante : “Vous devriez lui parler de votre façon de travailler. Mes étudiants ont beaucoup à apprendre de vous.” Mais quand je lui montre des photos du Congo l'après-midi à mon hôtel, elle somnole à mes côtés. C'est trop loin, trop étranger au monde qui l'entoure.

Après ce premier entretien, Liu Hongwu et moi n'avons plus grand-chose à nous dire. Son anglais laisse à désirer et nous manquons de références communes. Ou est-ce parce que son institut a aussi une dimension politique et que la visite d'un écrivain le met mal à l'aise ? Je n'arrive pas à en décider. Alors que j'étais assise en face de lui, je repensais à ma première rencontre avec l'écrivain polonais Ryszard Kapuściński qui, en tant qu'Européen de l'Est, avait lui aussi d'autres références que moi. À notre second entretien, je lui offre *The Shadow of the Sun*, une série de nouvelles et d'essais de Kapuściński. Quand je lui demande, plus tard, ce qu'il en a pensé, il me regarde d'un air absent. Je crois qu'il n'a pas même pas sorti le livre de son emballage.

À première vue, Jinhua est une ville de province qui sent encore la campagne. Des marchands ambulants s'y rendent avec des carrioles remplies de fruits, des vieilles femmes vendent des légumes de leur jardin étalés sur des toiles, un homme fait du popcorn dans un petit tonneau noirci.

Au bout de quelques jours, je suis frappée par le nombre de voitures de luxe qui roulent dans les rues : dernier modèle de Porsche, BMW Sport bleu cobalt, jeep Nissan aux enjoliveurs tape-à-l'œil. Sur le campus aussi, je vois de belles voitures aux vitres souvent teintées tourner lentement. Les conducteurs sont à l'affût d'étudiantes : ils les emmènent au restaurant, dans des bars à karaoké, louent pour elles un appartement.

Dans une rue parallèle à l'hôtel, des jeunes filles blêmes en robes légères et chaussures aux talons démesurés sont assises en vitrine et, la nuit, je suis régulièrement réveillée par des rires et des cris alcoolisés dans le couloir. Toute la journée, j'entends la pétarade de feux d'artifice tirés pour inaugurer un restaurant, un magasin ou un immeuble.

Personne, parmi mes connaissances de Beijing, n'avait jamais entendu parler de Jinhua, situé pourtant au cœur de la dynamique province du Zhejiang, au sein de la région côtière qui s'est développée à grande vitesse grâce à la politique d'ouverture. Yiwu, la ville où le pieux Hussein de Dubaï se procure ses perles de pacotille et ses produits cosmétiques bon marché, se trouve à une cinquantaine de kilomètres ; elle est devenue, en un temps record, le premier marché mondial de petits produits de base. Yiwu abrite une communauté de commerçants arabes très active et les Africains commencent aussi à la découvrir. Bijoux en toc, cosmétiques, jouets, montres, verroterie, électronique, articles de bureau, chaussettes, chaussures – Yiwu les vend à des prix de gros défiant toute concurrence.

Le directeur adjoint de l'Institut d'études africaines veut me présenter un étudiant mauritanien, mais n'arrive pas à mettre la main dessus. "Il est sûrement à Yiwu", dit-il, mécontent. Car Yiwu attire aussi les étudiants. Dès qu'ils sont capables de se débrouiller en chinois, ils font des allers et retours entre Jinhua et Yiwu et délaissent leurs études. Les étudiants arabes servent d'interprètes à leurs oncles qui vivent à Yiwu, les étudiants africains se font de l'argent de poche en donnant des leçons de français, d'anglais ou de portugais à des commerçants chinois qui veulent tenter leur chance en Afrique ; les étudiantes russes sont des modèles prisés pour des publicités allant des lampes à la literie.

L'Institut n'a qu'un seul étudiant noir, convoqué pour la circonstance. Nous sommes début novembre et Joseph est emmitouflé comme si l'hiver battait son plein, une écharpe autour du cou, un bonnet en laine sur la tête. Il vient de Côte d'Ivoire et semble légèrement boudiné dans son blouson de cuir. Je vais découvrir que de nombreux Africains s'enrobent d'une couche de graisse supplémentaire pour l'hiver.

Joseph arrive en compagnie d'un ami chinois qui enseigne à l'École des beaux-arts locale. Le timide Tong Wei a étudié cinq ans à Paris, mais, s'il doit écrire une lettre en français, il fait appel à Joseph. Lorsque Wei apprend les raisons de mon séjour à Jinhua, il me dit que je dois rencontrer Li Shudi, un collègue plus âgé : il a habité des années en Afrique du Sud.

Le grand costaud qui vient me chercher le soir même dans le lobby de mon hôtel ressemble à un Afrikaner dans sa tenue de safari avec veste sans manches et casquette verte. Mais la Chine n'est pas loin : quand je le salue, je découvre qu'il parle à peine l'anglais.

Wei, Joseph et moi montons dans la jeep rouge de Shudi pour aller prendre le thé chez un ami galeriste. La galerie se trouve en face du parc municipal de Jinhua, dans un quartier aux maisons neuves de style traditionnel, avec des antiquaires et des restaurants. L'enseigne d'un restaurant représente un chien blanc tenu en laisse. Plus tôt dans la journée, j'ai vu, sur ce même trottoir, quelqu'un sortir un chien d'une cage à l'aide d'un crochet en fer, lui donnant un méchant coup sur la tête. Le chien couinait et gémissait. On lui a coupé la gorge, puis on l'a écorché et jeté dans un wok d'eau bouillante. Maintenant, l'endroit est silencieux. Nous faisons cercle autour de la table et écoutons Shudi.

Il parle avec passion et Wei traduit à voix basse. Shudi avait quatorze ans lorsque son père, enseignant d'histoire de l'art dans une école secondaire à Kaifeng, une petite ville du Nord, s'était suicidé, à force d'être humilié, rabaissé et battu pendant la Révolution culturelle. "C'était une époque dure, une époque affreuse. Je ne veux plus y penser. Je veux vivre, regarder autour de moi, écouter les oiseaux."

Il ne le dit pas mais je devine, à l'âpreté de son ton, que cette histoire n'est pas étrangère à son départ de Chine. En 1992, il a démissionné de son poste de professeur aux Beaux-Arts de Kaifeng pour aller travailler en Afrique du Sud, dans une usine de tapis taïwanaise. Sa femme avait trouvé un emploi dans une entreprise 1 000 kilomètres plus loin.

Il ne parlait pas un mot d'anglais et, une fois le personnel noir parti, il dormait sur des boîtes en carton dans un dépôt vide près de l'usine. Il se sentait si seul qu'il vidait chaque soir une bouteille de vodka bon marché. Parfois, il la partageait avec le veilleur noir qui, à l'extérieur, se réchauffait à un feu de bois, enveloppé dans une couverture.

Le gardien avait un nom compliqué, Shudi ne pouvait le retenir qu'en mettant bout à bout différents sons chinois. "*Fandaomeiwa*, dit-il, ce fut mon premier ami africain. Tous les soirs, j'étais soûl et je dansais autour du feu comme un sauvage. Quand j'arrivais à mon travail le matin, j'avais une expression si farouche dans le regard que tout le monde reculait devant moi. Sauf Fandaomeiwa, qui, dès qu'il m'apercevait, se mettait au garde-à-vous et me saluait invariablement d'un *« Morning, boss ! »* comme s'il ne s'était rien passé la nuit précédente."

Shudi et sa femme ne se sont revus que des mois plus tard, minés par la solitude et le manque d'air frais. Il a trouvé du travail dans la même ville qu'elle, comme designer dans une usine de céramique allemande. Après avoir amassé assez d'argent, ils ont ouvert un magasin de soieries à Durban.

Finalement, Shudi a repris ses études de peinture. Le directeur de l'École des beaux-arts de Jinhua l'a rencontré au cours d'un voyage en Afrique du Sud et lui a proposé un poste. Shudi est revenu en 2004, a pris ses responsabilités de fils aîné et fait venir sa mère à Jinhua. Sa femme et sa fille se sont installées au Cap. Ils se voient pendant les vacances.

"J'ai beaucoup d'histoires dans le cœur, dit-il, sur la Chine et sur l'Afrique. Je parle peut-être mal l'anglais, mais j'ai bien regardé autour de moi là-bas, rien ne m'échappait. Les Chinois d'Afrique du Sud travaillent dur, ils pensent : en Chine, nous étions pauvres, mais nos enfants ne le seront pas. On les voit rarement sur la plage. Après le travail, ils rentrent chez eux et font des jeux de société ou regardent la télévision. Les Africains sont différents. Les hommes font des enfants, mais ils ne s'en occupent pratiquement pas. Ils vont à la rivière et pêchent à la ligne. Dans leurs têtes, ce sont encore des nomades." Et pourtant, c'est justement cela qui l'attire en Afrique : le calme, ne pas avoir à courir toute la sainte journée, pouvoir se promener sur la plage.

Il semble s'être réconcilié avec son passé chinois. La Chine va de l'avant, dit-il, même s'il y a beaucoup de corruption. "Ce ne sont pas les enfants de l'ancienne élite mais plutôt ceux de la nouvelle – les anciens pauvres – qui sont corrompus. Notre président sait tout cela. Ceux qui travaillent bien et qui volent, il les laisse faire. Ceux qui travaillent mal et qui volent, il les laisse faire aussi, jusqu'à leur permettre de grossir et prospérer dans la corruption. Un beau jour, il frappe, il leur coupe la tête. Et il confisque leur argent. C'était déjà une pratique courante du temps des empereurs, qui leur procurait toujours des finances, car l'argent des gens corrompus finissait lui aussi dans les caisses de l'État."

Tous les cinq, nous faisons cercle autour de la table, buvons tasse de thé sur tasse de thé en grignotant des confiseries présentées dans un grand bol. Le froid remonte des carreaux blancs du sol ; tout le monde a gardé son manteau. Dans le sud de la Chine, en dessous du fleuve Huai, on ne chauffe pas les maisons l'hiver. Joseph a l'air renfrogné, perdu dans ses pensées. Son écharpe est toujours nouée autour de son cou et il a même gardé son bonnet.

Dans la galerie, c'est un méli-mélo de vases chinois, de sièges design en bois et de sculptures en pierre. Des peintures modernes, plutôt kitsch, sont accrochées au mur. Le galeriste remplit à nouveau nos tasses. Chez lui aussi, le récit de Shudi remue des souvenirs. Dans l'usine de son père, six personnes se sont suicidées pendant la Révolution culturelle ; certains se sont jetés dans le lac. Tong Wei avoue que ses parents ont vécu cette période différemment. "C'étaient des gens simples. Mon père est devenu un petit soldat rouge et il a voyagé à travers tout le pays. Pour lui, c'était le bon temps."

La franchise de Shudi m'émeut. Un homme si fort, mais ses récits témoignent d'une grande sensibilité. Sa spontanéité, comme celle de Cheikhna à Guangzhou, qui m'a parlé de sa petite fille décédée dans les minutes qui ont suivi notre rencontre, m'attire vers lui. La Chine moderne le stupéfie, avoue-t-il – il aime la Chine ancienne. Il a un ami qui vit dans un village à une cinquantaine de kilomètres de Jinhua, où le bon vieux temps subsiste. Il s'y rend ce week-end. Si nous voulons, nous pouvons l'accompagner.

La matinée naissante est encore froide lorsque Shudi, Joseph, Wei et moi partons pour Zhuge Bagua Cun – en bref Bagua Cun. Shudi a mis un CD du pianiste américain George Winston. Une musique cristalline, solitaire, qui cadre avec le garçon devenu orphelin de père à quatorze ans. Assise à l'arrière, je regarde par la vitre.

Des deux côtés de la route, le paysage est semé d'étangs rectangulaires où l'on cultive des perles. D'étroites et mornes habitations se dressent sur trois étages entre les bassins. “Le rêve de chaque paysan”, ironise Shudi. Alors que nous entrons dans Bagua Cun, il dit : “Le rêve de Shudi.” C’est la Chine dont il a la nostalgie, vers laquelle il voudrait retourner.

Bagua Cun a été construite au XIVe siècle par les descendants du célèbre homme d’État Zhuge Liang. Les maisons blanchies à la chaux ont des toits incurvés et des portes sculptées ; de nombreux bâtiments sont noircis par l’humidité. La plupart des habitants portent toujours le nom de famille Zhuge. Shudi aimerait acheter une maison ici, mais c’est impossible, il n’est pas un Zhuge.

Il fait froid dans la maison de son ami. Quand je demande si on ne pourrait pas fermer la porte d’entrée en bois restée grande ouverte, Shudi me montre l’ouverture dans le plafond du vestibule : la pluie qui tombe dans votre maison vous apporte la prospérité.

Sur une commode, contre le mur, il y a des bocaux pleins d’un liquide rouge foncé dans lequel flottent des fruits. De l’alcool ! Au cours du déjeuner, je bois avidement le verre que notre hôte remplit. “Ce soir nous goûterons quelque chose de bien meilleur, promet Shudi d’un air mystérieux, quelque chose qui n’est pas sur la commode.”

Nous errons des heures durant dans des rues étroites, Shudi en tête dans son excentrique tenue d’Afrikaner et nous comme de petits poussins derrière lui. Je frissonne dans mon blouson de cuir. Wei est enrhumé et porte un masque antiseptique. “Pour vous protéger des bactéries”, dit-il.

Tandis que je marche aux côtés de Shudi, je m’aperçois que son anglais est meilleur que je ne le pensais. En compagnie, il a tendance à se cacher derrière Wei. Il a vécu douze ans en Afrique du Sud. Comment s'est-il débrouillé sans parler l'anglais ? "Ma femme avait été prof d'anglais à Kaifeng, c'est elle qui prenait la parole, dit-il. Et pour vendre des soieries, on n'a pas besoin de connaître la langue."

Les villages des environs de Bagua Cun datent tous de l'époque Ming, mais, au cours des siècles, les bâtisses traditionnelles se sont délabrées et ont été remplacées par du neuf. À Bagua Cun, les habitants ont mis un point d'honneur à garder leurs maisons en état, si bien que le village est devenu une destination touristique.

Dans un des magasins on cuit des gâteaux dans un four à briques, dans un autre on presse le riz pour en faire du vin. Ici un homme peint des caractères chinois sur un éventail, là un vieux monsieur en robe de soie prédit l'avenir. Un calligraphe est penché sur un rouleau de papier ; dès que les gens rassemblés autour de lui sont assez nombreux, il se lève et déclare qu'il a soixante-dix-huit ans et qu'il descend de Zhuge Liang à la quarante-huitième génération. Des étals à souvenirs sont dressés devant de nombreuses maisons. De fausses antiquités y côtoient des jouets d'enfants, des oiseaux en bois y picorent des grains de riz collés. Les souvenirs n'ont pratiquement aucun rapport avec Bagua Cun, pourtant ils partent comme des petits pains et je dois me retenir d'acheter un éventail décoré de caractères chinois.

Au bord de l'étang, au milieu du village, des femmes frappent leur linge savonné avec un bâton afin d'en extirper la saleté puis le rincent dans l'eau. La mousse s'écoule vers les légumes qu'on nettoie un peu plus loin, mais cela ne semble déranger personne.

Shudi nous entraîne dans une boutique près de l'étang, où un antiquaire de ses amis plonge sous le comptoir, en sort des pièces de monnaie anciennes enveloppées dans du papier journal et nous les montre à la dérobée. Je découvre une boîte à grillon avec une petite chambre à coucher où le grillon peut reprendre des forces et un récipient minuscule dans lequel il peut boire.

Dans une maison de thé, des vieillards jouent au mah-jong. Les autres clients tiennent à deux mains leur tasse de thé fumant. Wei dit que, l'hiver, tout le monde se promène avec une bouillotte sous ses vêtements. Shudi montre une femme qui, quand elle ne sert pas le thé, est assise devant un tas de perles roses ; elle les enfile sur des bouts de fil de fer qu'elle pique ensuite sur des morceaux de carton. En m'approchant, je vois que ce sont des boucles d'oreilles, comme on en trouve chez nous dans les magasins Hema pour 2,95 euros. "Avant elle travaillait dans les champs, dit Shudi avec regret, maintenant elle fabrique des bijoux pour Yiwu."

Ailleurs, nous voyons un vieux couple enfiler des chapelets musulmans sur le seuil de leur porte. Les commerçants livrent les grains par sacs de vingt kilos ; ils paient 10 yuans le kilo.

Les passants dévisagent Joseph sans vergogne, ostensiblement, et je comprends tout à coup pourquoi il se renfrogne : il est mal à l'aise et cherche à se donner une contenance. Quand il était au lycée en Côte d'Ivoire, il rêvait d'aller en Europe, mais sa famille était pauvre, une bourse chinoise était pour lui la seule option. Les premiers temps à

Jinhua avaient été difficiles. Les gens le fixaient et ils continuaient à le faire alors même qu'il prenait tous les jours le même chemin. "On dirait qu'ils sont incapables de s'y habituer. Ils se moquent de toi, donnent du coude à la personne qui les accompagne et disent : regarde, un Noir !"

Ils l'observent bouche bée, comme un singe au zoo, me dis-je tout à coup. Ils suivent le moindre de ses mouvements avec intérêt, comme nous quand nous étudions les bonobos, émerveillés parce qu'ils nous ressemblent. Joseph s'en rend-il compte ? L'idée en est pénible. Il dit alors : "Une fois, dans le bus, une fille m'a regardé d'une façon si éhontée que je lui ai dit : « Tu es un être humain, et moi je suis un animal. » Sur quoi elle s'est excusée."

Il trouve les Chinois fermés. Ils ne savent rien du monde extérieur et ils ne s'intéressent pas aux autres cultures. Tous les contacts qu'il a pu avoir avec des étudiants chinois n'ont débouché sur rien. S'il leur téléphone, ils disent : "Quel est ton problème ?" Alors qu'il voulait seulement savoir comment ils allaient.

Récemment, un professeur sénégalais est venu faire une conférence à l'Institut. Il a dit que les Chinois devaient s'ouvrir davantage, sinon ils auraient des problèmes en Afrique. "Ce n'est pas partout la guerre et les Africains ne sont pas tous pauvres, dit Joseph, piqué. Et l'été, à Jinhua, il fait encore plus chaud qu'en Côte d'Ivoire."

Cela fait maintenant un an qu'il est en Chine et il parle déjà assez correctement le chinois, mais le froid le rebute et la culture est encore pleine de mystères pour lui. Il reste planté devant un bâtiment orné d'un dragon sculpté. "Mais qu'est-ce qu'ils ont, ces Chinois, avec leurs dragons ? dit-il. Il y en avait ici autrefois ou quoi ?"

Nous avons grimpé une colline pour rejoindre la maison d'un médecin qui possédait un grand jardin de plantes médicinales. Le médecin est parti en Occident avec toute sa famille. La maison a été transformée en hôtel gouvernemental. Curieux, Joseph inspecte le jardin. Il a été élevé en partie par sa grand-mère, une guérisseuse traditionnelle ; avant de mourir, elle l'a initié.

Le médecin avait des serpents, mais leur fosse entourée de murs est envahie de broussailles qui nous empêchent de les voir. Sont-ils en train d'hiberner sous une pierre ou ont-ils quitté les lieux ? La grand-mère de Joseph lui a également appris deux ou trois choses sur les serpents. Il fallait les brûler et les réduire en cendre, disait-elle. En mettant une pointe de cette cendre sur la langue, on était immunisé contre les morsures. En éparpillant les cendres autour de sa hutte, on tenait les serpents à distance.

Wei, plutôt silencieux derrière son masque, se met à rire. Son grand-père lui a donné un bon conseil avant qu'il ne parte pour la France. "Il m'a dit que je devais emporter de la terre de Chine et la mélanger à de l'eau, contre la diarrhée."

La nuit commence à tomber. Nous nous tenons près du mur du jardin bordé de petits lions et nous contemplons les maisons blanches avec leurs toits de tuiles disposées en écailles et les collines à l'arrière-plan. Wei semble impressionné par tout ce passé dans lequel nous évoluons depuis ce matin. Lui-même vient de Xi'an, la ville de la célèbre armée de guerriers et de chevaux en terre cuite. Quand il était enfant, l'armée n'était encore qu'en partie exhumée. Il y avait un trou dans la terre où sa mère l'emmenait quelquefois : les guerriers étaient alignés tout au fond. "J'en avais très peur, dit-il, j'en faisais des cauchemars la nuit."

Avant le repas, notre hôte prend le bocal d'alcool de fruits sur la commode et remplit nos verres à ras bord. Puis il disparaît dans une petite pièce et en revient avec un verre de liquide transparent qu'il pose à côté de l'assiette de Shudi.

"Qu'est-ce que c'est ?"

Shudi tient le verre avec la substance oléagineuse contre la lumière. "Ça te rend fort. La preuve : regarde-moi !

— C'est fait avec quoi ?

— C'est un alcool de serpents", traduit Wei après quelque hésitation.

Joseph tend l'oreille. Il a été élevé dans la foi chrétienne mais, ne trouvant pas de réponse à de nombreuses questions d'ordre religieux, il a fini par devenir musulman. Il ne boit plus d'alcool, mais ça, il a bien envie de l'essayer.

Trois verres supplémentaires apparaissent, remplis au tiers. Lorsque je porte le mien à ma bouche, l'odeur écœurante de l'huile de foie de morue de mon enfance me monte aux narines. Wei trempe ses lèvres dans son verre et fait la grimace, mais il continue à boire sans faiblir.

Shudi avale une solide gorgée. "En Chine, cela fait des siècles qu'on utilise les serpents en médecine, c'est sûrement bon pour quelque chose."

Après le repas, je demande si je peux voir le bocal d'alcool de serpents. Notre hôte va le chercher et le pose par terre. Un gros serpent est enroulé sur une généreuse couche d'herbes médicinales brunâtres, la peau si luisante et si saine qu'on le croirait endormi.

Je demande : "Il était déjà mort quand on l'a mis dans l'alcool ?

— Non, non, répond notre hôte, nous les y mettons vivants – c'est le mieux."

À l'hôtel sur la colline, la chambre à trois lits est humide. J'empile sur l'un d'eux toutes les couettes que je trouve et je me glisse entre les couches. Au milieu de la nuit, je me réveille. Ma langue est sèche comme du cuir et j'ai un goût de rance dans la bouche. Je pense au serpent, au venin qu'il a dû sécréter pendant son agonie et qui s'est mêlé à l'alcool.

Si le bocal n'était pas complètement rempli, il a peut-être vécu encore un certain temps. En pensée, je vois sa petite tête furieuse s'agiter au-dessus de l'alcool, sa langue bifide cherchant une proie. Combien de temps un serpent peut-il survivre dans un bocal fermé ? Sur cette question, je me rendors.

À six heures et demie du matin, nous sommes attablés devant un bol de nouilles fumantes au bord de l'étang frisquet. "Le serpent d'hier soir, dis-je à Shudi, il a été noyé dans l'alcool, c'est bien ça ?" Je parle lentement. Serpent, hier, noyé, alcool – autant de mots qu'il connaît.

"Finalement, oui. Tu dois attendre environ quatre ans, sinon…

— Sinon quoi ?

— Dernièrement, quelqu'un d'impatient a ouvert le bocal au bout de deux ans. Le serpent s'est dressé et l'a mordu au doigt."

J'éclate de rire, mais Joseph reste sérieux. Sa grand-mère lui a sûrement confié des choses plus extraordinaires encore. "Tu ne vas pas me dire que tu y crois ?

— Mais si, bien sûr, dit Shudi. Il y a toutes sortes de serpents !"

Il s'est levé du pied gauche, dirait-on. Wei et lui ont logé chez notre hôte et je pense qu'ils n'avaient pas de couverture car Shudi dit que le froid l'a empêché de dormir. Wei, qui n'est pas du genre à se plaindre, a l'air mal en point. Nous devions rester à Bagua Cun jusqu'à ce soir mais Shudi semble pressé de partir.

Il s'est brusquement retranché en lui-même – un homme habitué à prendre des décisions sans consulter les autres. Aussi facilement qu'il nous a proposé de l'accompagner à Bagua Cun, il y a quelques jours, il décide à présent d'écourter notre séjour. Je regarde sa peau lisse, ses yeux presque sans cils – ils ont, pour la première fois, quelque chose de dur.

Pendant que nous marchons vers la voiture, il nous invite à manger chez lui le soir et il téléphone à sa mère pour lui demander ce qu'il doit apporter. Nous nous arrêtons dans un centre commercial à Jinhua pour faire des courses. Wei est en sueur. Shudi pose une main sur son front. "Tu es malade – tu ferais mieux de ne pas t'approcher de ma mère." Nous nous arrêtons au beau milieu du magasin. Shudi et Wei se concertent, puis Wei dit : "Désolé, mais le dîner de ce soir est annulé."

Avant d'avoir compris ce qu'il se passe, je suis dans ma chambre d'hôtel, seule. Il s'est mis à pleuvoir. Je fixe le trou béant de l'ancienne piscine, puis la gueule du conteneur où un couple en imperméable pêche les restes du repas de midi.

Ce sentiment d'abandon, je le connais, quand l'ai-je déjà vécu ? En un éclair, je me revois dans le lobby du Garden Hotel à Guangzhou, attendant en vain Cheikhna.

Le matin, à sept heures et demie, Shudi m'appelle. Il est à l'accueil, il a quelque chose pour moi. Je descends en vitesse, sans m'être maquillée. Il est là, dans sa tenue de safari, avec cette drôle de casquette verte qui fait penser aussi bien à Mao qu'à un Afrikaner. Il m'a copié le CD de George Winston que nous avons écouté dans la voiture. Pas un mot ne sort de sa bouche – il semble aussi prisonnier de sa langue que le jour de notre rencontre. Comment le remercier, comment lui dire adieu maintenant que Wei n'est pas là pour traduire ?

"I hope to see you again one day" (J'espère te revoir un jour), lui dis-je.

Il se tient devant moi, grand et désemparé. *"One day?* dit-il. *Which day : Monday, Tuesday?"* (Un jour ? Quel jour : lundi, mardi ?)

LES AMIS DE SHUDI

BEIJING

Une demi-heure après que nous avons pris rendez-vous dans une station de métro à Beijing, Shudi apparaît dans son éternelle tenue safari, un appareil photo Sony autour du cou. L'Institut d'études africaines de Jinhua veut fonder un musée et il est venu à Beijing pour rencontrer quelques experts en art de ses amis. J'étais au Yunnan quand je l'ai appris et j'ai immédiatement écourté mon voyage. Un vol de 2 100 kilomètres. Il me regarde, légèrement amusé : *"You follow me very far!"* (Tu me suis bien loin !)

Ces cinq derniers mois, je n'arrivais pas à m'ôter Shudi de la tête. Je me suis repassé maintes fois le CD de George Winston – le genre de musique que j'aimais quand j'avais vingt ans. La pensée du jeune Shudi orphelin de père me rendait mélancolique mais l'homme qu'il était devenu me déconcertait lui aussi. Comment accéder à quelqu'un qui était enfermé dans une langue que je ne maîtrisais pas et qui, en douze années passées en Afrique du Sud, n'avait pas réussi à sortir de son cocon ? La barrière linguistique que Shudi avait élevée autour de lui ne l'en rendait que plus attirant : il était tentant de lui prêter des réflexions profondes, tant sur la Chine que sur l'Afrique.

Le matin, au bord de l'étang de Bagua Cun, il m'avait montré sur son portable le blog où, sous le nom de "Da Li" (le Grand Li), il discute de toutes sortes de sujets allant des antiquités chinoises à l'Afrique avec d'autres adhérents. Chez moi, j'ai étudié son blog comme une espionne, j'ai passé ses textes dans une machine à traduire – sans grand résultat.

À Noël, il neigeait à Amsterdam et j'ai envoyé des photos à Shudi : un sapin dans lequel Marek, mon compagnon, avait accroché des bonbons polonais et où un pantin était suspendu ; une place hivernale où un bonhomme de neige aux yeux d'orange était assis sur un banc dans la lumière jaunâtre d'un réverbère.

Il a aussitôt réagi. Ce fut le début d'une étonnante série de courriels traduits par Google avec des textes comme : *"Blessyou! I'm glad you sent so many pictures, which is a trust and good memories!"* (Sois bénie ! Je suis content, tu as envoyé tant de photos, ce qui est confiance et bons souvenirs !) Et *"Thank you for your photos, Jinhua almost no such weather, Christmas is around the corner, where in the sky snow before Christmas, more flavor, very envious. In South Africa for Christmas is not such taste, Santa Claus wearing shorts, hot sweating, how sad you want to"* (Merci pour tes photos, Jinhua presque pas ce temps, Noël est au coin de la rue, où dans le ciel neige avant Noël, plus de saveurs, très jaloux. En Afrique du Sud à Noël pas ce goût, Père Noël porte shorts, chaude transpiration, quelle tristesse tu veux).

C'est un dimanche matin, et nous sommes en route pour le marché aux puces au sud-est de Beijing. La stature imposante de Shudi, son équipement kaki, ses chaussures de montagne, son sac à dos d'aventurier, l'Occidentale à ses côtés – les passagers du métro nous fixent et n'en finissent pas de s'étonner. On voit régulièrement des Chinoises avec des étrangers, le contraire est beaucoup plus rare.

Shudi n'a d'yeux que pour son appareil photo d'occasion, qu'il a dégoté à Jinhua juste avant son départ et qu'il essaie sur les *city people*, comme il les nomme. *"Very fast!"* complimente-t-il son acquisition après chaque photo.

Quand nous sortons du métro, il demande son chemin d'une voix forte et assurée, respectueuse cependant – comme si le monde était son obligé. Il est aussi étranger que moi ici ; aujourd'hui, nous sommes tous deux des touristes. Sur le marché, il scrute d'un regard professionnel les antiquités chinoises. Il achète un objet de temps à autre sur le marché du dimanche matin à Jinhua. Beaucoup de choses ont été détruites pendant la Révolution culturelle ; de nos jours, les antiquités proviennent d'anciennes tombes. Les paysans les fouillent et apportent leurs trouvailles à la ville. Les objets sentent encore le tombeau, du sable s'est incrusté dans les craquelures et, parfois, ils ont été endommagés quand on les a déterrés.

"Fake, fake", décrète Shudi en longeant les stands d'un pas pressé. Il attrape une coupe ici ou là et il l'examine à la loupe. Les paysans reproduisent de l'antique en grande quantité, mais il y a des choses qu'ils ne peuvent pas imiter, on voit tout de suite que ce sont des faux. "Beaucoup de gens viennent à ce genre de marché les yeux fermés, ils sont incapables de distinguer une copie d'un original, dit-il, mais mes yeux sont comme des rayons lasers."

Après avoir acheté un plat de la dynastie Ming à Jinhua, il cherche des journées entières sa provenance sur Internet. *"Hard work!"* La façon dont il a été tourné, les petites irrégularités, le dessous, qu'une longue utilisation a rendu aussi doux que de la peau – il ne se lasse pas de l'examiner. On dirait qu'en tenant cette coupe entre ses mains il est en contact direct avec ceux qui l'ont fabriquée. *"The Chinese history looks at me, it talks to me."*

Soudain, je réalise que nous nous parlons. Prudemment, comme des enfants qui font leurs premiers pas. Derrière les expressions toutes faites : *"Hold on! Follow me! Hard work!"* dont Shudi est prodigue, se cache un fragile engrenage de mots anglais. Quand il s'est inscrit aux Beaux-Arts en Afrique du Sud, en 2000, Juliet, une des enseignantes, l'a pris sous sa protection, à condition qu'il apprenne l'anglais. Après son retour en Chine, elle est venue le voir à Jinhua.

"C'est une Blanche ?"

Il acquiesce. "Mais, dans son cœur, c'est une Africaine. Elle est incollable sur l'art zoulou." Il laisse échapper un long ululement, comme le font certaines femmes africaines dans les mariages. "Quand Juliet a bu un verre de trop, elle se met à chanter."

Nous nous sommes assis sur le trottoir et Shudi n'arrête pas de prendre des photos – un petit garçon avec son nouveau jouet. Il a, dans le viseur, un commerçant qui s'est mis un sac en plastique bleu sur la tête pour se protéger d'un pâle soleil printanier ; fantastique la façon dont il peut le rapprocher avec son objectif. Le regard vigilant des vendeurs – ils sont malins, d'après lui, très malins. Il observe aussi les visiteurs chinois. Ils ont le temps de flâner, de l'argent pour acheter des choses, c'est nouveau.

La période comprise entre la proclamation de la République populaire en 1949 et la politique d'ouverture en 1979 était *stupid*, dit-il. Mao était un homme intelligent, mais il a provoqué catastrophe sur catastrophe. Un sourire apitoyé se dessine sur les lèvres de Shudi. "Mon père n'a jamais cessé de croire en lui. Mao est bon, disait-il, il a seulement de mauvais conseillers."

Nous déjeunons dans un restaurant populaire bruyant. Il est si bondé que les vitres sont embuées. Les serveurs nettoient les dessus de table en verre à grands coups de torchon. Les clients examinent leurs achats, laissant leurs enfants courir en tous sens.

"Free time!" dit Shudi et il commande une bouteille de *baijiu* – d'eau-de-vie. Son téléphone n'arrête pas de sonner. Son neveu va nous rejoindre avec son amie, il lui explique comment venir jusqu'ici. D'où je suis, je peux voir la porte, c'est à moi de faire attention. *"Tall and handsome"* (Grand et beau garçon).

Le jeune homme qui pénètre dans le restaurant est vêtu d'un pardessus noir cintré et porte un serre-tête dans ses cheveux mi-longs. Son regard courtois parcourt les tables ; cet air assuré est visiblement un trait de famille.

Charles est le fils de la sœur cadette de Shudi qui, la première, est partie en Afrique du Sud avec son mari en 1990. Il a grandi à Durban et est revenu récemment en Chine où il travaille pour une maison d'importation de produits de luxe – des Lamborghini aux Château-Pétrus. Son amie, une Américaine, est institutrice dans une école maternelle fréquentée par les enfants de riches Chinois. C'est plus facile de trouver du travail ici qu'aux USA, dit-elle. Elle gagne 2 000 dollars par mois et il lui arrive d'être invitée à accompagner en vacances la famille d'un de ses petits élèves ; elle loge alors dans des hôtels quatre étoiles.

L'alcool a rougi les pommettes de Shudi. Il mitraille le jeune couple avec son appareil et les incite à manger : oncle Shudi régale. À nouveau, nous attirons les regards. Shudi et Charles paraissent très excentriques dans cet environnement populaire. Il est clair qu'ils ont voyagé, qu'une partie de leur vie se joue ailleurs. Il y a deux mois que Charles a commencé à travailler, et il est plein du monde singulier dans lequel il s'est retrouvé. "Certains Chinois sont tellement riches qu'ils ne savent plus quoi faire de leur argent. Quand un de leurs fils termine ses études, ils lui offrent une voiture de sport. Un homme a acheté pour 10 millions de yuans de vin chez nous !"

"Follow me."

Au voisinage de Shudi, cette ville est différente – plus familière, plus intime. Charles et son amie nous entraînent dans le quartier des affaires de Beijing, où ils habitent. Nous commandons quelque chose chez Starbucks et nous nous installons sur un banc, dehors, entre les boutiques Prada, Armani et Versace. Les Chinois, aux terrasses, ont l'air de mannequins avec leurs vêtements de marque, leurs brushings et leurs sacs luxueux à portée de main. Ils mangent des crèmes glacées Häagen-Dazs à la petite cuillère, sirotent leur café, ne parlent pratiquement pas, ils sont juste là, à étaler leur richesse.

Un couple dans le vent s'approche avec un petit chien vêtu d'un paletot rose à capuche. L'homme allume une cigarette, la femme pose le chien sur la table, retire un magazine de mode de son sac et le feuillette d'un air ennuyé, *"City landscape!"* (Paysage urbain!) s'amuse Shudi qui s'est mis à tout photographier compulsivement.

Guo Dong, un des premiers Chinois à être allé faire des affaires en Ouganda, il y a une vingtaine d'années, nous a invités à dîner. C'est un collectionneur connu d'art africain ancien – Shudi espère le convaincre de prêter quelques pièces de sa collection au musée de Jinhua.

Guo Dong habite à l'orée de la ville, le métro nous y emmène à travers une forêt d'immeubles. Par la vitre, Shudi regarde le soleil se coucher derrière un mur de gaz d'échappement. Petit à petit, son visage prend la même teinte grisâtre que les immeubles. "Je déteste Beijing, dit-il d'une voix blanche, je voudrais être à Jinhua. Ou si possible plus loin encore – en Afrique du Sud." Alors qu'il m'a dit auparavant que l'avenir de l'Afrique du Sud lui semblait incertain et qu'il essayait de faire revenir sa femme et sa fille en Chine.

Guo Dong ressemble à un personnage du *Parrain* : jean, col roulé noir, cheveux plaqués en arrière avec un peu de brillantine; un homme sûr de son charme. Sa femme tient un restaurant de fondue. Il nous entraîne, à travers une grande salle à manger aux lanternes rouges, vers un cabinet particulier où nous passons la soirée autour d'un poêlon de bouillon mijotant où un serveur jette des légumes et des morceaux de viande.

Shudi et Guo Dong mangent une quantité de viande impressionnante et s'envoient de nombreux verres de *baijiu* derrière la cravate. Ils tiennent le coup apparemment. Moi qui n'ai bu qu'un seul verre, je me sentirai le lendemain matin comme une chiffe molle.

La vapeur de la fondue transforme la pièce en bain turc et Shudi retire sa casquette pour s'essuyer le front. C'est la première fois que je le vois sans casquette. Il a un début de calvitie, les cheveux qui lui restent sont teints en noir et plaqués sur son crâne à partir d'une raie basse.

Guo Dong s'est retrouvé en Afrique dans des circonstances particulières. Il habitait tout près de la place Tiananmen quand elle a été occupée par des étudiants en 1989. Comme il éditait un journal et des livres d'études, on l'a associé à la révolte. Il a passé quatre mois en prison. Quand il en est sorti, il n'avait plus que la peau sur les os et il a décidé de quitter le pays.

Il dessinait bien et son travail était apprécié des diplomates. Par l'intermédiaire de l'un d'eux, frère du roi du Bouganda – le plus grand royaume de l'Ouganda –, il avait pu se procurer un visa. "Je suis passé par l'Éthiopie, où Mengistu était encore au pouvoir. Sur une place d'Addis-Abeba étaient affichées des photos de Marx et Engels – j'ai vite pris la poudre d'escampette."

En Chine il était quelqu'un, et là il était au plus bas. Mais peu à peu il s'est relevé. Il a ouvert une boulangerie et un restaurant, puis il s'est lancé dans le commerce. "À cette époque, les Ougandais ne connaissaient pas encore le chemin de Dubaï et de Guangzhou, on pouvait faire de bonnes affaires." Comme il tenait son visa d'un prince ougandais, les gens pensaient qu'il était un prince chinois. "Et aussi parce que j'étais grand et beau, dit-il non sans vanité. Je cassais le cliché du Chinois petit et peu attirant."

Il a fait la connaissance du président Museveni et développé un large éventail d'activités. Il avait acquis une usine de coton dans l'arrière-pays, importait des tracteurs et obtenait des commandes pour la construction de luxueuses villas. Les Ougandais l'avaient rebaptisé d'un nom local : Adongo.

Après de nombreux vagabondages amoureux, Guo Dong avait épousé une jeunette de dix-huit ans, fille d'un banquier ougandais. Peu après, devant visiter Shanghai avec une délégation ougandaise, il l'avait emmenée. "Elle était très belle, mais à cette époque, les Chinois n'étaient pas habitués aux Africains. Au cours d'un banquet, les deux cents personnes présentes l'ont dévisagée comme si elle venait de la lune. Elle a couru se réfugier dans sa chambre d'hôtel et a refusé d'en sortir."

Elle lui a donné une fille, mais le mariage n'a pas tenu – trop de différences culturelles. Elle voulait la garde de l'enfant après leur divorce ; il lui a fait un procès, qu'il a gagné. Sa fille habite désormais chez ses parents à lui ; le week-end, elle est chez lui et sa seconde femme.

À côté de moi, Shudi pique les restes sur son assiette avec ses baguettes. Notre conversation en anglais est trop difficile à suivre pour lui, et l'histoire personnelle de Guo Dong ne semble pas le passionner. Quand quelque chose ne l'intéresse pas, il se ferme hermétiquement.

Lorsque Guo Dong nous emmène chez lui, dans un compound proche, Shudi s'anime à nouveau. Deux petites filles courent vers la porte à la rencontre de leur père. La fille aînée n'est pas là. Je suis étonnée : qu'en est-il de la politique de l'enfant unique ? Guo Dong rit. "Les hommes d'affaires dans mon genre trouvent toujours moyen de se débrouiller. De plus, tout le monde me considère comme un *overseas Chinese* (un Chinois d'outre-mer)."

Sa maison est aménagée à la façon d'un musée avec des vitrines murales derrière lesquelles une lumière douce éclaire sa collection d'art. Nos cris d'admiration le comblent d'aise. Un gigantesque cheval en terre cuite et son cavalier chinois, des masques africains et des statues de déesses de la fécondité, des poteries peintes ocre jaune, un buffle traînant une charrette, des coupes, des bijoux – tout cela mélangé, si bien qu'on ne distingue pas toujours d'emblée ce qui est chinois de ce qui est africain.

Guo Dong nous conduit de vitrine en vitrine. "Si on remonte le cours de l'histoire, on se rend compte que l'art chinois et l'art africain ont la même origine", dit-il, et il ajoute, l'air de ne pas y toucher : "Après tout, le premier homme vient d'Afrique orientale et il fut un temps où le continent africain était plus proche de la Chine qu'aujourd'hui." Les masques proviennent, pour la plupart, du Congo. "Les vendeurs congolais, en Ouganda, savent que je suis collectionneur d'art. Je leur donne de l'argent pour qu'ils me rapportent des objets."

Certains masques sont peut-être authentiques, d'autres me font penser au travail des artisans de l'arrière-pays congolais qui – tout comme les paysans chinois – fabriquent de l'antique. Ils laissent les masques un certain temps dans une termitière, les suspendent au-dessus d'un feu de bois pour les noircir puis les poncent patiemment avec du sable rouge pour leur donner une patine ancienne.

L'exposition se poursuit dans la cave de Guo Dong. Shudi est surtout impressionné par l'art chinois qu'il photographie avidement. Certaines statues datent de la dynastie Han, elles ont bien deux mille ans. Devant l'une des vitrines, il y a un buste d'Africain qui porte au cou une lourde chaîne et dont le rictus découvre des dents en or ; sa main forme un poing menaçant. C'est le seul objet moderne dans cet espace – et c'est l'œuvre d'un Chinois. "Je l'ai placé là exprès, dit Guo Dong, pour détourner l'attention de ma précieuse collection soudanaise."

Nous buvons du thé au salon pendant que Shudi, tout excité, repasse devant les vitrines. Guo Dong est ravi d'avoir rencontré quelqu'un avec qui il peut parler de l'Afrique. Mao savait comment s'y prendre avec les Africains, dit-il, parce que c'était un paysan et que l'agriculture, en Afrique, c'est très important, mais les hommes politiques chinois d'aujourd'hui ont encore beaucoup à apprendre. La Chine a tort de ne penser qu'au pétrole et aux autres matières premières, elle devrait s'intéresser aussi à l'agriculture car c'est là que se trouve l'avenir de l'Afrique. La Chine devrait approfondir sa connaissance de l'Afrique et faire des projets pour le siècle suivant, pas seulement pour les prochaines années.

"Un journal kényan écrivait récemment qu'une femme s'était rendue à l'ambassade de Chine avec son bébé. Elle était à la recherche du père qui, entre-temps, avait quitté le pays. Il s'appelait Zhang ou Liu – comment retrouver cet homme dans toute la Chine ? Il devrait y avoir un fonds pour rapatrier ces enfants, comme vous le faisiez à l'époque coloniale avec les enfants métis. Car, plus que tout autre, ils sont proches de la Chine. Les descendants des troupes de l'amiral Zheng He, qui ont débarqué sur la côte est de l'Afrique il y a six siècles, n'ont toujours pas oublié leurs origines chinoises. Mais c'est une chose que l'ambassadeur de Chine au Kenya ne comprend pas."

C'est agréable d'être en face de Guo Dong, des piles de livres sur l'art africain sous la main. Les Chinois ont tout, dit-il : l'argent, le luxe, et pourtant ils ne sont pas heureux. En Afrique on rit tout le temps, alors que les gens n'ont rien. "Et l'air y est pur. Dieu dort chaque nuit en Ouganda, car c'est là que se trouve le paradis." Cette expression, je l'ai déjà entendue au Rwanda – sauf que, là-bas, ils disent que Dieu dort chaque nuit au Rwanda.

Pourtant, il flotte comme un air du temps passé entre les vitrines éclairées de ces pièces, comme dans les maisons des anciens colons belges qui, parmi leur collection de masques et de statues en bois, continuent à vivre dans un Congo imaginaire et révolu. Soudain je revois chez ma grand-mère, dans la sombre pièce d'en haut, la peinture naïve représentant un village de cases. De ces tableaux pour touristes, on en trouve treize à la douzaine, mais il m'enchantait quand j'étais enfant. Les cases d'argile étaient nimbées d'une lumière jaune qui semblait jaillir du mur lui-même. Ma première image du Congo. Faut-il vraiment, en Chine aussi, tout recommencer à zéro ? Avec de vieilles images et de vieux dictons ?

Eugène Terre'Blanche, le leader d'extrême droite du Mouvement de résistance afrikaner, a été assassiné. Guo Dong pose sur la table le journal chinois qui donne la nouvelle et le silence s'installe un instant. Shudi examine le portrait de l'Afrikaner à l'allure fruste avec son chapeau de cow-boy, lit rapidement l'article, puis le photographie. Les assassins seraient deux ouvriers agricoles à qui Terre'Blanche devait de l'argent, mais l'affaire est sans doute plus complexe.

Shudi a l'air rêveur et absent après les agapes alcoolisées d'hier soir, mais il se tient bien. Quant à moi, j'ai passé une demi-heure sous la douche et pourtant on dirait que l'odeur de la fondue me colle à la peau. Nous sommes au Wango Coffee, un café de style africain aménagé avec goût, que Guo Dong possède dans l'ouest de la ville. De larges banquettes, des tables basses peintes dans des tons ocre jaune et bruns. Aux murs, photos noir et blanc du roi du Bouganda et de sa famille, au milieu d'un bric-à-brac de souvenirs africains.

Les Chinois n'ont pas la culture des cafés, dit Guo Dong ; il veut la leur apporter. Et il veut leur apprendre à boire du café ougandais. Il y a beaucoup d'informaticiens dans le quartier, ils aiment venir travailler dans un coin tranquille. "L'Afrique, c'est du nouveau, cela attise leur curiosité." Récemment, le personnel d'une banque a donné une fête ici. Ils lui ont demandé de faire un petit topo sur l'Afrique.

Un ami d'enfance de Shudi nous a rejoints ; il a vécu des années en Australie et, depuis lors, se fait appeler Shawn. Il a étudié la musicologie et c'est un spécialiste de Beethoven. Une université de Beijing l'a débauché à Melbourne en lui promettant monts et merveilles, mais une fois sur place il n'a rien trouvé de bien reluisant.

Shawn connaît Shudi depuis l'âge de cinq ans et a vécu de près la tragédie du suicide de son père. Le père de Shudi s'appelait Wang. Pour protéger ses enfants, la mère de Shudi a décidé de leur donner son nom de famille à elle, Li.

"Il vous est arrivé de parler de la mort de son père, plus tard ?

— Non, non, il n'aime pas en parler.

— C'est la première chose qu'il m'a racontée quand nous nous sommes rencontrés.

— C'est parce que vous avez des conversations de train.

— Pardon ?

— C'est une expression qu'un journaliste a employée un jour. Il engageait la conversation avec des inconnus dans un train et pas une seule fois on ne l'a envoyé paître parce que les gens partaient du principe qu'ils ne le reverraient jamais."

C'est ce que je fais : mener des conversations de train. Sauf que, parfois, elles durent des années.

L'année dernière, Shudi a emmené son ami en Afrique du Sud. Quand je lui demande comment c'était là-bas, Shawn prend le temps de la réflexion. Ils ont visité de nombreux musées et galeries, si bien qu'il lui arrivait d'oublier qu'ils se trouvaient en Afrique. Les seuls Noirs qu'ils voyaient étaient le personnel hôtelier et les gardiens de parking. "Ils étaient peureux et serviles. J'ai l'impression que beaucoup de Noirs d'Afrique du Sud ont perdu leur identité."

Ils avaient visité un village zoulou et s'étaient arrêtés dans la maison d'un ami taïwanais à Durban ; des singes couraient autour de la piscine et, au loin, Shawn avait vu des girafes – l'Afrique était très proche tout à coup.

Shudi est en train de photographier tous les recoins du café et Shawn ne tarde pas à me débiter spontanément un flot d'informations et de détails sujets à caution. Qu'il a une maison à Melbourne et qu'en fait il est australien. Si je savais que Beethoven était flamand ? Selon les Grecs de Melbourne, le prince Charles était grec. La reine Élisabeth parlerait l'allemand avec sa famille.

Je suis soulagée quand Guo Dong nous rejoint – Guo Dong qui a ses propres préoccupations. Certains Chinois présupposent que tous les Africains sont idiots, dit-il, mais il y en a bel et bien parmi eux qui sont intelligents. "Regardez leurs prestations dans le domaine du football. Non, ils apprennent, c'est sûr. Je dis toujours : il y a l'Africain nu dans la brousse, mais il y a aussi l'homme très instruit comme Obama.

— Mais Obama est américain !" proteste Shawn.

Pendant que Guo Dong et Shawn se chamaillent à propos des origines d'Obama, je repense à Huaqiong, la professeure d'histoire africaine qui m'a tendu la main avec tant de générosité quand j'étais à la recherche d'experts chinois de l'Afrique. Elle aimerait peut-être rencontrer mes nouveaux amis ? J'en parle à Shudi et Guo Dong et je l'appelle. Une demi-heure plus tard, elle fait son entrée.

La femme de Guo Dong a cuit des pizzas, son aînée, une fille branchée aux lunettes roses et à la coiffure afro, vient nous saluer. Huaqiong, de son coin de canapé, n'en perd pas une miette. Elle avait entendu parler de Guo Dong mais ne l'avait jamais rencontré. "Tu viens d'ouvrir une grande porte", murmure-t-elle.

Voilà les Chinois que je voulais rencontrer. J'ai mis un certain temps avant de les trouver, mais ils sont là. À la conférence de Xiangtan et à l'Institut d'études africaines de Jinhua, j'avais pu me sentir une intruse en tant qu'Occidentale, mais au milieu de ces gens, plus du tout. "D'après toi, dis-je à Guo Dong, les Chinois portent-ils sur l'Afrique un regard fondamentalement différent des Occidentaux ?" C'est sur cette question que je me suis endormie la veille.

Il répond à l'africaine : par un récit. "En Ouganda, j'ai connu un Américain qui avait eu des problèmes aux États-Unis. La drogue, peut-être – je ne sais pas au juste. Un jour, il a trouvé la foi et la femme qu'il lui fallait. L'Église lui a demandé d'aller en Ouganda. C'est là que je l'ai rencontré, à Lira, où j'avais une usine de coton. Il roulait dans un véhicule avec quatre larges roues. Fabriqué en Chine et il en était très content. C'est comme ça qu'on en est venus à parler.

L'Américain était un solide gaillard, il n'avait peur de rien ni de personne. Une nuit, des cambrioleurs se sont introduits dans sa maison. Il a commencé à tabasser l'un d'eux. Celui-ci l'a prévenu qu'il était armé, l'Américain s'en moquait. Le cambrioleur l'a tué."

Guo Dong a pleuré en l'apprenant. L'Américain voulait être enterré à Lira, il l'avait dit à sa femme.

Le matin de son enterrement, une grande foule s'est rassemblée pour lui dire adieu. "Il pleuvait des cordes, mais, à l'instant même où le cercueil s'enfonçait dans la terre, le soleil a percé. Les Américains, les Africains et moi-même, qui ne suis pourtant pas croyant, nous nous sommes chuchoté : il va au ciel – les portes lui sont ouvertes."

À l'entrée du restaurant où il va dîner en famille, Shudi prend congé de nous. *"I'm with my family"*, s'excuse-t-il en barrant l'entrée de son grand corps. J'essaie de dissimuler ma déception, mais Shawn fait semblant de ne pas comprendre et suit Shudi en nous poussant en avant, Huaqiong et moi. Ses manières un peu rudes, qui ont réussi à m'irriter en un temps record, tombent cette fois à point nommé et, bon prince, Shudi capitule.

Il nous présente les deux femmes d'âge mûr qui l'attendent à une table comme ses sœurs, mais elles s'avèrent être des cousines du côté paternel. Leurs filles sont là aussi. L'une a étudié à l'étranger, son copain vient d'être admis dans une université américaine.

Ça se vante beaucoup ce soir-là, sur le travail que chacun fait, sur la carrière des enfants. Shawn traduit et j'ai du mal à évaluer combien de louches il en remet. Une des cousines travaille pour le gouvernement, l'autre est rédactrice dans une maison d'édition, qui, si j'en crois Shawn, publie au moins cinq cents livres par jour. Leur frère est dans l'armée, c'est lui qui a organisé le spectacle aérien du soixantième anniversaire de la Révolution.

Lorsque Shawn me demande si c'est mon compagnon qui a payé mon voyage en Chine, je me mets à fanfaronner moi aussi.

"Ça te rapporte de l'argent, d'écrire des livres? demande-t-il. Moi, j'en ai bien publié une vingtaine, mais je dois encore enseigner pour subvenir à mes besoins."

Charles, le neveu qui vend des Lamborghini et du Château-Pétrus, est arrivé entre-temps avec sa copine américaine et, tandis que les plats se succèdent et que la bouteille de *baijiu* fait des tours de table, les voix montent en volume et une belle animation règne à notre table. Shawn flirte avec la sage Huaqiong et l'incite à boire un petit verre, ce qu'elle finit par faire en hésitant.

Shudi préside la compagnie en *pater familias*. Il mange des quantités astronomiques et boit un bon demi-litre d'alcool. C'est comme si, en mangeant, il voulait gagner en volume – devenir un plus grand bastion. À la mort de son père, Shudi est resté seul avec sa mère et deux jeunes sœurs, raconte Shawn. Ses cousines l'ont beaucoup aidé à l'époque ; il leur en est reconnaissant.

Shudi fait une série de speechs. Il félicite ses "sœurs" pour leur bonne situation et dit que la famille doit rester unie. Maintenant que Charles a fait la connaissance de ses tantes, il ne doit pas hésiter à les appeler s'il a un problème. On échange des numéros de téléphone. Il devient vaguement sentimental et, lorsque sa famille est partie et que nous ne sommes plus qu'un petit groupe, j'ai droit, moi aussi, à un discours. Il aime la façon dont je voyage, dit-il : en observant autour de moi, en effleurant toutes choses. Lui-même doit encore enseigner quatre ans, ensuite il sera libre de voyager lui aussi, et de peindre. Les joues rouges dans son visage rond, il me lance : *"You're lucky – tonight you meet my family!"* (Tu as de la chance – ce soir, tu rencontres ma famille !)

Bien qu'il ait pas mal levé le coude hier soir, Shudi paraît dans le hall de l'hôtel à neuf heures, frais comme un gardon : l'alcool aidant, il a très bien dormi. L'entrée de l'hôtel est splendide, mais sa chambre est un réduit sans fenêtre avec juste un lit et un petit bureau. Pendant qu'il fait ses bagages, je copie des photos de son ordinateur sur ma clé USB. Il a laissé la porte grande ouverte. Je suis une femme-tigre, a-t-il dit à Tong Wei quand nous étions à Jinhua ; qui sait de quoi est capable une femme-tigre occidentale ? En Afrique, j'ai souvent été dans sa position – je n'aurais jamais cru me retrouver un jour dans le rôle inverse.

Voilà Shawn. Il va accompagner Shudi à la gare mais ils ont d'abord une affaire à régler. Shudi se dispose déjà à me faire ses adieux à sa façon maladroite, désinvolte, et je me sens prise d'une légère panique. "Je peux venir avec vous ?" Ils se regardent. "Je me ferai toute petite."

Shawn conduit une voiture déglinguée. "Celle de ma femme est beaucoup mieux", dit-il, sur la défensive. Dans un sac à dos posé sur la banquette arrière, il y a un violon que Shudi a dégoté en Afrique du Sud. Shawn a convaincu un luthier du conservatoire de l'examiner. Ils jubilent comme des gamins. "Ce violon vaut sûrement beaucoup d'argent, rêve Shudi.

— Au moins un million de yuans", pense Shawn l'incorrigible hâbleur.

Assise au milieu de la banquette, je me penche en avant. “Comment l’as-tu trouvé ?

— Chez un antiquaire russe, à Durban, échangé contre un bouddha”, dit Shudi. C’était une statue neuve qu’il avait apportée de Chine. Elle s’était cassée en route. Une fois recollée, elle avait l’air nettement plus ancienne. En outre, elle était dans une vieille boîte ; les yeux de l’antiquaire ont brillé quand Shudi l’en a sortie avec mille précautions. “Je pouvais choisir ce que je voulais dans son magasin.” Le regard de Shudi est tombé sur le violon. “Il est très vieux et, dans son étui, il y a un papier jauni avec un texte en italien.” Il est content de lui : les marchands ne se doutent pas toujours de ce qu’ils ont dans leur magasin.

“S’il vaut un million, Shudi et moi nous nous partagerons le butin, dit Shawn. Tu auras aussi ton pourcentage puisque tu es venue avec nous.”

J’ai connu ce système au Congo : celui qui assiste à un deal a “le droit de l’œil”. Il y a même un “droit de l’oreille”.

“Oui, oui, dit Shawn, on a ça, nous aussi !

— Je ne veux pas d’argent, dis-je, je veux seulement l’histoire.”

Nous arrivons une heure trop tôt. D’après Shawn, le luthier est un homme très important, il ne passe qu’une heure par semaine au conservatoire pour voir ses étudiants ; nous ne devons pas prendre le risque de le manquer.

À la cantine, nous commandons des nouilles, car c’est l’anniversaire de Shudi et, ce jour-là, il faut manger des nouilles longues afin d’avoir une longue vie, m’apprennent-ils. Shudi reluque sans vergogne les étudiantes en musique des tables voisines. Les jeunes filles de Beijing sont beaucoup plus attirantes que celles de Jinhua, trouve-t-il. “Et plus grandes. Chez nous à Jinhua, tout le monde est petit.”

Puis nous montons l’escalier du bâtiment principal. Shawn marche en silence dans les couloirs hauts de plafond, suivi de Shudi avec son sac à dos d’où dépasse le col étroit de l’étui à violon. “Ce conservatoire a les meilleurs étudiants du monde”, murmure Shawn. L’aplomb dont il faisait montre dans la voiture a disparu. Il a étudié ici, et il se comporte tout à coup comme un étudiant anxieux de son rendez-vous avec un éminent professeur. Shudi est égal à lui-même ; curieux, il inspecte les salles de classe par les portes ouvertes.

Un assistant nous conduit jusqu’à l’antichambre, tapissée d’affiches représentant des violons construits par Maestro Zheng Quan, ainsi que de diplômes et de distinctions qu’il a obtenus. Je commence moi aussi à me sentir de plus en plus petite. Shudi m’a demandé de prendre une photo de Zheng Quan en train d’examiner son violon. Le maestro appréciera-t-il ?

Une ombre dans le couloir. “C’est lui.” Shawn a bondi de sa chaise. “Où est Shudi ?” Le sac à dos est dans un coin – lui, il s’est envolé. “Mais où est-il ?” Nous le retrouvons dans le couloir. Il saisit son sac à dos et nous y allons.

Le maestro a l’air distrait lorsque nous entrons. Il est clair qu’il ne va pas nous garder longtemps. Un regard furtif lorsque Shawn nous présente, puis ses yeux cherchent impérieusement l’objet de notre visite. Shudi ouvre l’étui, lui tend le violon. Je prends mon appareil photo, clic. Trop de contre-jour. J’ai promis, donc je dois le faire. Le flash est aveuglant et produit un son désagréable dans la pièce silencieuse. Zheng Quan ne réagit pas. Il tourne et retourne le violon, dit quelques mots et le rend à Shudi.

Combien de temps cela a-t-il duré ? Une minute au plus. Hochements de tête, remerciements – et nous regagnons à grands pas la sortie, comme si quelqu'un nous poursuivait. Selon Zheng Quan, le Guadagnini 1741 est une copie fabriquée en usine – il vaut tout au plus 200 dollars.

Dehors, Shudi minimise sa déception dans un rire. "*My money dream is finished.* Heureusement, j'ai d'autres antiquités à la maison qui, elles, ont de la valeur."

En route vers la gare dans la voiture déglinguée, ils recommencent à rêver. "Tu as pris une photo ? demande Shawn.

— Oui, mais le maestro avait l'air bourru.

— Il n'aime pas rencontrer des étrangers parce qu'il est très riche ; ces gens-là ont toujours peur de se faire enlever. Mais le violon a pris de la valeur parce que le maestro a daigné le regarder. On peut vendre la photo."

Plus nous nous éloignons de la présence intimidante de Zheng Quan, plus Shudi commence à douter de son jugement. "Ce violon a au moins un siècle, dit-il d'un air têtu. Le son s'y est incrusté au cours des années. Il a un si beau son.

— Je peux le voir ?" J'ouvre l'étui, j'étudie l'étiquette, trouve la feuille de papier dont Shudi parlait. C'est une double feuille, déchirée d'un cahier d'écolier ligné sur lequel un apprenti musicien zélé a noté les noms des différents éléments d'un violon en français : *la touche, la baguette, la table d'harmonie, la…**

“Doucement, me prévient Shudi, il est très vieux, ce papier !”

Shawn nous a déposés au Kentucky Fried Chicken, en face de la gare. Le bagage de Shudi se compose de quatre paquets. Il veut les réduire à deux et, en moins de rien, notre table est recouverte de livres, boîtes et papiers au-dessus desquels il se dresse, grommelant et de plus en plus désemparé. Il me montre les petites crevasses sur ses doigts, provoquées par l’extrême sécheresse de Beijing. À le voir là au milieu d’une explosion d’objets, on dirait Redmond O’Hanlon lors d’une de ses expéditions dans la jungle.

Je croyais qu’il allait prendre le train pour Jinhua, mais cette pie de Shawn m’a révélé, entre maintes autres petites infos, que Shudi partait en tournée afin de récolter des fonds pour le musée et qu’en route il s’arrêterait dans sa ville natale, Kaifeng. Kaifeng – comme j’aimerais l’accompagner là-bas ! Mais il y a des limites à l’intrusion que l’on peut faire dans la vie des gens, et j’ai l’impression de les avoir atteintes. L’air buté, renfrogné avec lequel Shudi trie son bagage et jette les emballages superflus dans la grande poubelle du KFC : il est encore là mais, dans sa tête, il est déjà parti. Seul.

NOUS SOMMES VOS FRÈRES

SHANGHAI

Un mois plus tard, je rencontre à nouveau Shudi à l'entrée du pavillon sud-africain de l'Exposition universelle de Shanghai. Le pavillon est encore fermé alors que l'heure d'ouverture est passée depuis un bon moment. *"Rise of a modern economy"* (Éveil d'une économie moderne), peut-on lire sur la façade. *"Hum…* dit Shudi sceptique, *rise, but wake up late"* (s'éveille, mais se lève tard). Nous faisons le tour du bâtiment couleur sable, regardons le visage souriant de Mandela, lisons sa fameuse phrase : *"We must use time wisely and forever realize that the time is always ripe to do right"* (Nous devons utiliser le temps à bon escient et nous rendre compte qu'il est toujours temps de faire le bien).

"Sleeping time!" rit Shudi.

Il est à peine dix heures, mais il fait déjà chaud sur le terrain de l'Exposition. Sous son short kaki, les jambes de Shudi sont blanches et glabres. Quand il me voit regarder ses larges chaussures, il se met à nasiller : coin-coin. Des chaussures de canard – idéales pour un jour de marche comme celui-ci.

Il a quitté Jinhua au petit matin avec vingt-six étudiantes. Le doyen de la faculté lui a fait promettre de bien les surveiller car elles n'ont pas l'habitude de voyager. Dans le train, elles étaient excitées comme des enfants. Passé le portail de l'Exposition, elles se sont égaillées dans toutes les directions. *"Gone, like birds"* (Envolées, comme des oiseaux).

Plus tard dans la matinée, il entrera dans le pavillon sud-africain comme en terrain conquis et racontera au réceptionniste, dans son curieux anglais, qu'il a vécu des années dans son pays. L'homme le fixe d'un œil morne, sans répondre. Un employé nous fait visiter la section art moderne et design, dans une partie à l'accès réservé au centre du pavillon. Des tableaux, des paniers, des plats, des sacs – Shudi les situe tous au KwaZulu-Natal, la province qu'il connaît le mieux, mais notre guide le corrige de temps à autre.

Le plus grand pavillon de l'Exposition rassemble quarante-deux pays africains. Des arbres tropicaux, des éléphants, des girafes et autres animaux sauvages sont peints sur les murs du bâtiment, bas et rectangulaire. *"Chinese government like pretty face,* dit Shudi alors que nous nous y rendons. *Simple face."* (Gouvernement chinois aimer beau visage. Visage simple.)

"Ça ressemble à un conteneur, tu ne trouves pas ?

— Un conteneur, oui, pour l'exportation."

À l'intérieur se dresse une paroi rocheuse sur laquelle des visages africains sont sculptés ; deux d'entre eux ont les narines percées d'un os. Un des visages cligne des yeux et ouvre la bouche en découvrant une dentition de nacre. Le texte d'une enseigne lumineuse serpente entre les sculptures : *"Sourire d'Afrique, rayonnant de l'époque ancienne jusqu'à présent. Civilisation humaine, diffusée de l'Afrique vers le monde entier.*"* Les visiteurs touchent les ailes des nez épatés, enfoncent une main dans les bouches ouvertes, poussent de petits rires étouffés, se font prendre en photo.

Chaque pays a aménagé son propre stand, mais les événements organisés dans les allées de ce village panafricain sont placés sous les auspices de la Chine. Vêtus de peaux de bêtes ou d'habits traditionnels d'où dépassent les bouts pointus de leurs chaussures modernes, des Africains jouent du tambour ou du balafon. Sous une coupole en verre, un spectacle son et lumière se répète toutes les demi-heures : aux accents d'une musique de film américain, un sorcier masqué et accoutré d'un habit de paille se propulse en avant et exécute une dance macabre. Les spectateurs poussent des cris de frayeur.

Les sorciers sont des mannequins togolais qui présentent aussi sur le grand podium les créations de couturiers africains contemporains. En Afrique, seuls les initiés peuvent danser revêtus d'habits de sorciers, et les bruits de couloir m'apprendront qu'au début les mannequins avaient peur surtout des masques du Bénin à qui on attribue de grands pouvoirs. Ils ont demandé une bouteille de bière et une pièce d'un yuan au commissaire d'exposition du pavillon pour effectuer leur propre rituel avant d'endosser les costumes traditionnels.

Le commissaire, tout comme Guo Dong, est un collectionneur connu d'art africain ancien et il nous guide à travers le cœur du pavillon, où une partie de sa collection personnelle est exposée. "L'art est la langue la plus importante qui soit, dit Shudi en passant lentement devant les sculptures. Plus importante que l'anglais ou le chinois. Le gouvernement chinois prend les leaders africains par les épaules et leur dit : « Nous sommes vos frères. » Mais il ne connaît pas les autres membres de la famille, il ne parle pas leur langue, la langue de l'art."

Le commissaire a visité des musées à Paris et à Lyon en quête d'inspiration pour l'aménagement du pavillon, il a fait de nombreux voyages en Afrique pour trouver des troupes théâtrales. "Les Africains sont aux origines de la civilisation et après eux viennent les Chinois, dit-il. L'Europe a perdu bon nombre de ses traditions, mais l'Afriquc et la Chine les ont conservées. Les masques ont la même signification en Afrique et dans les provinces chinoises du Yunnan et du Guizhou : ils représentent des dieux qui apportent l'argent, le bonheur, la santé, la pluie et la fécondité."

Shudi hoche la tête en signe d'acquiescement mais il a du mal à garder les yeux ouverts. Il n'a pratiquement pas dormi la nuit dernière. Quand il n'est pas en train de marcher ou de parler, il s'assoupit. Il échange ses coordonnées avec le commissaire, puis nous allons au bazar africain, un ensemble de stands où il espère dénicher quelque chose pour le musée de Jinhua.

L'Exposition n'est ouverte que depuis une semaine et certains stands sont encore fermés, d'autres peu approvisionnés. "Les Africains sont en retard et les Chinois, peu coopératifs", soupire un exposant. Beaucoup de marchandises sont bloquées au port parce que les papiers ne sont pas en règle : les Africains n'auraient pas fait la différence entre objets à exposer et objets à vendre.

Quand je reviens ici vers la fin de l'Exposition, cinq mois plus tard, le bazar est l'endroit le plus animé du pavillon ; les perles sont suspendues en lourdes grappes aux présentoirs, les girafes, buffles et éléphants en bois s'y entassent en hautes piles. La plupart des marchandises viennent de Yiwu, mais les Chinois de la campagne, qui ont voyagé en bus de nuit jusqu'à Shanghai et suivent leur guide, l'air groggy, ne le savent pas. Ils se réveillent tout à fait devant les colliers étincelants, les tambours et les statuettes et se mettent à acheter avidement. Parfois, un connaisseur passe, jette un coup d'œil aux marchandises, entre en discussion avec le responsable africain du stand et s'en va, irrité.

Certains pays ont loué leur stand à des Chinois pour une somme rondelette : un vendeur habile, dont les yeux vifs et vigilants sautent constamment d'un coin à l'autre, se tient derrière la caisse tandis que sa femme, assise sur une chaise à ses côtés, mange une barquette de nouilles, un bébé sur les genoux.

Le commissaire arpente les couloirs, plus nerveux que jamais ; le bruit court qu'il rudoie ses gens. Les soucis que lui donne la gestion du pavillon lui ont fait perdre plusieurs kilos : certains Africains sont à l'étranger pour la première fois et n'ont aucune notion du temps, d'autres vont à tout bout de champ à Guangzhou.

Certains spectacles ont subi d'importantes mutations au fil des mois. Les mannequins togolais, notamment, ont bien compris les désirs du public chinois. Ils exécutent des chorégraphies exotiques sous leur coupole en verre, se glissent à travers une forêt imaginaire dans leurs habits de sorciers faits de feuilles, de paille et de plumes, promènent leurs mains en tâtonnant le long de la paroi jusqu'à ce que, de l'autre côté, ils aient trouvé une main d'enfant qui se colle à la leur et la suive, ou bien ils se propulsent soudain en avant, bras écartés, faisant hurler quelques badauds dans leur fuite.

"Une petite pause", propose Shudi lorsque nous sortons. Partout sur le terrain de l'Exposition sont installées des aires de repos avec des parasols et des vaporisateurs qui répandent une bruine rafraîchissante. Quand nous avons trouvé une place, il regarde, satisfait, autour de lui. Dans l'histoire de la Chine, la période actuelle lui fait penser à la dynastie Tang, entre le VIIe et le Xe siècle : la Chine s'ouvrait aux influences étrangères et l'économie était florissante. C'était une période particulièrement fructueuse, pour l'art également. "Les gens étaient heureux, les frontières étaient ouvertes et personne n'avait peur de ce qui pouvait entrer."

Il sort de son sac à dos une huitaine de sachets sous vide : notre déjeuner. Il en ouvre un, qui contient des morceaux de viande visqueux dans une bouillie brune. "Qu'est-ce que c'est ?" Il imite avec les doigts un bec d'oiseau qui bouge : "Coin-coin !"

Tout en ouvrant un sac après l'autre, il dit : "Tu as vu les Noirs sud-africains ? On dirait des Européens – ils réagissent de façon nettement moins enthousiaste et excitée que les autres Africains. Mais ce n'est qu'un vernis. Attention quand ils se mettent en colère !"

Nous avons déjeuné, rangé les restes, mais Shudi ne semble pas pressé de repartir. "J'aime l'Afrique du Sud, dit-il soudain, comme toi tu aimes le Congo.

— Pourquoi es-tu parti, alors ?"

Il fait mine de pédaler lentement avec ses bras. *"Every day quiet."* Son mouvement s'accélère, il pédale d'un bon rythme. *"Not like China."* Quand il est rentré en Chine, en 2004, il s'est donné deux ans ; en cas d'échec, il repartirait. Au début, la circulation, la grossièreté l'irritaient énormément, il n'arrêtait pas de râler. Mais on s'habitue.

J'ai des billets pour le pavillon chinois, mais ça ne l'intéresse pas. "Je connais la façon dont mon pays organise ses expos." Il préfère aller voir ce que proposent les Français. Dans la longue file d'attente devant le pavillon français, on nous fait de grands signes : un groupe d'étudiantes. Shudi les prend en photo. *"They're happy. Free way!"*

En rentrant en Chine, il est passé par Paris pour visiter des musées. Il vivait de saucisses qu'il avait emportées d'Afrique du Sud et de pommes qu'il achetait sur place. Il n'osait pas entrer dans un restaurant parce qu'il ne savait pas quoi commander. Il ne se déplaçait pas sans un papier sur lequel des mots chinois étaient inscrits et, en dessous, leur traduction française. C'est ainsi qu'il évoluait.

Au Louvre, il a vu les œuvres des grands maîtres européens pour la première fois. Le relief, la texture – c'était tout autre chose que les reproductions des livres d'art. Il passait des heures dans l'aile abritant les œuvres de son cher Gauguin et observait les étudiants qui les copiaient. C'était donc ainsi qu'ils apprenaient.

À son arrivée à l'aéroport de Paris, il avait cherché une navette qui l'amènerait dans la capitale. Il marchait de long en large avec ses bagages et il s'est aperçu que deux hommes le suivaient. L'un d'eux était Napoléon tout craché. À l'arrêt du bus, il sentait leurs yeux lui brûler le dos. Alors il a appliqué un truc qui avait toujours bien marché dans son magasin à Durban. Il s'est retourné et leur a fait un clin d'œil appuyé. Ils l'ont regardé, l'air abasourdi : un clin d'œil, qu'est-ce que cela signifiait ? Ils sont partis sans demander leur reste. Shudi sourit, content de lui. "J'ai des yeux de vieux chien, je vois tout. *I'm strong. I'm scary !* (je suis fort. Je fais peur !)"

Nous avons rendez-vous à dix heures et demie devant le musée de Shanghai. Je me suis dépêchée pour être là à temps mais, lorsque j'appelle Shudi à onze heures, il vient de quitter l'hôtel, situé en dehors de Shanghai, avec ses étudiantes. Ils attendent le bus qui doit les conduire en ville. Il semble agité. Cela ne doit pas être évident de surveiller vingt-six étudiantes dans une ville inconnue.

C'est un jour gris, terne, il y a de la pluie dans l'air. Je ronge mon frein sur les marches du musée. Hier, sur le terrain de l'Expo, Shudi était à cent pour cent présent, mais ce sont des moments privilégiés ; sur le soir, il avait hâte de s'esquiver et de disparaître dans la nature. J'ai dû insister pour lui soutirer son emploi du temps d'aujourd'hui et obtenir un nouveau rendez-vous.

Je voudrais aller en Afrique du Sud avec lui. Comment aborder le sujet ? Hier, faisant assaut d'audace, je lui ai demandé pourquoi il ne m'avait pas emmenée avec lui dans sa ville natale de Kaifeng. Il a eu un petit rire de commisération. "Si ma femme vient en Chine, on pourra y aller une fois, tous ensemble."

Shudi arrive enfin vers midi et demi, suivi de ses étudiantes. Pouffant de rire, elles montent les marches et prennent la pose pour une photo de groupe, levant deux doigts en V, le geste incontournable – j'ai du mal à contenir mon irritation. Mais, d'un coup, elles se sont envolées. "Elles ont mon numéro, dit Shudi. Viens, on va boire quelque chose à la cafétéria."

Il a, une fois encore, trop peu dormi. "Va faire un tour dans le musée, toi." Quand je reviens il s'est endormi, ses jambes blanches et glabres allongées sur un banc, la lanière de son appareil photo passée autour du bras – un tableau touchant. Plus tard, je le retrouve dans une salle de paysages chinois.

Il ne s'anime vraiment qu'à la librairie du musée, en découvrant un livre illustré sur les habits des empereurs de la dynastie Qing, la dernière avant la chute de l'empire en 1912. Le livre est présenté dans une pochette de soie, c'est une édition sublime. "J'ai un de ces costumes", murmure Shudi. Il l'a acheté dans un magasin japonais, à une foire annuelle d'antiquités à Shanghai ; il le conserve dans un coffre à la banque.

"My chance." Comme de tomber sur ce livre-ci.

Il chausse ses lunettes et l'examen commence. Le papier est si lisse, les couleurs des vêtements si lumineuses – le livre, en soi, est déjà une œuvre d'art. "Les gens qui cousaient ces costumes y travaillaient au moins un an et demi, dit-il. Ils étaient payés en monnaie d'argent." 1 350 yuans (150 euros), c'est ce que coûte le livre, et aucun doute possible : il le veut. Mais il doit d'abord apaiser sa conscience. Sa femme et sa fille disent qu'il dépense tout son argent et elles ont raison, mais qu'est-ce que c'est, l'argent ? "Ma femme ne comprendra pas que j'aie acheté ce livre, mais ma mère le trouvera beau, j'en suis sûr."

Profondément satisfait, il quitte la librairie, le livre sous le bras. Et maintenant, c'est l'heure de se restaurer. Dans une gargote proche du musée, il commande deux bols de soupe aux nouilles. De petits cubes flottent à la surface – on dirait du chocolat.

"Qu'est-ce que c'est ?

— Du sang de canard."

J'avale sans broncher les blocs gluants, me remémorant le boudin accompagné de compote de pommes et de pain de seigle que nous mangions chez moi le dimanche – on aimait ça, non ? Peut-être qu'un jour je séjournerai dans l'arrière-pays chinois et qu'il n'y aura rien d'autre à manger. Autant s'habituer tout de suite. Quand je lève la tête, je vois que Shudi m'observe d'un air amusé.

"Qu'est-ce qu'il y a ?

— Il n'y a pas beaucoup d'Européens qui arriveraient à avaler ça, non ?"

Shudi est entièrement sous le charme de son nouveau livre. Le manteau impérial de la dynastie Qing qu'il possède, j'aimerais le voir ? Il en a des photos sur son ordinateur portable. Nous voilà partis pour son hôtel. Dans le métro, les gens jouent du coude et se précipitent sur les places libres. "En Chine, ce qui compte, c'est d'être le premier, dit Shudi.

— Ça a toujours été ainsi ?

— Non, c'est depuis ces dernières années."

Il loge dans un hôtel pour groupes de touristes chinois. Dans le lobby, on sert du thé et les clients peuvent acheter des vases et des objets d'art bon marché. De longs couloirs, un nombre incalculable de portes. Une de ses étudiantes est malade ; Shudi frappe à sa porte pour prendre de ses nouvelles. À peine entré dans sa chambre, il allume la télé, et à nouveau il laisse la porte grande ouverte.

Il n'arrive pas à retrouver le costume d'empereur sur son ordinateur, mais il a autre chose pour moi : la boucle en or d'une ceinture mongole. Il me la montre, fier comme Artaban. C'est une lourde boucle rectangulaire sur laquelle est sculpté un cheval que deux bêtes mordent au cou, provoquant un envol d'oiseaux effrayés.

"C'est quoi, ces bêtes ?"

Shudi se redresse de toute sa hauteur, met ses mains en griffes à hauteur d'épaule et émet un grognement. "Des ours ?" Il fait oui de la tête. Il a acheté la boucle chez un antiquaire avec qui il avait déjà fait des affaires. "J'ai quelque chose pour toi", avait dit le vendeur en faisant apparaître le joyau. Shudi avait tout de suite vu que c'était une pièce rare. L'homme pensait qu'elle était en cuivre doré mais, une fois chez lui, Shudi y avait fait une entaille avec un couteau et découvert que c'était de l'or. Plus tard, il a vu la boucle dans un livre : elle a deux mille ans ; son taux d'or est de 78 %. "Un paysan qui ouvre un magasin d'antiquités mais jamais un livre et qui ne surfe pas sur le Net – *I'm lucky!*"

Il copie l'illustration sur ma clé comme si c'était un cadeau précieux, ensuite je lui remets la carte mémoire de mon appareil photo pour qu'il copie les photos de lui que j'ai faites à l'Expo. Il les sauvegarde sous le nom "Liwu", le nom qu'il m'a donné.

"Ça signifie quelque chose ?

— Oui : cadeau."

En Chine, tôt ou tard quelqu'un finit par te rebaptiser, m'avait-on dit.

“C’est un beau nom, dit-il, garde-le.”

Quand je mets mon appareil en marche, une photo sauvegardée dans la mémoire interne apparaît : mon père sur son lit de mort, luttant pour respirer, couvert de sueur. C’est si inattendu, les larmes me montent aux yeux.

Shudi sursaute. “Qu’est-ce qu’il y a ?” Puis il voit la photo.

“Excuse-moi”, dis-je. C’est absurde, pleurer pour un père mort à quatre-vingt-six ans dans un lit d’hôpital, devant quelqu’un dont le père s’est suicidé à quarante-deux ans. Pourtant, j’ai beaucoup de mal à retenir mes larmes. Le désespoir qui me gagne parfois en présence de Shudi n’y est pas étranger, je pense.

À mes côtés, Shudi, désemparé, marmonne quelque chose que je ne comprends pas. “Viens, on va manger, décide-t-il alors, et boire un coup.”

Sous la pluie, nous passons devant des baraques éclairées aux alentours de l’hôtel. “Ici, on ne sert que des abats.” Je secoue la tête. Une portion de sang de canard, ça me semble suffisant pour la journée. Shudi achète une bouteille de *baijiu* chez un épicier, puis nous entrons dans un restaurant.

Nous sommes les seuls clients et on nous installe à une grande table. Le journal télévisé parle d’inondations dans la province de Guangdong. C’est l’inconvénient d’habiter un grand pays : il y a toujours une catastrophe naturelle quelque part. Durant mon séjour, une grande sécheresse a frappé la province du Yunnan, l’armée passait avec des camions-citernes pour approvisionner les habitants en eau. Le mois dernier, un tremblement de terre dans l'ouest du pays a coûté la vie à quatre cents personnes.

Lorsque les premiers plats sont posés sur la table, Shudi débouche le cruchon de terre cuite et remplit nos verres d'alcool de grains.

"À nos pères !"

Nous trinquons.

"Tu as pleuré quand ton père est mort ?

— Je suis allé m'allonger sur mon lit et je me suis fourré la tête sous l'oreiller." Shudi avale une bonne rasade de *baijiu*. "J'étais furieux contre lui. Ma mère aussi. Mon sang bouillait. Pourquoi n'avait-il pas tué quelqu'un d'autre au lieu de se tuer, lui ?

— Vous vous y attendiez ? Vous saviez que ça finirait par arriver ?"

Il secoue la tête. "Non, non. Si pourtant. Les brimades duraient depuis des années. Il faiblissait de jour en jour – jusqu'à ne plus pouvoir faire face.

— Mais quel crime avait-il commis ?" Je le demande avec précaution, de peur de le brusquer et que, d'un revers de la main, il ne mette un terme à notre conversation. Mais Shudi continue à parler, avec une intensité qui me rappelle le soir de notre première rencontre.

En 1957, pendant la campagne de libéralisation "Que cent fleurs s'épanouissent" dont l'objectif était de permettre aux Chinois de critiquer le Parti communiste, son père avait fait un dessin humoristique représentant les fonctionnaires du Parti sous une cloche de verre, insensibles aux préoccupations du peuple qui se pressait de l'autre côté de la paroi. Le dessin avait paru dans un journal. "C'est là que tout a commencé", soupire Shudi. Il n'avait que trois ans – sa mère le lui a appris plus tard. Les critiques qui s'étaient élevées de toutes les classes de la société étaient si unanimes que le Parti avait rapidement mis fin à la campagne et poursuivi les contestataires. "Mon père a dû rédiger son autocritique. Pas seulement une fois, plusieurs. Chaque fois qu'un nouveau directeur était nommé dans son école, il trouvait la peine trop légère et tout recommençait à zéro. On l'amenait devant les autres, coiffé d'un bonnet d'âne, et chacun était invité à l'insulter et à le battre."

Un camarade de classe devait raconter plus tard à Shudi que son père avait subi un châtiment public en plein hiver. Il se trouvait parmi les spectateurs et il n'avait rien fait. "Il pleurait. Les larmes tombaient sur ses vêtements et se transformaient en glaçons, tellement il faisait froid à Kaifeng."

On avait envoyé son père travailler dans les rizières à la campagne. Là, il avait été à nouveau insulté et battu, par des paysans et des ouvriers cette fois. Il ne revenait plus chez lui que le week-end, parfois le bras en écharpe, parfois en boitant. *"His heart start to leak, leak…"* Shudi pleure. Son malheureux père est soudain présent comme un tiers invisible à notre table. Il s'était pendu à un arbre. Quand les paysans du coin l'ont découvert, le sol, sous ses pieds, était parsemé de mégots. "J'étais furieux, mais je le comprenais, je savais comment il se sentait. C'était un artiste, il dessinait, faisait de la musique, il était sans malice, honnête, innocent. Comme du verre qui se brise.

— Vous avez gardé ses dessins ?

— Non, non, rien. Ma sœur… je crois qu'elle les a jetés, mis à la poubelle, brûlés peut-être." Après coup, il l'avait regretté, mais que faire ? Il ne peut pas le lui reprocher, elle croyait bien faire. “J’ai une lettre de mon père, une seule, où il dit que Mao est quelqu’un de bien et que je dois le suivre.” Shudi secoue la tête. “Il ne savait pas qu’il était mauvais.”

Lui aussi, on l’avait envoyé à la campagne. Auparavant, son père avait essayé de le mettre au dessin. Il avait treize ans, c’était un ado rebelle et récalcitrant. “C’est ça, pour m’attirer des ennuis, comme toi”, avait-il protesté dans un moment de colère. Un jour qu’il passait chez lui, après la mort de son père, sa mère lui avait montré les livres d’art russe de celui-ci, et demandé si ça l’intéressait. Shudi les avait emportés, non sans avoir déchiré les pages représentant des femmes nues pour ne pas choquer les paysans, et s’était mis à dessiner le soir.

Six ans après la mort de son mari, la mère de Shudi – qui était, elle aussi, professeur de dessin – s’était remariée avec un collègue. Shudi se montre à nouveau émotif. “J’ai pleuré quand je l’ai appris. J’étais son aîné, pourquoi ne me laissait-elle pas m’occuper d’elle ?” Elle aurait encore deux filles de ce second mariage.

“Tu t’entendais bien avec lui ?”

Le visage de Shudi se ferme. “Ce n’était pas mon père.” L’homme est décédé en 2007, ensuite sa mère est venue habiter à Jinhua.

“Tu parles de ton père avec elle ?

— Rarement.” Il réfléchit. “Jamais, en fait.”

Shudi remplit à nouveau nos verres. “Il s’est passé des choses terribles dans ce pays. Tous les Chinois de ma génération ont une pierre sur le cœur.” L’alcool lui met le sang aux joues. “Tu es directe, dit-il en me fixant d’un regard un peu trouble. C’est bien.” Son anglais est trop rudimentaire pour exprimer sa pensée, mais, en général, il s'entend bien avec les Européens. "Je suis chinois, mais, dans mon cœur, je me sens aussi européen."

Une bruyante compagnie s'est installée à la table voisine. Trois hommes et trois femmes, ils remplissent mutuellement leurs verres de bière à une bonne cadence et sont pompettes en un tour de main. Shudi écoute leurs propos de buveurs et essaie de deviner d'où ils viennent.

Les six compères commencent à chanter et à danser autour de la table et, tout à coup, Shudi se lève avec son verre et les voilà en grande conversation. Il pérore à qui mieux mieux – nos voisins n'en peuvent plus de rire. Et bien qu'ils aient du mal à tenir sur leurs jambes, ils continuent à se remplir leurs verres. Ce sont des gens simples, des gens comme Shudi les aime. On m'invite à partager la gaieté générale, nous échangeons nos cartes de visite, prenons des photos.

Le restaurant se transforme peu à peu en un salon privé, la propriétaire vient se mêler à la discussion, le cuisinier sort de sa cuisine en tablier blanc et s'affale sur une chaise devant la télé, qui marche à tue-tête. Shudi embrasse le tableau du regard, se tourne vers moi, lève son verre et dit : *"You're lucky!"*

LA SOUFFRANCE DE LI BAOPING

BEIJING

Li Baoping, le sympathique professeur de Peking University qui, dans le train pour Xiangtan, m'avait raconté avec un sens si aigu du théâtre et de l'humour comment il avait donné une leçon de confucianisme à un contrôleur camerounais, est décédé. Huaqiong me l'annonce par un courriel lapidaire sans aucune explication. Je suis triste et choquée. Baoping était l'une des premières personnes à m'avoir souhaité la bienvenue en Chine. Il ne me connaissait pas, il ne me devait rien et, pourtant, il m'avait aidée, en confiance, sans réserve.

Quand je demande à Huaqiong ce qu'il s'est passé, je n'obtiens pas de réponse. Une autre connaissance de Baoping m'apprend qu'il était hypocondriaque et qu'il s'est suicidé.

Je scanne ma mémoire en quête de signes avant-coureurs. Il tenait à manger dans des assiettes séparées lors de notre première rencontre au resto U – d'après lui, manger dans la même assiette n'était pas hygiénique. On devait se revoir avant mon départ de Beijing mais il avait à faire à l'université et, finalement, il s'était excusé : un virus traînait en ville, sa femme en manifestait quelques symptômes, il préférait rester chez lui.

La dernière fois que nous nous sommes vus, il m'a montré une série de photos qu'il avait prises lors de ses voyages à travers l'Afrique. Depuis des années, il photographiait les marchands ambulants qui transportent leurs marchandises sur la tête : des femmes avec des corbeilles de fruits et légumes, des cordonniers avec une paire de chaussures, un homme avec des poulets dans un panier trop étroit. Ils fixaient tranquillement l'objectif. "Ça n'était pas compliqué de les photographier ?

— Non, non, je demande toujours la permission et, parfois, je les paie."

Sur certaines photos, des hommes traînaient dans les rues, sans but apparent.

"Des voleurs, m'a dit Baoping. Ils ont l'air de discuter, mais si tu observes bien, tu vois qu'ils sont aux aguets."

Pendant un séjour à l'université de Dar es-Salaam, il avait photographié les singes qui vivaient sur le campus : se balançant de branche en branche, assis sur un petit mur, jouant dans les larges allées ombragées.

"Et ça, qu'est-ce que c'est, d'après toi ?"

Une pièce nue, avec juste une table, une bibliothèque et un lit pour une personne. "Ta chambre, sur le campus ?"

Il a acquiescé. "C'était très calme, là-bas. Mais un jour, j'ai eu une visite inopinée." Baoping avait le chic pour transformer la moindre anecdote en une histoire à suspense. Il a ajouté d'un air mystérieux : "Le visiteur portait un habit vert.

— Un lézard ?

— Non.

— Une grenouille ?

— Non.

— Quoi alors ?
— Un serpent !"

Il s'était précipité dehors et était revenu avec le jardinier. "Mais le serpent avait disparu. Il s'était caché derrière les rideaux." Baoping avait fixé l'incident sur la pellicule. Une grosse frayeur, mais la présence d'esprit de prendre son appareil. Il m'a montré jusqu'aux traces de sang restées sur la vitre après que le jardinier avait emporté le serpent mort.

Baoping aimait nager. Il avait plongé dans plus d'une rivière africaine. Après avoir nagé dans l'Oubangui, un affluent du Congo, il avait attrapé un bouton sur le dos qui avait fini par se transformer en une boursouflure pustuleuse. Là aussi, il en avait fait un reportage photo, y compris la visite à une infirmière chinoise qui avait ouvert la pustule et en avait retiré un gros ver. Il avait posé le ver sur un bout de tissu pour le photographier. Et, cerise sur le gâteau, il m'avait montré une petite vidéo du ver en train de se tordre.

"À la fin de son dernier voyage d'études, Baoping s'est endormi dans un bus au Cameroun, me révèle un Chinois de ma connaissance. Quand il s'est réveillé, ses bagages avaient disparu. Son passeport, son argent, son téléphone – il avait tout perdu. Ce qui le chagrinait le plus, c'était la perte de son ordinateur portable sur lequel il y avait toutes ses notes et des milliers de photos. C'était un coup dur, il ne s'en est pas remis."

De cela, il ne m'avait rien dit. Seulement qu'il avait gardé un mauvais souvenir du Cameroun, qu'on lui disait constamment de se méfier des voleurs et qu'un homme lui avait arraché un billet de 5 000 francs CFA des mains alors qu'il était dans un taxi. Il m'avait montré la porte de son effarement, pas ce qu'il y avait derrière.

Depuis son retour, Baoping était dépressif, dit le même Chinois, mais ses collègues ne s'en sont aperçus que quelques jours avant sa mort – quand il n'a plus été capable d'assurer ses cours. Son médecin l'avait renvoyé vers un établissement psychiatrique. "Ce genre d'établissement est épouvantable en Chine. Il en avait visité un. Il ne voulait pour rien au monde se retrouver là."

Mon interlocuteur était allé à l'enterrement. Baoping gisait dans son cercueil, l'air paisible. Personne n'avait fait allusion aux causes du décès, mais un ami de la famille lui avait appris que Baoping déjeunait au restaurant avec sa femme et son fils quand un étudiant lui a téléphoné. Baoping s'est éloigné, le téléphone à l'oreille, et il n'est pas revenu.

Le restaurant se trouvait dans un grand hôtel. Son fils est parti à sa recherche, il a remarqué un attroupement sur le parking : un homme s'était jeté du toit. Les yeux de Baoping étaient encore ouverts ; il est mort dans les bras de son fils.

Scott a les mêmes traits adoucis que son père, le même sourire candide. Il vient me chercher en quatre-quatre près de la sortie du métro et me conduit jusqu'à l'appartement où il habite avec sa mère. Je n'ai rencontré Qinxia, la veuve de Baoping, qu'une fois, lors d'un repas. Elle parle à peine l'anglais, mais quand je l'ai contactée, elle m'a immédiatement invitée à passer chez elle. Scott et sa copine nous serviront d'interprètes.

Ils ont fait la cuisine ensemble, chacun un plat. Scott a préparé une salade de fruits et de légumes. "Bon pour la santé", dit-il. Il ouvre une bouteille de vin chinois Great Wall, mais nous n'y toucherons pratiquement pas.

Je redoutais cette visite. Savent-ils que je suis au courant de la façon dont Baoping est mort ? Dès que nous commençons à parler, je suis rassurée. Le décès de Baoping remonte à quatre mois. Qinxia a vite repris le travail. Elle a de très bonnes amies qui l'ont emmenée en Australie un mois après. Le chagrin a fait place à la résignation ; par petits bouts, ils racontent les prémices de sa fin tragique.

Après avoir perdu tous ses bagages dans un bus au Cameroun, Baoping avait téléphoné à Qinxia. Pour ne pas l'inquiéter, il avait minimisé l'impact du vol. Il était resté des semaines sans passeport. Ses clés USB qui contenaient une copie de ses notes et photos avaient, elles aussi, été volées. Il s'était efforcé de convaincre les policiers de l'importance qu'avait pour lui son ordinateur, il leur avait même proposé de l'argent pour le récupérer – sans résultat.

Six mois de travail disparus d'un seul coup ! C'était comme si son voyage n'avait jamais eu lieu. Il était professeur à la meilleure université de Chine, mais, en Afrique, il n'était personne. "À son retour à Beijing, il avait terriblement maigri, dit Qinxia. Le vol l'avait bouleversé ; il n'était plus sûr de lui. Il avait toujours eu du mal à trouver le sommeil, mais là, il ne dormait pratiquement plus."

C'est un mois plus tard que j'ai rencontré Baoping pour la première fois. Nous avons eu une conversation agréable, même si sa nature craintive, combinée à un goût marqué pour les histoires morbides, m'a immédiatement frappée. L'Afrique l'attirait et, en même temps, elle cristallisait toutes ses peurs. Un Chinois qu'il connaissait avait attrapé au Zimbabwe une inflammation qui avait partiellement paralysé son visage, m'a-t-il raconté. À Harare, aucun hôpital ne pouvait le soigner, il devait retourner en Chine. En route pour l'aéroport, la vitre de sa voiture avait été brisée et son sac volé, si bien qu'il avait dû retarder son voyage de plusieurs jours et que son visage était resté paralysé.

"Baoping allait très mal, mais je n'avais le droit d'en parler à personne, dit Qinxia, ça devait rester entre nous. Ses étudiants, surtout, devaient tout ignorer. Il avait souvent mal au ventre et il maigrissait à vue d'œil. Le médecin lui prescrivait des somnifères qui ne lui faisaient aucun effet ; il augmentait les doses, mais n'en dormait pas davantage."

Pendant la Révolution culturelle, les parents de Baoping avaient été taxés d'antirévolutionnaires. Un écriteau avait été placardé sur leur porte, laissant le champ libre aux injures des voisins. Baoping avait huit ans. Ses camarades d'école le maltraitaient. Son frère restait de marbre sous les brimades, mais lui se ratatinait de peur et se cachait.

Qinxia et Baoping connaissaient un bouddha vivant qui habite dans l'arrière-pays chinois. Qinxia avait proposé d'aller le consulter, Baoping disait qu'il n'avait pas le temps : il avait des devoirs à corriger. Mais il avait de plus en plus de difficultés à se concentrer. Il passait des heures les yeux dans le vide devant son ordinateur. Il culpabilisait. Pouvait-il, en son âme et conscience, rester à l'université alors qu'il était si peu productif ?

Scott étudiait aux États-Unis où il devait obtenir sa licence au printemps. Qinxia voulait s'y rendre. Baoping et elle en parlaient la fois où je les ai vus ensemble. Une licence – Baoping trouvait l'occasion trop insignifiante. Mais peut-être avait-il, entre-temps, développé une phobie de l'avion ? En allant au congrès à Xiangtan, il m'avait dit dans le train que ce moyen de transport était plus sûr que l'avion.

"Je ne me suis absentée que treize jours, dit Qinxia. Treize jours pendant lesquels il a beaucoup régressé." À son retour, il lui a avoué qu'il s'était senti très seul. Dans les notes du journal qu'il tenait sur son ordinateur et qu'elle allait lire après sa mort, il écrivait qu'il était démoralisé mais qu'il s'efforçait de prendre une voix gaie quand Qinxia lui téléphonait. Elle a trouvé aussi une lettre d'adieu écrite à ses amis deux mois avant sa mort et dans laquelle il leur demandait pardon.

L'amie de Scott était passée voir Baoping en l'absence de Qinxia, mais elle n'avait rien remarqué de particulier. Même Scott – que sa mère avait mis au courant – n'avait pas trouvé son père tellement changé. Ils avaient encore passé dix jours ensemble. Ils avaient visité un hôpital psychiatrique. Le médecin de service avait dit que Baoping pouvait être hospitalisé, mais il avait refusé : il ne pouvait pas laisser ses étudiants en plan. Ils allaient souvent au restaurant. "Après le déjeuner, mon père se sentait toujours mal, dit Scott. Il était fatigué et il voulait dormir mais il n'y arrivait pas."

"Le dernier coup de téléphone qu'il a reçu, c'était celui d'un étudiant qui lui annonçait que lui et ses camarades avaient réussi leurs examens, dit Qinxia. Il s'est peut-être alors senti autorisé à partir." Le retour de Scott a dû jouer aussi, pense Qinxia : il savait qu'il ne la laissait pas seule.

Elle ne montre pas la moindre trace de révolte. "Je crois qu'il l'a fait en partie pour moi, dit-elle d'une voix douce. Il était si gentil, il pensait toujours aux autres – il ne voulait causer d'ennuis à personne."

"Je respecte la décision de mon père", dit Scott. Et tout de suite après, utilisant une expression qu'il a sûrement rapportée des États-Unis : *"Such is life"* (C'est la vie).

Nous ne parlons pas de ce qui s'est passé quand Baoping, le téléphone à l'oreille, a quitté le restaurant, mais je le suis en pensée. Lui qui avait peur de tout – son désespoir devait être immense pour qu'il trouve le courage de sauter dans le vide.

"Le bouddha vivant était à l'enterrement, dit Qinxia. Il a vu l'esprit de Baoping et il a dit qu'il était en paix."

Il s'avère que, pendant qu'elle était aux États-Unis, Baoping avait consulté trois médecins dans la même journée. Il avalait des antidépresseurs et des somnifères et, à la longue, il tremblait tellement qu'il pouvait à peine se servir de son téléphone.

Une historienne américaine avec qui Baoping faisait des recherches sur le chemin de fer Tanzanie-Zambie a suggéré que sa dépression provenait peut-être d'une malaria mal soignée. "Il n'aimait pas les médicaments, dit Qinxia. Une fois, il avait été très malade en Afrique et il avait attendu que cela passe. D'ailleurs, s'il s'était fait faire une prise de sang – aurait-on détecté la malaria ? On ne sait pas grand-chose ici des maladies tropicales."

Scott est consultant pour une entreprise américaine qui l'appelle dans la soirée, après quoi il s'éclipse et s'installe sur le canapé devant son ordinateur. Quand il entend sa mère dire que plusieurs collègues de Baoping sont dépressifs, ce qui pourrait signifier que le bâtiment de l'université qui les emploie n'a pas un bon *feng shui*, il ne peut s'empêcher de rire.

Bientôt, les cendres de Baoping seront dispersées dans les environs de Beijing.

"Pourquoi pas dans son village natal ?" Je me rappelle avec quelle tendresse il parlait de ce frais village de montagne où il était né.

Qinxia secoue la tête. "Ce n'est pas possible.

— Pourquoi ?

— Sa mère ne sait pas qu'il est mort." Elle me voit sursauter. Il y a un moment de silence, puis elle dit : "Elle a presque quatre-vingts ans. Baoping est son préféré. On ne peut vraiment pas lui dire ce qu'il s'est passé, elle aurait trop de chagrin." La sœur de Baoping vit dans le même village. Elles ont décidé ensemble que c'était mieux ainsi.

"Sa mère ne trouve pas bizarre d'être si longtemps sans nouvelles de lui ?

— Non, non, on lui a dit qu'il était en mission secrète en Tanzanie et qu'il ne pouvait contacter personne."

Le sort de Baoping me taraude encore longtemps. La presse occidentale parle beaucoup de l'exploitation de l'Afrique par la Chine, mais qui parle du prix à payer pour la Chine ? De l'homme de Harare dont le visage est resté paralysé ? De la souffrance de Li Baoping ?

Chaque fois que je pense à lui, je revois les tombes que, lors de mon premier voyage au Congo, j'avais aperçues près des missions dans l'arrière-pays, des tombes de pères belges morts trop jeunes, de la malaria ou d'un *coup de bambou**, ainsi qu'on appelait la combinaison de soleil et de solitude sous les tropiques.

Tous les Chinois de ma génération ont une pierre sur le cœur, disait Shudi. Un mois après son retour du Cameroun, Baoping, assis en face de moi, affirmait qu'il voulait visiter tous les pays d'Afrique. Il était encore plein d'entrain alors, il croyait encore qu'il s'en sortirait. Les mois suivants, il s'est enfoncé lentement dans les ténèbres. Au fil de cette descente, il a buté de nouveau sur les épreuves de sa jeunesse, les humiliations, la honte. Le monde extérieur voyait toujours en lui le professeur Li Baoping, mais lui se sentait progressivement redevenir le petit garçon peureux et sans défense d'autrefois.

Quand je revois Qinxia, un an plus tard, l'hypothèse que son mari est mort d'une malaria non soignée s'est renforcée. Je cherche à en savoir plus long sur l'enfance de Baoping au village, sur l'écriteau accroché à la porte de la maison familiale durant la Révolution culturelle, mais elle écarte mes questions d'un revers de la main et semble même un peu irritée – comme si ce n'était pas elle qui avait mis le sujet sur le tapis lors de ma précédente visite.

Elle veut créer une fondation portant le nom de Baoping, pour les étudiants qui font des recherches en Afrique. Elle a aussi trois livres en préparation : un ouvrage commémoratif rédigé par les amis de Baoping, une compilation de ses articles scientifiques et un album de photos. Personnellement, j'aimerais surtout lire les notes de son journal, mais je me garde bien de le dire.

Scott assiste sa mère, il parcourt les archives photographiques de Baoping. "Parfois, ça me fait trop mal, je suis obligé de m'arrêter." Dans le tiroir du bureau de son père, il a trouvé un bout de papier froissé sur lequel il avait écrit son nom, le numéro de téléphone de Qinxia et celui de son institut à l'université. "Il a dû le garder un certain temps sur lui, pour le cas où on le trouverait. Finalement, il l'a rangé dans ce tiroir."

La mère de Baoping ne sait toujours pas qu'il est mort. "Peut-être qu'elle s'en doute, dit Qinxia, comme les mères sentent que leur enfant n'est plus. Mais elle n'en dit rien." Elle ira bientôt rendre visite à sa belle-mère. Elle lui a dit qu'elle était allée voir Baoping en Tanzanie et qu'elle en avait rapporté une lettre pour elle. Elle a écrit la lettre elle-même, sur son ordinateur.

"Qu'est-ce qu'il y a, dans cette lettre ?

— Que tout va bien. Qu'il est en bonne santé. Et qu'il a grossi – c'est ce qu'une mère veut entendre, non ?"

L'AFRIQUE VUE À TRAVERS UN OBJECTIF CHINOIS

JINHUA

L'Institut d'études africaines, si assoupi lors de ma dernière visite, baigne ce soir-là dans la lumière. Le musée va être inauguré dans quelques jours et près de l'entrée sont posées, dans un enchevêtrement de scies, de perceuses et autres outils, des caisses pleines de paille d'où l'on extrait masque après masque.

Dans le bois des portes d'entrée sont sculptés des salamandres, des serpents, des tortues, des grenouilles et des figures humaines. Les ébénistes se sont appliqués à donner à ces motifs un air africain mais une des figures centrales a, outre d'énormes seins, indéniablement la tête d'un bouddha. À l'intérieur, les étudiants de Shudi peignent sur des cadres un décor de fleurs aux couleurs vives, au rythme d'une musique sud-africaine.

De petites vasques remplies de grains noirs sont placées entre les œuvres d'art. Ce n'est pas de la mort-aux-rats mais du charbon pour absorber l'odeur pénétrante des sculptures. Le texte inscrit sur le mur n'est pas sorti indemne de sa traversée vers l'anglais. "Il y a des fautes ? Désolé !" dit le directeur de l'Institut quand il me voit prendre des notes. Shudi surgit lui aussi derrière moi et s'informe, soucieux : *"Something wrong?"* (Un problème ?)

Ce musée a été bricolé avec un enthousiasme de scouts. En choisissant le revêtement de sol sur échantillon dans le magasin, Shudi a pensé que cela conviendrait. Mais maintenant que les lignes ondoyantes du motif jaune orangé s'étalent sur tout le sol du musée, il doit avouer que c'est un tantinet surchargé.

Certaines statues ont été achetées au bazar de l'Expo de Shanghai. Guo Dong et le commissaire du pavillon africain ont mis une partie de leur collection à la disposition du musée, et Shudi a, lui aussi, prêté des pièces de sa collection privée. Le directeur de l'Institut fait irruption à la dernière minute avec deux peintures naïves qu'il veut absolument accrocher.

Shudi doit s'interrompre au milieu des préparatifs pour aller chercher des invités à la gare ou à l'aéroport. Je connais cette effervescence pour avoir assisté à d'autres conférences ou festivités en Chine. Pour le moment on est en plein chaos, mais la cérémonie d'ouverture se déroulera sans nul doute à la perfection.

Satisfaits du travail accompli, les ébénistes sont attablés dans un restaurant bruyant. Leur chef d'équipe n'est autre que Zhuge, l'ami de Shudi qui nous a servi un verre d'alcool de serpent au village de Bagua Cun. Ses compagnons et lui forment une bande exubérante et rustaude. Sur la table, des restes de nourriture s'étalent entre des bouteilles de bière vides et, autour d'eux, le sol est jonché de mégots.

À la dérobée je regarde les autres clients, à différents stades de l'ivresse sous l'impitoyable lumière des néons. Un homme au visage livide est entraîné à l'extérieur, soutenu par deux compagnons. Shudi surprend mon regard et rit.

Après le dîner, nous nous attardons à discuter un moment dehors. Puis Zhuge rentre en pick-up à Bagua Cun avec ses amis, Shudi monte dans sa jeep rouge et je traverse la rue en direction du Fountain Blue Hotel où le relent familier du poisson me saute aux narines.

L'étudiante qui m'a servi de guide lors de ma première visite à Jinhua vient de rentrer de Zambie. Elle y est restée sept mois et elle respire l'excitation du voyageur dont l'âme vagabonde encore entre deux pays. Nous déjeunons dans un restaurant proche du campus et elle n'arrête pas de parler, contente de s'adresser à quelqu'un qui comprend peut-être ce qu'elle ressent.

Elle séjournait avec onze autres étudiants chinois dans une résidence de l'université de Lusaka. Ils étaient plus souvent entre eux qu'avec les étudiants africains ou occidentaux. Très vite, pendant ses loisirs, elle a commencé à donner des cours de chinois dans une école internationale. "Tout le monde veut apprendre notre langue, dit-elle, les enfants des hommes d'affaires chinois, mais aussi les Indiens et les Zambiens. Dans la rue, les enfants nous crient *« Ni hao ! »* (Hello !)."

Tous les mardis, à Lusaka, il y a un marché chinois où l'on peut acheter de la viande de porc et des légumes que les Chinois de l'endroit cultivent sur leurs exploitations et qui coûtent six fois plus cher qu'en Chine. Seules les bananes sont bon marché.

Heureusement, ils pouvaient de temps à autre manger gratuitement dans des restaurants chinois.

Elle a visité la fameuse "ceinture du cuivre" et s'est étonnée de constater que toutes les mines étaient aux mains de sociétés étrangères : pas une seule n'est zambienne. "J'espère qu'on ne va pas y implanter davantage d'industries car je n'ai jamais vu de ciel aussi bleu ni de nuages aussi blancs qu'en Zambie."

Deux mois après son arrivée elle a rencontré un Chinois qui travaille en Zambie. Il avait appris qu'elle était originaire de la même province que lui et ils s'étaient donné rendez-vous. C'était le lendemain de la Saint-Valentin et ce fut un vrai coup de foudre. "Tu es un cadeau du ciel", lui disait-il. À cause de lui, elle était restée plus longtemps que ses condisciples. Ce n'était pas du goût du directeur de l'Institut mais elle lui a fait savoir qu'elle n'avait pas terminé sa recherche sur les relations entre Chinois et Zambiens dans les mines.

Ces dernières années, les mines chinoises de Zambie ont connu des conflits entre l'encadrement chinois et les ouvriers zambiens qui manifestaient pour un salaire plus élevé et de meilleures conditions de sécurité. Lors d'un affrontement, des cadres chinois ont tiré sur un groupe d'ouvriers et en ont blessé six. L'opposition zambienne et les ONG locales protestaient, les journaux en faisaient leurs gros titres. Le mois dernier, autre incident, deux chefs d'équipe ouvrent le feu et blessent onze Zambiens. "La presse donne une version erronée des événements, dit-elle. Les Zambiens se battent et jettent des pierres, parfois des Chinois sont touchés – ils tirent pour se défendre."

Je l'interromps. "Pourquoi fuis-tu mon regard ?" Car, jusqu'ici, elle était assise face à moi, les yeux brillants et les joues roses, mais depuis qu'elle parle de sa recherche, elle fixe son assiette.

"Excuse-moi", dit-elle, mais elle continue à détourner les yeux. Avant son départ, elle s'inquiétait pour sa recherche : les représentants des ONG locales seraient-ils disposés à s'entretenir avec elle ? Les ouvriers zambiens accepteraient-ils de lui parler ? Mais je sens que – en dépit de tout ce que d'autres ont pu lui dire – c'est la version chinoise qui prévaut.

Ses études ne l'intéressent plus beaucoup, semble-t-il. Quand elle les aura terminées, elle fera des affaires avec son ami. Vers la fin de son séjour, ils ont voyagé ensemble à travers le pays, puis il l'a accompagnée quand elle est rentrée en Chine. "À mon arrivée à Beijing, j'ai passé la première nuit à pleurer. Je pensais à la Zambie, au fleuve près de l'université, au bleu du ciel, à la pureté des nuages. Tout ce que j'avais vécu là-bas défilait avec beaucoup d'acuité devant moi. J'avais peur que ce soit perdu à jamais. Cette nuit-là, mon ami m'a promis qu'il me ramènerait en Zambie."

Elle l'a présenté à ses parents. "Ma mère estimait qu'on devait se marier sans tarder, mais je ne me sens pas encore prête." Ses yeux brillent à nouveau. Elle a mûri, elle n'est plus l'adolescente que j'ai rencontrée la fois précédente. Sa nostalgie me rappelle la douleur lancinante que j'ai ressentie en rentrant de mon premier voyage au Congo. Comme si j'avais quitté un film en couleurs pour un film en noir et blanc.

Une affiche gigantesque annonce : *The International Seminar on African Art and the Opening Ceremony of the African Museum.* Mis à part un étudiant mozambicain et les amis sud-africains de Shudi, Juliet et Christopher, qui vont tous deux donner une conférence, je suis la seule étrangère dans la salle.

Le "parrain" Guo Dong est là ; cheveux plaqués en arrière, agréablement parfumé et vêtu d'une chemise en batik style Mandela, il rayonne d'assurance. Le commissaire de l'Expo fait son apparition en costume strict. Je suis assise entre Huaqiong et Liangzi, l'intrépide voyageuse qui a sillonné l'Afrique et dont j'ai vu les livres pour la première fois dans le studio de Huaqiong.

Juliet était le professeur de Shudi aux Beaux-Arts de Pietermaritzburg, où il a obtenu son master. Christopher et elle sont de discrets sexagénaires grisonnants qui ont passé une bonne partie de leur vie à étudier l'art sud-africain. Juliet montre des images de poterie zoulou et de paniers savamment tressés, Christopher a apporté des enregistrements de musiciens de jazz sud-africains des années trente et quarante. Dès que les Chinois prennent la parole, les mots *Feizhou* (Afrique) et *Nanfei* (Afrique du Sud) bourdonnent comme des abeilles dans la salle, mais lorsque Guo Dong demande qui est déjà allé en Afrique, bien peu de doigts se lèvent.

On nous offre un sac contenant un minuscule tambour et un livre sur l'art africain, un recueil composé par Shudi et le directeur de l'Institut. Shudi a écrit un récit sur notre rencontre, illustré de photos du Congo que je lui ai données. Huaqiong me le traduira : il y est question de notre attachement à l'Afrique, qu'il nomme "notre complexe africain".

Juliet et Christopher ont droit à un interprète et, pendant le lunch, ils s'étonnent que tous les intervenants chinois, d'après eux, aient véhiculé l'image mystificatrice de l'Africain authentique et de son art primitif. "Ils n'ont cessé de parler d'Africains corrompus par l'Occident et qui devaient retrouver leur essence, dit Christopher, déçu. Comme si tous les Africains partageaient une même essence, qui serait immuable. Comme si la modernité n'avait pas prise sur l'Afrique. Et quelle est ma place dans tout ça ? Je suis un Africain moi aussi !"

Juliet nous raconte le jour où Shudi est entré dans son bureau à l'École des beaux-arts et lui a déclaré qu'il voulait obtenir son master. C'est elle qui l'a obligé à suivre un cours d'anglais. "Même si on n'en voyait guère les fruits, dit-elle en jetant un regard affectueux en direction de Shudi. Mais quand mes collègues m'en faisaient la remarque, je répondais : « C'est un artiste, il ne vient pas ici pour parler, mais pour peindre. »"

Shawn, l'ami de Shudi, est aussi parmi les invités. Il a la même coiffure que Shudi, sauf que ses cheveux sont plus longs et plus clairsemés et qu'il s'affaire sans arrêt à en recouvrir sa calvitie. Lorsqu'ils sont allés en Afrique du Sud, Shudi l'a emmené à l'université du KwaZulu-Natal où Christopher enseigne la musique et, à présent, il l'a bombardé ange gardien de Christopher en Chine. Shawn s'est remis sans plus tarder à affabuler : en tant qu'invité d'honneur, Christopher peut s'attendre à ce que le gouvernement lui fasse cadeau d'un lopin de terre, lui a-t-il murmuré.

Lorsque nous montons les larges marches de l'Institut, plus tard dans l'après-midi, une musique entraînante parvient à nos oreilles. Des étudiants africains, trois femmes et un homme, dansent devant le musée. Les invités se pressent autour d'eux, prennent des photos, applaudissent. Dès que les discours d'inauguration commencent, les danseurs s'éclipsent. Je les retrouve dans la salle avec vue sur l'étang et les pavillons couleur rouille. Les costumes éthiopiens et les tableaux représentant des femmes aux seins nus les étonnent et ils s'amusent à leur tour à se photographier dans ce décor exotique.

Tous les hommes qui ont participé à la création du musée se sont mis en rang, une fleur à la boutonnière, sauf Shudi qui prend des photos, vêtu de sa sempiternelle tenue de safari. Quelqu'un abaisse le ruban rouge suspendu au-dessus de la porte et les invités se précipitent à l'intérieur du musée au revêtement de sol jaune orangé. Ils se font photographier sur fond de masques, de lances, d'instruments de musique et de toiles. La rédactrice en chef d'un magazine d'art de Beijing prend des poses charmeuses près d'un gigantesque phallus, l'entoure d'un de ses bras, s'y adosse confortablement.

Après le dîner, partant à la recherche de Guo Dong, nous nous retrouvons sur un bateau-restaurant. Sur le pont, il y a des chenils où sont enfermées de pauvres bêtes maigrichonnes et, à l'intérieur aussi, on entend des gémissements. Tâtonnant dans la pénombre, nous gagnons la salle où Guo Dong et ses amis sont installés à une table bien garnie où trône un plat de viande fumante. Comme si nous ne venions pas de dîner !

On apporte de nouvelles bouteilles de bière et Guo Dong raconte son dernier séjour au Kenya. Son ami, l'ambassadeur du Kenya à Beijing, qui y passait des vacances, l'a invité à assister à une fête massaï dans l'arrière-pays. "Je pensais qu'il s'agissait d'une petite réunion, dit-il, mais c'était une assemblée d'au moins trois mille Massaï, tous en tenue traditionnelle, ambassadeur compris. On a chanté et dansé, il y avait de la nourriture en abondance."

Son public est suspendu à ses lèvres. J'essaie d'imaginer Guo Dong se mêlant à l'assemblée en chemise en batik aux boutons de jade, affichant un sourire affable, digne de sa réputation de prince chinois. Ceci tout en observant avec attention non seulement le rituel, mais aussi ce qui se passait dans la coulisse. "À un certain moment, un groupe de Massaï s'est éloigné. C'étaient tous des politiciens de la capitale. Ils étaient venus participer à la fête traditionnelle mais profitaient de l'occasion pour discuter des derniers événements politiques."

À mes côtés, Huaqiong consulte sa montre. "Guo Dong est devenu un vrai Africain, me murmure-t-elle. Il doit prendre le train pour Nanjing dans une heure et il continue à bavarder comme s'il avait toute la vie devant lui."

Shudi a organisé une excursion à Bagua Cun. Lorsque la compagnie descend du bus et s'engage dans le parcours touristique jalonné de bâtiments historiques, Liangzi, la routarde de l'Afrique, et moi prenons une rue transversale. Liangzi porte des lunettes de soleil aux verres teintés de rose, une veste matelassée rose et des chaussures de sport montantes – un mélange de chic et de décontraction qui s'avère être sa marque de fabrique.

C'est agréable de se retrouver dans cette Chine ancienne, où les toits des maisons ont des ailes, où les voix se répètent en écho dans les ruelles étroites. Liangzi n'y est pas insensible non plus. Jusqu'ici, nous étions plongées dans les bruits de la ville, c'est la première fois que nous sommes seules et, d'elle-même, elle se met à parler de sa jeunesse.

Huaqiong ne se trompait pas : Liangzi a été militaire. Son père était général et elle était sa fille préférée. Elle l'admirait et, à seize ans, elle a décidé de faire carrière dans l'armée. Deux ans plus tard, pendant la courte guerre entre la Chine et le Vietnam, elle était photographe militaire et marchait, impavide, entre les cadavres. "Je suis devenue une héroïne parce que je n'avais peur de rien."

L'armée l'a envoyée à l'université, après quoi elle est allée travailler pour un magazine qui entretenait des liens étroits avec l'armée. À trente-deux ans, elle a quitté le service. "Mon père était très fort, dit-elle, il nageait dans le lac d'avril à novembre. Mais juste à cette époque, il a eu un cancer." Elle était auprès de lui, une nuit, quand il s'est mis à saigner abondamment et à dire : "Je veux partir, je veux partir."

Les années qui ont suivi sa mort, Liangzi se sentait perdue. Elle n'avait envie de rien, traînait dans la maison familiale, se rendait à la rédaction de son magazine mais n'y faisait pas grand-chose. Un jour, elle a dit au rédacteur en chef qu'elle voulait partir en Afrique. Enfant, elle avait lu les livres de Sanmao. "J'ai toujours pensé : ça manque de photos."

Elle supposait que l'Afrique était un seul pays et qu'il y avait là-bas des "chefs" comme on en voit dans les films et sur les photos : des hommes farouches aux visages peints qui dansent en tapant des pieds. “Je voulais aller habiter avec un de ces chefs.” Liangzi rit. “Je ne doutais de rien, mais je suis comme ça : je me lance dans une aventure sans trop savoir ce qui m’attend.”

Par le biais d’un ami, elle a contacté un homme riche et influent, un oncle du roi du Lesotho, qui acceptait de la recevoir. À l’époque, elle parlait à peine l’anglais, qu’elle a appris sur place, d’un Indien. “Je me suis approprié son anglais, avec l’accent en prime. Au lieu de dire *number*, je disais *numba*.”

Elle était mariée mais n’avait pas d’enfants. “Mon mari me comprenait, il m’a laissée partir.” Elle devait rester quatre mois en Afrique et écrire un livre – avec des photos. “C’est comme ça que tout a commencé, dit-elle. Si je n’avais pas été dans l’armée, je n’aurais pas pu parcourir l’Afrique comme je l’ai fait, j’aurais eu peur.”

Elle est allée en Sierra Leone, en Érythrée et au Burundi, et récemment elle était au Congo, où elle a filmé les soldats de son ancienne unité, stationnés à l’est du pays dans le cadre de la mission de paix de l’ONU. Plus tard, je verrai quelques fragments de ses films. Les plus beaux sont à mes yeux ceux qu’elle a tournés depuis le camp chinois au bord du lac Kivu. Séparée d’eux par des barbelés, elle discute avec un groupe de jeunes Congolais qui semblent très à l’aise avec les militaires du camp : ils se débrouillent déjà en chinois, chantent des chansons chinoises, font l’éloge de la puissance du pays, disent qu’ils veulent partir y travailler et font des démonstrations de kung-fu. Je regarde, fascinée : c’est la première fois que je vois des Congolais à travers un objectif chinois.

Nous sommes fin octobre, Liangzi supporte sans broncher sa veste courte, mais moi je tremble de froid. Accroupies au bord de l'étang, les femmes de Bagua Cun lavent des vêtements et nettoient des légumes. Quand je suis venue ici, l'an passé, je n'y ai pas réfléchi, mais maintenant je me dis que l'eau doit être glaciale et que cette tradition n'est probablement maintenue qu'en l'honneur des touristes.

Presque tous les habitants de Bagua Cun sont des vieillards – les jeunes sont partis, certains en laissant leurs enfants chez les grands-parents. C'est un musée à ciel ouvert, ce village, tout comme celui que Shudi et Shawn ont visité en Afrique du Sud et où les Zoulous vivent comme dans le passé.

Shudi me téléphone. Nous sommes attendues pour le déjeuner dans la maison de son ami Zhuge. De grandes tables sont dressées dans la pièce principale, Zhuge fait le tour de l'assemblée avec de l'alcool de riz et de fruits fait maison. Liangzi retrouve aussitôt ses manières viriles d'ex-militaire et s'en va trinquer de table en table.

Je m'installe à côté de Huaqiong, qui part bientôt pour l'Afrique. Il me suffit de suivre ses déplacements pour constater que le dragon chinois a déployé ses ailes : lors de notre première rencontre, elle rêvait simplement de l'Afrique ; dans les mois qui viennent, elle va se rendre au Bénin, au Botswana, au Maroc et visiter son Mali bien-aimé.

Christopher, l'ami sud-africain de Shudi, dont c'est le premier séjour en Chine, se retrouve en conversation avec Wang, un journaliste du *Quotidien du peuple* – l'organe officiel du Parti –, une relique du passé qui refait surface à chaque conférence sur l'Afrique. Wang est un grand admirateur du président zimbabwéen Mugabe ; il réprouve l'hypocrisie des Occidentaux qui critiquent Mugabe mais accordent un visa à sa femme afin qu'elle puisse faire des emplettes à Londres.

"Je crois savoir que les Mugabe sont frappés d'une interdiction de voyager, dit Christopher. Mais s'ils réussissent à la contourner, alors je suis d'accord avec vous, je désapprouve.

— Et que pensez-vous du président Bush ?

— Il devrait être jugé."

Bizarre – j'ai entendu Wang poser exactement les mêmes questions à un scientifique anglais, lors d'une conférence précédente.

"Certains Sud-Africains craignent que la présence chinoise ne fasse régresser la démocratie pour laquelle nous nous sommes tellement battus, dit Christopher. Il y a des Chinois qui traitent très mal leurs ouvriers noirs, ils…"

Wang l'interrompt. Il remonte ses lunettes trop grandes, qui ne cessent de glisser, et dit d'un ton solennel : "Je suis persuadé que les Africains préfèrent les Chinois aux Occidentaux !" Puis il se lève et suit les autres dans leur visite touristique de Bagua Cun.

Christopher en reste abasourdi. "Je ne savais pas que ce genre de propagandiste existait encore", dit-il.

Zhuge remplit à nouveau les verres d'alcool de riz. Je parle à Juliet et Christopher des serpents qu'on jette vivants dans l'alcool et qui, selon la croyance populaire chinoise, peuvent y survivre pendant des années. "Oh ! dit Juliet, ce sont sûrement des serpents d'eau !"

Nous décidons de nous revoir en Afrique du Sud. Shudi rit quand il l'apprend. J'ai remarqué qu'il est plus à l'aise avec moi depuis qu'il me voit en compagnie de ses amis. L'été prochain, il ira au Cap retrouver sa femme. Il ne le sait pas encore, mais j'ai déjà commencé à aligner mes projets sur les siens.

ALWAYS DREAMING

AFRIQUE DU SUD

Shudi fonce sur l'autoroute de Durban à Pietermaritzburg dans sa petite Daihatsu. C'est une voiture légère, dit-il, elle n'a pas le cœur aussi solide que sa jeep d'occasion à Jinhua. Catherine, sa femme, lui donne d'anxieuses consignes. "En Chine, Shudi s'est mis à conduire comme un sauvage, se plaint-elle, et à son départ, c'est moi qui reçois toutes les contraventions."

Catherine a les cheveux courts et raides, et un rire de jeune fille. Elle travaille comme guide pour touristes venus de Chine, de Singapour et d'Indonésie, et les jours suivants elle réglera notre programme avec une redoutable efficacité. "Tu devrais envoyer un message à ma femme", a proposé Shudi quand je lui ai dévoilé mon intention de me rendre en Afrique du Sud. Depuis, Catherine et moi nous avons régulièrement communiqué par courriels et par Skype, c'est un peu comme si nous nous connaissions déjà.

Ils ont effectué le trajet Le Cap-Durban en deux jours. Ils se sont arrêtés à Newcastle pour passer la nuit chez le directeur de l'usine de céramique qui avait embauché Shudi après ses débuts catastrophiques en Afrique du Sud, un Allemand avec qui il s'est lié d'amitié. Quand Shudi passe les mois d'été en Afrique du Sud, il ne manque jamais de lui rendre visite. Entre-temps, l'Allemand est devenu un vieux monsieur. Il a envisagé un moment de retourner en Allemagne, mais il ne se plaît plus là-bas. Les gens vivent comme des zombies, dit-il, ils travaillent toute la journée et, le soir, après avoir bu une bière sur leur balcon, ils rentrent dans leur trou.

L'homme leur a dit une chose qui a fait grande impression sur Catherine et Shudi : "Chaque être humain a neuf pierres dans sa vie. La première pierre, c'est celle des dix années pendant lesquelles on grandit ; la deuxième, celle des années de scolarité. Pendant les quatre décennies suivantes, on travaille ; et les trois dernières pierres sont pour le repos, pour faire tout ce dont on a envie."

L'image fascine Shudi qui n'appellera plus désormais son ami que *Mister Nine Stones*. Plus que trois ans et Shudi aura soixante ans, il pourra arrêter de travailler. Être libre, voyager, peindre – les trois dernières pierres l'attendent, engageantes. *"I want to retire"*, s'écrie-t-il, dévalant béatement la colline dans sa Daihatsu et doublant un véhicule dans la foulée. *"Shudi-euh !"* le corrige Catherine sur un ton que j'entendrai encore souvent, un composé de reproche et d'indulgence.

Il fait nuit quand nous arrivons à Pietermaritzburg. Une centaine de mètres après l'entrée du campus de l'université, un portail auquel est fixé un panneau *ARMED RESPONSE* s'ouvre. Nous traversons un jardin luxuriant et pénétrons dans le chaleureux bric-à-brac de la maison de Juliet, l'ancienne prof de Shudi : armoires en bois massif, fauteuils en cuir, tapis, lustres en cristal, et parmi tout cela de la porcelaine chinoise, des poteries zoulou, des statuettes africaines et des tableaux.

Les retrouvailles sont chaleureuses. Juliet et son mari, Mike, font partie des Blancs bien intentionnés qui tentent de tenir le coup en Afrique du Sud. Mike est consultant et de ce fait voyage à travers l'Afrique, Juliet donne des cours à l'École des beaux-arts de l'université de KwaZulu-Natal.

Elle nous tend un verre de vin et nous invite à passer à table. La visite que Shudi a rendue à *Mister Nine Stones* a mis en branle tout un train de souvenirs et, pendant le dîner, Catherine et lui racontent leur premier voyage à Johannesburg, en 1992. Leurs patrons taïwanais étaient venus les chercher, ils avaient déjeuné avec eux, ensuite Catherine avait disparu, destination Newcastle, et on avait emmené Shudi en voiture à Nelspruit. "Je ne savais pas que cela se passerait ainsi", dit Shudi avec un reste de désespoir dans la voix. Ils s'étaient mariés à vingt-six ans – c'était la première fois depuis douze ans qu'ils étaient séparés.

Dans la chambre nue du dépôt attenant à l'usine taïwanaise, Shudi trouvait consolation dans la vodka. Un soir, d'un seul mouvement de kung-fu bien dirigé, il avait troué la vitre de sa prison. Sur son transistor, il essayait de capter les infos de Chine mais la réception était mauvaise; il suffisait qu'un nuage passe devant la lune pour que l'émetteur soit brouillé. Il regardait le ciel et pensait à sa mère et à sa petite fille, éloignées de lui par des milliers de kilomètres mais reliées à lui par la lune.

Heureusement il y avait le gardien, à l'entrée, dont il m'avait déjà parlé lors de notre première rencontre. Il avait retenu son nom en accolant quatre sons chinois. *Fan-dao-mei-wa* portait des godillots de l'armée éculés ; il avait été militaire. Quand Shudi avait la gorge asséchée par la vodka, Fandaomeiwa, souple comme un serpent, se glissait par une ouverture étroite à l'intérieur du magasin de l'usine et dérobait une bouteille de coca pour son ami assoiffé.

"Fandaomeiwa ? dit Juliet, sortant de la cuisine avec un gigot d'agneau grésillant encore dans son plat. Ça devait être un Van de Merwe[1]."

Van de Merwe – évidemment. Aussitôt je vois le gardien, débarrassé de son nom aux consonances chinoises, surgir devant mes yeux : grand, noueux, entièrement dévoué à son maître – malgré l'ébriété où celui-ci sombrait tous les soirs.

À part "oui" et "non", Shudi ne parlait pas un mot d'anglais. Chez le boucher, il montrait, sur son propre corps, quelle partie de la bête il désirait : cœur, poitrine, tripes, pattes. Quand il voulait téléphoner à Catherine, il se rendait au magasin avec un billet de banque, dessinait un jeton sur sa main et plaçait un téléphone imaginaire contre son oreille.

Je croyais que Shudi avait travaillé pendant des années à Nelspruit, mais en fait il n'y est resté que deux mois. Deux mois qui furent une période charnière dans sa vie. Pour la première fois, il a ressenti la solitude, un sentiment qui semble l'angoisser et l'attirer en même temps. "Je regrette l'époque où j'étais seul avec la lune, avoue-t-il. Le silence me manque.

1. Nom d'origine hollandaise très fréquent en Afrique du Sud. Le gardien ou plutôt ses ancêtres avaient dû prendre le nom du propriétaire terrien afrikaner qui les employait.

En Chine, mon téléphone n'arrête pas de sonner et toute la journée, je dis *ni hao* et *gan bei* (santé)."

Catherine travaillait dans une fabrique de vêtements taïwanaise à Newcastle, elle faisait des journées si longues qu'elle était constamment épuisée. Parfois, elle pleurait au téléphone. Le sentiment d'abandon qu'ils éprouvaient devait être très profond, car ils pensent que 1 000 kilomètres les séparaient, alors que je verrai sur la carte que la distance entre Nelspruit et Newcastle n'est que de 350 kilomètres.

"Les patrons taïwanais nous méprisaient, dit Catherine. Ils prétendaient qu'en Chine les gens mangeaient de l'herbe. Je leur rétorquais : « Et en Chine, on dit que les Taïwanais mangent des peaux de banane.

— Quoi ? disaient-ils. Et moi :

— Mais c'est de la propagande politique, non ? Ne sommes-nous pas venus ici pour découvrir que le monde n'est pas ce qu'on nous en dit dans notre pays ? »"

Une Taïwanaise qui l'avait observée lui avait dit : "Tu es fière."

"Ils n'avaient pas l'habitude d'être contredits, poursuit Catherine. Mais en Chine j'étais professeur d'anglais, nous ne nous étions pas retrouvés en Afrique du Sud pour échapper à la misère mais parce que nous pensions : C'est cela la vie, il n'y a rien d'autre ?"

C'était de l'esclavage : elle travaillait de six heures et demie du matin à dix heures et demie du soir et elle n'avait que le dimanche de libre. Elle gagnait 800 rands – environ 280 dollars. Tous frais payés, il lui restait 200 rands. "Les Taïwanais criaient tout le temps. Les Noirs aimaient chanter, surtout aux environs de Noël. C'était si beau, je m'arrêtais pour les écouter, mais ils n'avaient pas le droit de chanter. « Qu'est-ce que tu attends ? » me lançaient les Taïwanais. « Au travail ! »"

Un jour, elle avait dû fouiller les ouvrières noires à la sortie de l'usine. Les femmes trouvaient ça normal, elles se plaçaient docilement devant elle, bras écartés. Ce soir-là, Catherine n'avait pas pu avaler une bouchée et, la nuit, elle n'avait pas trouvé le sommeil. En Chine, seule la police a le droit de faire des fouilles au corps. "Je veux bien tout faire, même balayer le sol, avait-elle dit le lendemain matin, mais ne me demandez plus jamais de fouiller les gens."

Les femmes apportaient au travail un pain entier pour déjeuner. Souvent, elles le remportaient le soir, non entamé. Jusqu'au jour où un Taïwanais, à la sortie, a eu l'idée de sortir un pain d'un sac : il était creux, il y avait des tee-shirts roulés à l'intérieur.

Catherine parle avec passion, comme s'il s'agissait d'événements récents. C'est un trait qu'elle a en commun avec Shudi : elle peut sans difficulté évoquer les moments pénibles de sa vie. Son anglais est bien meilleur que celui de son mari, que je vois petit à petit prendre cette attitude de patience indulgente que j'avais déjà observée en Chine : il écoute, les joues rosies par le vin, et sourit parfois d'un air absent. Juliet et Mike ont, eux aussi, écouté en silence.

Nous débarrassons la table ensemble, puis Juliet et Mike s'éclipsent ; Shudi, Catherine et moi passons en revue le programme des jours suivants. Après minuit, quand je rejoins ma chambre à pas de loup, Mike est encore en train de travailler. Juliet, qui s'est couchée et lit, m'appelle. Les usines taïwanaises de Newcastle dont Catherine parlait ont été reprises entre-temps par des Chinois, me dit-elle. La situation ne s'est certes pas améliorée pour autant : les ouvriers ne touchent même pas le salaire minimum et les patrons les enferment parce qu'ils trouvent qu'ils ne travaillent pas assez ou qu'ils vont traîner dehors. "Dernièrement, le feu a pris dans une usine et les ouvriers sont morts parce qu'ils étaient enfermés. Cela a fait scandale dans la presse."

Juliet est déjà partie travailler quand nous nous attablons pour prendre un petit déjeuner baigné de soleil. En tablier à fleurs, un filet retenant ses cheveux, la bonne noire apporte du café, de la salade de fruits frais, de la confiture, des œufs au bacon et des toasts. "La belle vie des Blancs en Afrique", me murmure Shudi.

Après le petit déjeuner, il photographie les statuettes africaines sur le buffet, le mur et ses plats en porcelaine chinoise, butin que Juliet et lui ont rapporté de leurs razzias au marché d'antiquités de Jinhua. Dans l'armoire vitrée se trouvent les objets d'art que Juliet produit elle-même : de délicates petites choses en porcelaine ivoire posées sur des pattes filiformes. Shudi les sort les unes après les autres.

Puis c'est au tour du jardin. La collection de céramiques zoulou de Juliet sur la terrasse, le bougainvillier, le papayer, les héliconias et leurs becs orange ouverts, les boules de gui qui pendent aux arbres comme des nids d'oiseaux dans le bleu éclatant du ciel.

Nous prenons la voiture pour nous rendre à l'université, pourtant toute proche. Le calme bucolique qui émane du décor environnant est trompeur : hier soir, Juliet et Mike nous ont raconté qu'ici des gens se font attaquer le soir, mais aussi en plein jour. En fait, on n'est en sécurité que dans le jardin, derrière le panneau *ARMED RESPONSE*. J'ai aussitôt une sensation de claustrophobie, mais Shudi et Catherine sont pragmatiques : ils ne veulent pas courir de risques inutiles.

Dans l'ancien atelier de Shudi, nous sommes accueillis par celui qui fut son professeur et son mentor. Cet homme a beaucoup compté pour lui, dit Shudi. À Kaifeng, il était bon étudiant mais, à ses débuts ici, à sa grande déception, il n'obtenait pas de bonnes notes. Il faisait des dizaines de portraits au fusain de Noirs sud-africains. Son travail demeurait scolaire, il devait peindre plus librement, disait son mentor, mais Shudi ne savait pas comment.

Un jour, il a photographié un champ de maïs desséché où un épi se dressait encore çà et là. Il a rapporté un épi aux feuilles jaunies à son atelier et s'est mis au travail. "Découverte" : c'est le titre qu'il a donné à la série de dessins qu'il en a tirée. Ce qui avait commencé comme la représentation réaliste d'un champ de maïs fané devenait de plus en plus abstrait ; à la fin, on aurait juré de la calligraphie. L'inspiration ne tarissait pas et plusieurs séries au fusain, à l'encre et au pinceau chinois ont suivi. *"Free way!"*, dit Shudi dans un grand rire.

Il a quelque chose de joyeux et de juvénile depuis qu'il arpente le campus. Nous longeons l'imposant bâtiment où il a appris l'anglais – du moins où il a somnolé au milieu d'étudiants russes et mozambicains parce que, pour l'anglais, selon Catherine, il serait plutôt du genre *lazy bum* (paresseux).

Sur le terrain de sport, des étudiants discutent en gesticulant. "Il y a beaucoup plus d'étudiants africains à présent", dit Catherine, et elle ajoute en hésitant : "C'est peut-être une bonne chose de leur donner une solide formation, pour qu'ils ne raisonnent pas comme Julius Malema, le président de la ligue de jeunesse de l'ANC, qui pense qu'il faut tout nationaliser." Le populiste Malema vient de se faire taper sur les doigts par le parti gouvernemental, l'ANC, pour incitation à la haine et à la discorde. Ses partisans sont descendus dans la rue et ont brûlé des tee-shirts à l'effigie du président Zuma. "Nelson Mandela voulait que l'Afrique du Sud devienne une nation arc-en-ciel, dit Catherine. Malema est contre."

Elle suit de près les informations concernant Malema. Pendant l'apartheid, les Chinois ont obtenu de haute lutte le statut de Blancs honoraires. Depuis 2008, suite à la politique de discrimination positive en faveur des Sud-Africains spoliés par le régime de l'apartheid, ils ont les mêmes droits que les Noirs. Mais Catherine comprend instinctivement qu'une balle qui roule du côté des Blancs peut continuer jusqu'aux Chinois.

"C'est un si beau pays, dit-elle, un des plus grands producteurs d'or au monde, ils ont des diamants – ils devraient être riches. Mais il y a beaucoup de corruption et la discrimination positive fait que tout va plus lentement qu'auparavant." Dernièrement, elle devait prendre un vol intérieur avec neuf touristes chinois. La jeune employée de l'aéroport ne savait pas se servir de son ordinateur, si bien qu'ils ont dû attendre indéfiniment. Quand Catherine a fini par appuyer elle-même sur une touche, la jeune femme s'est écriée : *"Don't touch my computer!"*

"J'essaie seulement de vous aider", avait bredouillé Catherine. Puis elle s'était tue, "car on a vite fait de vous traiter de raciste".

Elle bavarde toujours avec les chauffeurs de bus et les vendeuses de magasin. "Sinon, vous n'avez aucune idée de ce qui se passe autour de vous." Une fois, en visitant un village zoulou avec un groupe de touristes, elle a vu un jujubier à griffes. Elle le reconnaissait à ses branches. Peu auparavant, elle avait vu dans le bus un homme qui tenait une branche semblable à la main ; il lui parlait et personne n'essayait d'occuper le siège libre à côté de lui – comme s'il avait de la compagnie.

"Cet homme venait sûrement de perdre un membre de sa famille, lui a expliqué le chauffeur de l'autocar touristique. Il ramenait l'esprit du défunt à la maison. On doit se rendre sur le lieu où le parent est mort et l'inviter à vous accompagner, après quoi son esprit se glisse dans la branche. En chemin, on doit constamment lui parler, dans le genre : « Là, on est arrêtés à un feu rouge sur la N2 ; dans un instant, on va tourner à droite ! »" Sinon, l'esprit se perdrait.

En pensée, je vois trois sinistres silhouettes chinoises apparaître à l'horizon. Elles marchent comme des automates : trois hommes, dont deux sont enveloppés dans une cape noir d'encre ; l'enfant qui les observe tremble d'effroi mais la curiosité le pousse à les suivre jusqu'à l'auberge où ils s'arrêtent. Un des trois hommes est un mort, qui a rendu l'âme loin de chez lui et qu'on ramène à la maison, dissimulé sous une cape sur le dos d'un des vivants. Car, sinon, il demeurerait un fantôme errant et solitaire qui pourrait faire beaucoup de tort à ses proches.

La lecture du roman de Liao Yiwu, *The Corpse Walker*, m'avait passionnée : on aurait dit une histoire africaine. Les Chinois à qui j'en parlais haussaient les épaules, l'air gêné : les "promeneurs de cadavres" étaient des personnages en voie de disparition, disaient-ils, qui n'avaient d'ailleurs existé que dans des régions écartées. Mais peu après, dans le journal chinois anglophone *Global Times*, j'avais lu un article rapportant que des familles chinoises dont un enfant était mort célibataire cherchaient à se procurer les os d'une défunte que leur enfant pourrait encore épouser dans l'au-delà. L'article était accompagné de la photo d'un paysan qui avait été arrêté, en 2005, en possession des ossements de six femmes : il voulait les vendre aux parents de jeunes hommes décédés dont les esprits agités continuaient à errer.

Tout en travaillant à l'usine de textile taïwanaise de Newcastle, Catherine étudiait le marché. Elle avait remarqué que les Noirs se pomponnaient toujours le week-end. Chez eux, ils n'avaient rien ; on aurait dit qu'ils portaient toutes leurs possessions sur eux : des costumes flamboyants, des chaussures reluisantes et, immanquablement, une montre. Les montres étaient chères, mais à Johannesburg il y avait un homme qui importait des montres bon marché de Hong Kong. Deux Chinois les vendaient dans les rues de Newcastle. Catherine fut le troisième vendeur.

Elle avait économisé 500 rands (175 dollars) ; quelqu'un lui a prêté 1 000 rands, quelques amis ont complété la mise. Elle étalait les montres sur une planche à repasser, bien alignées les unes à côté des autres : 30, 50 ou 100 rands la pièce. Les Taïwanais l'avaient rabrouée, mais les Blancs et les Noirs étaient gentils avec elle. Elle a demandé la permission d'installer sa planche devant le magasin d'une Blanche. "Bien sûr, lui dit celle-ci, il y a de la place pour tout le monde sous le soleil du bon Dieu."

Shudi avait, lui aussi, débarqué à Newcastle où il travaillait pour *Mister Nine Stones*. "Sa femme était très belle, dit Shudi, on aurait dit Nastassja Kinski." Dans son usine, l'Allemand diffusait de la musique africaine, sur laquelle le personnel noir se balançait doucement en travaillant. Pendant les pauses, Shudi jouait au badminton avec les ouvriers. Le soir, il rentrait chez lui, auprès de Catherine, dans un appartement qu'ils louaient avec sa sœur et son beau-frère.

L'Allemand fabriquait principalement des assiettes et des pots sur lesquels Shudi peignait des éléphants, des oiseaux et des joncs ondoyants. Ils communiquaient par gestes. L'Allemand se mettait à coasser en sautillant et Shudi dessinait une grenouille. Les grenouilles au large sourire partaient comme des petits pains, les gens les mettaient dans leur jardin ou près de leur piscine. "Ma statue de Mandela a eu moins de succès. Je pense qu'elle ressemblait un peu trop à Mao. Nous en avions produit deux mille mais nous avions du mal à les écouler. Les grenouilles se vendaient beaucoup mieux."

Quand *Mister Nine Stones* n'avait pas assez de travail pour lui, Shudi regardait Catherine vendre ses montres. Et puis un jour, il est parti tenter lui-même sa chance à Durban avec deux amis. Ils se tenaient tous trois à un arrêt de bus, l'un vendait, les deux autres montaient la garde. Ils gagnaient 25 rands sur une montre qu'ils vendaient 40. Au début, Shudi avait tellement honte qu'il se cachait les yeux derrière des lunettes noires, mais bien vite il avait eu sa propre planche à repasser sur laquelle il étalait ses montres dans une boîte. "C'était plus simple, dit-il. Si la police te chassait, tu fermais la boîte, tu pliais la planche et tu t'en allais un peu plus loin."

Ce matin-là, nous roulons sur la voie d'accès en colimaçon d'un parking couvert au centre de Durban. "Avant, il fallait se battre pour avoir une place ici", dit Catherine en jetant alentour un regard vaguement inquiet. Aujourd'hui, le garage est presque vide, ça n'augure rien de bon.

Accoudé à la balustrade, Shudi me montre la rue où il vendait des montres au milieu d'autres marchands ambulants. "Parfois, j'y passais la journée entière. Je ne pouvais pas laisser mes montres, ne serait-ce qu'une seconde, pas même pour aller aux toilettes. Quand j'avais soif, je jetais de la monnaie à une vendeuse qui me lançait alors une canette de boisson rafraîchissante." Plus tard, avec l'argent qu'ils avaient économisé, Catherine et lui avaient ouvert un magasin de soierie.

Nous observons les passants tout en bas, les ordures qui s'entassent parce que les éboueurs sont en grève. Puis nous prenons l'ascenseur et nous nous retrouvons en plein centre de Durban. "Fais attention à ton sac", me chuchote Catherine. Elle mettait toujours l'argent qu'elle portait à la banque dans un sac en plastique miteux, ou elle le cachait dans un journal sous son bras.

Shudi m'a raconté qu'on ne peut pas se promener une demi-heure dans le centre de Durban sans avoir de problèmes. "Si tu entends quelqu'un siffler, ton compte est bon, car c'est le signal des voleurs." Dans le parking, il semblait nerveux – comme s'il s'était fait peur lui-même avec son histoire –, mais maintenant il dit d'un air bravache : "Moi, ils ne peuvent rien me faire, *I'm an old face.*"

On nous glisse des bouts de papier dans les mains, de la pub pour des guérisseurs traditionnels. Non seulement ils sont capables de régler vos problèmes financiers, de vous ramener en deux jours l'être aimé perdu, d'agrandir un pénis ou de resserrer un vagin comme celui d'une vierge, ils sont aussi maîtres dans l'art de chasser les mauvais esprits.

"Regarde, c'est pas bête ça!" Shudi s'arrête devant un jeune marchand ambulant qui a enfilé une trentaine de montres fluorescentes sur un tube en carton ; beaucoup plus pratique qu'une boîte et une planche à repasser. D'où vient-il – du Mozambique ? Shudi lui met fraternellement un bras sur l'épaule. "J'ai commencé comme toi." Le garçon rit à ce grand Chinois avec sa casquette de safari et ses lunettes de soleil – comme s'il lui faisait une blague.

Par des rues qui portent les noms de combattants sud-africains pour la liberté, nous allons à pied jusqu'à la ruelle où Catherine et Shudi ont ouvert leur boutique en 1995. Ils sont heureux de revoir encore, ici et là, des visages connus : au coin, un aimable couple d'Indiens dans leur snack de plats à emporter, une Chinoise dans une boutique remplie de babioles bon marché.

East Star – le nom de leur magasin n'a pas changé. Au-dessous : *Hong Kong fashion*, c'est ce que les gens voulaient entendre, même si, à l'époque déjà, les marchandises venaient de la Chine continentale. La caisse du magasin que protègent de solides grilles est tenue par une jeune noire vêtue à la dernière mode. Les portants avec les vêtements pour hommes et femmes sont serrés les uns contre les autres et des boîtes de chaussures s'empilent le long des murs. Shudi observe les marchandises de l'œil du connaisseur, inspecte les étiquettes ; Catherine s'informe des prix. “C'est moins cher qu'en Chine !” dit-elle, et à ma grande surprise elle commence à faire des achats.

Un papier sur le mur adresse un message griffonné aux clients : s'ils paient un acompte sur des articles, on les leur réserve jusqu'à ce qu'ils aient fini de les payer. Ce système s'appelle *lay-by*, mais le scribe en a fait *labye*. Les sacs en plastique contenant les articles *lay-by* s'entassent derrière la caisse ; de petits mots portant le nom du futur propriétaire sont épinglés dessus.

À l'époque, c'était un bon quartier. Le type d'étoffes et de vêtements que Catherine vendait s'exportait aussi en Europe – elle avait de nombreux clients blancs. Graduellement, l'endroit est devenu moins sûr et ils ont fini par acheter une matraque électrique pour chasser les voleurs. Dans sa jeunesse, Shudi avait appris le karaté dans la cour de récré. Il était grand, tous voulaient essayer leurs prises sur lui. Ça lui était bien utile à présent.

“On nous a braqués quatre fois”, dit Catherine en faisant glisser les vêtements sur le portant d’une main routinière. En l’absence de Shudi, deux hommes armés l’avaient obligée à ouvrir la caisse. Elle avait vu un policier passer dans la rue, son arme de service et une paire de menottes brimbalant à sa ceinture. Elle avait essayé de le prévenir du regard mais il avait continué son chemin. Les voleurs à peine partis, elle lui avait couru après et lui avait crié qu’on venait de la voler. Il avait haussé les épaules et dit qu’il était *off duty*.

Un après-midi, ils étaient venus à quatre. L’un d’eux, en empoignant Shudi, avait senti qu’il portait une arme. Il s’était écrié : “Quoi, tu voulais me tuer ?” en frappant Shudi au front d’un coup de crosse ; le sang coulait le long de son nez. Les clients étaient expédiés aux toilettes, Shudi devait s’allonger sur le ventre. Une fois les voleurs partis avec la caisse et des tas de vêtements, un grand silence s’était installé dans le magasin. Shudi avait découvert une petite bonne femme noire qui tremblait comme une feuille dans les toilettes. “J’ai essayé de la rassurer, mais en voyant mon visage ensanglanté, elle a eu encore plus peur.”

Leur voisin l’armurier avait mis la clé sous la porte. Le propriétaire d’un magasin de meubles, de l’autre côté de la rue, ayant un jour entendu du bruit, s’était rendu sur son balcon pour voir ce qu’il se passait et s’était pris une balle. Les clients venaient de plus en plus souvent en bus, se dépêchaient de faire leurs achats et repartaient aussitôt.

À la fin, Shudi ressemblait à un militaire dans sa boutique : un pistolet dans la poche de son pantalon, un deuxième dans ses chaussettes. “On voyait tout de suite si les gens venaient pour voler : c'était moi qu'ils regardaient et non pas les étoffes." Cette fois-là, ils étaient trois. L'un d'eux avait une arme dans la poche arrière de son pantalon. Il n'était pas très grand, Shudi l'a saisi par la ceinture et l'a traîné hors du magasin et, pointant son pistolet sur les deux autres, il a dit : "Allez ouste, foutez-moi le camp !

— C'est bon, on y va", ont-ils dit, et ils ont filé sans demander leur reste.

Environ une heure plus tard, Shudi a entendu frapper aux carreaux. C'étaient les trois hommes : ils ricanaient et levaient le pouce en l'air pour le féliciter.

"Shudi n'a jamais été bon vendeur, dit Catherine en lui lançant un regard en coin. Il passait la moitié du temps à rêvasser derrière la caisse et dès qu'il pouvait s'échapper, il fonçait chez les libraires ou les antiquaires."

Le jeune Chinois propriétaire du magasin fait son entrée. Catherine et Shudi lui racontent qu'ils ont tenu autrefois cette boutique, lui demandent comment vont les affaires et écoutent sa réponse avec obligeance. Ils ont l'air distingué à côté du jeune homme qui transpire dans son jean et son tee-shirt bon marché. Je me dis que là-bas on trouve toujours quelqu'un pour tenter sa chance dans des contrées que d'autres ont fuies. Que disait Elton déjà, lors de notre première rencontre à Guangzhou ? *En fait, j'aimerais aller à Barcelone, mais un desperado comme moi ne peut que se retrouver dans des pays comme le Congo.*

Jenny, la sœur cadette de Shudi, a été la première de la famille à partir travailler avec son mari à Newcastle, dans une usine taïwanaise. Aujourd'hui ils habitent avec leur fille à Durban, dans un pavillon moderne. Leur fils est le jeune homme qui, à Beijing, vend des Lamborghini et des grands crus à de riches Chinois.

Jenny, une femme élancée portant lunettes et chignon, est nettement plus extravertie que son frère. Comme Catherine, elle a été professeur d'anglais. Shudi m'avait bien dit : "Nous sommes une famille d'enseignants."

"Ce soir, chacun se sert et nous ne mangeons pas chinois", dit Jenny en posant des plats de poulet, de salade et de pain sur le buffet. Elle a également invité une amie chinoise et son mari, un Sud-Africain blanc. Quand celui-ci se rend en Chine, on lui pose toujours de drôles de questions : il n'y a donc pas que des Noirs en Afrique ?

"Avant notre départ de Chine, personne ne savait où se trouvait l'Afrique du Sud, dit Jenny. Quand nous y sommes retournés quelques années plus tard, tout le monde nous prenait pour des Américains. Comme si la Chine et l'Amérique étaient les deux seuls pays au monde."

Sa fille de dix-sept ans regarde la télé, assise sur le canapé. Elle est née ici et, grâce à la politique de discrimination positive qui lui a octroyé une bourse, elle va bientôt aller étudier au Cap. Récemment, elle est allée voir son frère à Beijing. Elle était contente qu'il l'emmène manger une simple salade dans un restaurant du quartier branché de Sanlitun. "La nourriture chinoise, c'est tellement gras – ça baigne dans l'huile."

Le mari de Jenny n'est pas très bavard ; son anglais est moins bon que celui de sa femme. Il a une petite entreprise de maintenance et, accompagné de ses deux ouvriers noirs, il roule d'un client à l'autre dans une camionnette, une échelle sur le toit, les outils à l'arrière. *"Hard work!"* d'après Shudi. Ses clients sont principalement des entreprises ; il préfère ne pas travailler pour des particuliers, et surtout pas pour des Chinois : ils veulent tout à bas prix et refusent d'admettre que la vie est plus chère ici qu'en Chine.

Sur la route, il se fait souvent arrêter par la police. Je lui demande pourquoi. "Parce qu'ils voient un Chinois au volant et qu'ils veulent contrôler ce qu'il y a dans son véhicule pour pouvoir lui dérober quelque chose ou refiler le tuyau à des voleurs", dit-il d'un ton sombre. La police s'en prend surtout aux commerçants chinois : quand ils vont se fournir chez un grossiste, ils ont de l'argent sur eux et, quand ils en reviennent, leur voiture est pleine de marchandises – dans les deux cas, il y a quelque chose à grappiller.

Jenny et son mari font partie de ces Chinois qui ont profité de la politique d'ouverture pour se rendre en Afrique du Sud et, comme tous les migrants du monde, ils ont des rapports tendus avec la vague suivante. "Nous avons grandi en ville, nous avons fait de bonnes études, dit Jenny, mais les Chinois qui viennent aujourd'hui sont souvent nés à la campagne, ils n'ont pas été plus loin que l'école primaire."

Selon elle, les villageois se cotisent pour envoyer un des leurs en Afrique du Sud. Dès le lendemain de leur arrivée, ils ont un emploi dans un magasin. Ils travaillent sept jours sur sept, ne regardent jamais la télé et commencent à rembourser leur dette à partir du premier mois. Au bout de cinq ans environ ils retournent en Chine où, avec l'argent envoyé d'Afrique du Sud, ils ont monté un petit quelque chose et ils prêtent à leur tour au villageois suivant.

"Parfois, leurs papiers ne sont pas en règle, dit-elle, ou bien ils parlent à peine l'anglais. Ils ne connaissent pas les lois sud-africaines et ont tendance à donner de l'argent à tous les fonctionnaires qui les tracassent. Du coup, les policiers pensent que tous les Chinois sont ainsi et ça nous crée, à notre tour, des problèmes."

Shudi écoute d'une oreille. Nous buvons un verre de vin mais lui s'est dégoté une bouteille de *baijiu*. Plus tard dans la soirée, il vient s'asseoir près de nous et reparle de la difficulté de ses premiers mois en Afrique du Sud. Nelspruit est située dans la vallée de la Crocodile River, près du parc Kruger. Après le travail, muni d'un grand couteau, il errait dans les collines en quête d'empreintes et d'excréments d'animaux sauvages. Tout là-haut, il hurlait de frustration et de solitude – si fort qu'il faisait peur aux singes.

Un soir, il avait entendu les battements d'un tam-tam. Il s'était dit : Ah, de la musique africaine, et il avait marché, guidé par le son. À travers le feuillage, il voyait en contrebas un homme qui dansait, seul, sur une vaste étendue vide. Son corps était peint en blanc. Exceptés le joueur de tam-tam et un petit spectateur attentif, il n'y avait pas un chat à l'horizon. Le danseur poussait des cris rauques et furieux, une force terrifiante émanait de son corps musclé qui frappait le sol. Shudi regardait, fasciné, jusqu'à ce que l'homme l'aperçoive et lui fasse signe de venir avec des gestes lents. Shudi avait senti son cœur bondir, mais il ne s'était pas approché, il était reparti sans bruit. "Si tu étais descendu jusqu'à lui, avait dit son patron taïwanais le lendemain matin, on ne t'aurait plus jamais revu."

Le Taïwanais habitait à l'usine, dans son bureau. Des babouins sautaient par-dessus les barbelés pour fouiller dans les poubelles. Après le travail, il s'amusait à jeter une peau de banane sur les ordures, à attendre qu'un babouin se présente puis à lancer un pétard dans sa direction. Et il jubilait tout seul, comme un débile, parce qu'il avait flanqué la frousse à un babouin.

Shudi secoue la tête. *"It's a long story"*, dit-il. Le Taïwanais était accro au jeu et aux femmes. Son épouse était restée à Taiwan. Elle n'aimait pas l'Afrique du Sud. Tout son fric y est passé et il est mort du sida.

L'un après l'autre, les convives ont quitté la table – ils connaissent probablement ces histoires par cœur –, mais je reste auprès de lui. Les contours de son histoire africaine se précisent, lentement le décor s'emplit de détails et de couleurs. Ces deux Asiatiques dans ce paysage vespéral d'Afrique, ils ressemblent aux pères belges que j'ai rencontrés parfois dans l'arrière-pays congolais, minés par un dangereux mélange d'animosité réciproque et d'incompréhension pour leur environnement.

Perdu dans ses pensées, Shudi fixe le vide puis il dit : "Le Taïwanais et moi – nous étions tous les deux des hommes seuls."

Shudi et Catherine sont stupéfaits d'apprendre combien de temps je compte rester encore en Afrique du Sud. Qu'est-ce que je vais y faire ? Ils viennent d'acheter un appartement dans la banlieue du Cap. Shudi va être très occupé par le déménagement et leur installation. "De plus, il doit construire un placard", dit Catherine. Et elle-même reprendra son travail de guide dès notre arrivée au Cap.

Et où vais-je habiter ? Leur logement est trop petit. Shudi est légèrement choqué que je ne veuille pas dormir dans un gîte pour routards. Je demande, hésitante : "Je ne pourrais pas dormir chez une famille chinoise ?" Catherine secoue résolument la tête. Les Chinois sont méfiants en Afrique du Sud – ils ne veulent pas d'étrangers chez eux. Richard, un ami de Shudi, vit dans une grande maison avec sa femme, mais ils ne peuvent pas le lui demander : il n'oserait peut-être pas refuser, Catherine et Shudi ne veulent pas l'embarrasser.

Juliet a une ancienne camarade d'école au Cap. Elle lui téléphone, et le soir même, je suis casée. "Observatory, dit Catherine sceptique. Elle habite dans le quartier d'Observatory ? On va arriver au Cap de nuit – c'est là-bas qu'on doit te déposer ? Je ne mets jamais les pieds dans ce quartier, je n'ai pas l'impression qu'on y est en sécurité."

L'aurore rosit encore l'horizon quand nous prenons la N2 en direction de Port Elizabeth. Des maisons basses, couleur pastel, sont disséminées dans le paysage vallonné, comme les petits carrés d'une aquarelle de Paul Klee. Ici, c'est l'hiver : le soleil tape dans la journée mais les matins sont frisquets. Les pluies sont rares et les prés jaunis. Nous devons être attentifs car des vaches ou des moutons peuvent traverser la route inopinément. Le Taïwanais qui, à l'époque, avait fait venir Catherine en Afrique du Sud, avait percuté une vache sur cette route, perdu le contrôle de sa voiture et était mort sur le coup.

Shudi et Catherine ont effectué ce trajet pour la première fois en 1993. Ils travaillaient encore à Newcastle et, pendant les vacances de Noël, ils avaient pris la route avec trois autres Chinois. Ils étaient partis sans se renseigner sur les régions qu'ils allaient traverser. "Quoi ! avaient dit des Chinois plus expérimentés à leur retour. Vous avez traversé le Transkei, mais c'est la guerre là-bas !" Le Transkei était à l'époque un bantoustan indépendant qui connaissait des tensions avec le régime de l'apartheid. "Nous avons passé beaucoup de barrages gardés par des hommes en uniforme, dit Catherine, mais personne ne nous a inquiétés."

Ils avaient trimé pendant un an dans des conditions dignes d'un roman de Zola, mais là ils laissaient les bâtiments gris des usines derrière eux et roulaient vers l'ouest sous un ciel d'azur. Ils savaient que l'Afrique du Sud était belle et sauvage mais, jusque-là, ils ne l'avaient pas constaté par eux-mêmes. Leur ami Han avait eu un tel coup de foudre pour Port Elizabeth qu'il allait finalement s'y installer.

Tout en parlant, Catherine regarde autour d'elle. Les routes, au Transkei, étaient beaucoup plus mauvaises à l'époque et les constructions, des cabanes principalement, regroupées au sommet des collines ; maintenant, les habitants sont descendus dans la plaine, leurs maisons de pierre sont peintes de couleurs gaies. Catherine et Shudi ont tous deux un appareil photo, Shudi signale à Catherine ce qu'elle doit photographier mais, si quelque chose l'intéresse, il prend lui-même la photo, sans cesser de conduire et sans tenir compte des protestations de sa femme – il mitraille même parfois.

"Ici, un jour, un policier nous a arrêtés, dit Catherine quand nous traversons le village de Mount Frere. Le truc, c'est de faire semblant de ne pas comprendre l'anglais, du coup le policier ne sait pas comment réagir et il te laisse passer. S'il veut de l'argent, tu sors un porte-clés chinois de la boîte à gants et tu lui demandes si ça lui va aussi."

Mais ce policier-là n'était pas comme les autres. Il avait regardé l'intérieur de la voiture avec curiosité, sur quoi Shudi lui a demandé : *"Who are you?* (Qui êtes-vous ?)

— *I'm the police officer* (Je suis l'officier de police).

— *Yes, police office* (Oui, bureau de police), avait répété Shudi, l'air distrait.

— *No*, rectifiait l'homme, *officèr* (Non, offi-cíer).

— *I know* (Je sais), reprenait Shudi obstinément, *office.*

— *Officèr!* (Offi-cíer)

— *Yes : office, sir"* (Oui : bureau, monsieur).

Catherine éclate de rire et dans le rétroviseur, les yeux de Shudi rient aussi. Quand il avait enfin réussi à prononcer *officer*, le policier ne savait plus pourquoi il les avait arrêtés et il les avait laissés partir.

Les freins de la voiture ne fonctionnent pas bien. Nous nous arrêtons pour les faire contrôler. L'employé nous salue d'un joyeux *ni hao*. Bien que le propriétaire du garage, un Indien, nous demande à plusieurs reprises de prendre place dans la salle d'attente, Shudi et Catherine restent obstinément près de leur voiture : nos bagages sont dans le coffre – on ne sait jamais !

Catherine négocie le prix de la réparation, Shudi, les mains derrière le dos, suit le déroulement des opérations sous le capot. Je comprends tout à coup pourquoi il n'a pas appris l'anglais : Catherine est l'éclaireur, lui l'homme de l'ombre – un Jacques Tati silencieux et quelque peu énigmatique.

À Mthatha, la ville natale de Nelson Mandela, la "une" du journal à sensation *The Sun* est placardée sur les arbres : *MURDER OVER A MAGIC TREE !* (Assassinat pour un arbre magique !) Mais ce n'est pas ce qui attire l'attention de Shudi. "Des Chinois, dit-il en montrant du doigt les magasins des deux côtés de la rue. Tous des Chinois."

Voilà dix ans que je n'étais pas revenue en Afrique du Sud et le monde qui défile à vive allure sous nos yeux ne laisse pas de m'inquiéter : un bar qui s'appelle "Le Point G", des flacons de *Sex enhancer* et de *Penis enlarger* à la caisse de la station-service, une pub manuscrite pour *Safe Abortion* sur la façade d'une maison, toute une série de magasins de pompes funèbres – comme si je roulais dans un tunnel d'obsessions sexuelles aboutissant inéluctablement à la mort.

Vers le soir, une douce quiétude descend sur le paysage. Sur le parking du restaurant Nando's, à Port Elizabeth, un Indien édenté nous propose de surveiller la voiture. Il a des mouvements saccadés – l'alcool, la drogue ? Alors que nous sommes à table, il surgit soudain comme un spectre devant nous. Il veut acheter du pain, on ne pourrait pas lui donner déjà son argent ? Mon cœur se brise à la vue de sa silhouette décharnée, mais Catherine lui répond fermement : “Non, non, je n'ai pas d'argent pour du pain. Je te donnerai la pièce quand nous partirons.” Une fois dehors, nous constatons qu'il a disparu.

Le B&B où Catherine a réservé deux chambres est situé dans un quartier résidentiel de Port Elizabeth. Notre coup de sonnette reste un moment sans déclencher de réaction. Catherine, impatiente, inspecte la rue.

“Où pouvons-nous nous garer ? crie-t-elle dès que la lumière s'allume dans la cour.

— Attendez, dit à voix basse une femme de l'autre côté de la porte. Nous ne nous sommes pas encore vus.”

Au petit déjeuner, Catherine et Shudi me parlent de Mister Han, un des compagnons de leur premier voyage à travers l'Afrique du Sud, celui qui était tombé amoureux de Port Elizabeth et avait décidé de s'y installer. Un couteau en poche, il avait commencé par vendre des montres dans la rue. Après avoir suffisamment économisé, il avait ouvert une boutique de cinq mètres carrés, l'année suivante une de cinquante mètres carrés, et ainsi de suite jusqu'à ce qu'il ait mille mètres carrés de surface de vente et, au-dessus, un entrepôt de surface égale. Au début il vendait surtout des vêtements, des chaussures et des accessoires, plus tard il était passé aux meubles.

Il y a trois ans, à cause de fils électriques dénudés, le magasin de meubles de Mister Han est parti en fumée. L'incendie a duré trois jours, tous les journaux en ont parlé. L'assurance ne lui a toujours pas versé ses 20 % de dommages et intérêts. Heureusement, il n'était que locataire et il avait un second magasin de meubles à Port Elizabeth, plus une boutique au Cap.

"Mister Han est très riche, dit Shudi que les récits des succès financiers de ses amis rend toujours mélancolique. Mais il n'est pas allé à l'université." Il se met la main sur le cœur. *"I'm rich in the heart. Very rich!"* (Je suis riche dans le cœur. Très riche!)

Je m'étais imaginé Mister Han en costume de bonne coupe, mais l'homme qui nous attend dans le hall du B&B est vêtu presque pauvrement : le bas de son jean est effiloché, les coudes de sa veste de sport sont élimés et il a l'air épuisé. Il nous emmène jusqu'à son show-room. Une profonde lézarde parcourt le mur du bâtiment adjacent; la façade est étayée à l'aide de poutres métalliques. "Que s'est-il passé?" Mister Han fait un geste irrité de la tête en direction de l'immeuble. "Ça sentait le gaz depuis un bon moment, j'ai prévenu la municipalité, mais ils n'ont rien fait. Jusqu'à ce que ça explose."

Il nous guide le long d'ensembles de salon en similicuir de style pompeux, de tables où sont posées des coupes remplies de fruits en plastique, de lits aux matelas durs et de tables gigognes en faux marbre. Ça ressemble au mobilier de l'appartement de Maggie à Beijing : les meubles massifs du séjour, le lit tout en hauteur, avec son matelas enveloppé de plastique qui occupait une bonne part de ma chambre et contre lequel je me cognais régulièrement. Outre des peintures représentant des bêtes sauvages, d'idylliques paysages européens et une version chinoise de *La Cène*, Mister Han vend des portraits coquins de femmes occidentales à demi nues. Shudi résume la collection : *Local people style.*

Mister Han a, certes, des clients riches – des gens qui sont au gouvernement ou qui sont en affaires avec celui-ci – mais aussi beaucoup de clients pauvres qui, dans le cadre du *Comprehensive Rural Development Programme*, se sont vu attribuer une maisonnette avec sanitaires qu'ils devaient meubler eux-mêmes. Il fait de la publicité dans les journaux locaux et quatorze de ses vingt employés sont noirs. "Les brebis galeuses, je les garde ici pour les tenir à l'œil, dit-il. Les autres, je les envoie dans mon magasin du Cap."

Son anglais laisse encore beaucoup à désirer après tant d'années, mais en affaires il a toujours été pionnier. Il a été le premier Chinois à introduire en Afrique du Sud de la craie anti-cafards. Quand il a vu que cela marchait, il en a immédiatement commandé deux conteneurs. "L'homme qui a réceptionné la cargaison m'en a volé une boîte qu'il a vendue lui-même, soupire-t-il d'un air découragé. Après quoi, des imitations de toutes sortes sont apparues sur le marché. Mes craies coûtaient 2 rands, mais on pouvait en trouver ailleurs pour 0,7 rand, ce qui m'a fait perdre mes clients."

Finalement, il a vendu sa licence pour 10 000 euros à la société allemande Bayer qui, ayant fait analyser plusieurs échantillons, avait constaté que sa craie était la meilleure. Lui-même a dû se trouver un autre business. "Et c'est chaque fois pareil. Au lieu de faire eux-mêmes preuve d'inventivité, mes compatriotes sabotent mon commerce."

Comparée à celle des paradis du meuble que j'ai visités en Chine, la présentation du magasin de Han est vraiment des plus sobres. Je pense à un Chinois de ma connaissance, qui a été apostrophé par une employée indienne dans une banque de Pretoria.

“Mais qu’est-ce que vous avez, vous, les Chinois, avait-elle dit. Vous ne faites que travailler et vous mettez tout votre argent à la banque, je ne vous vois jamais le dimanche dans le parc. Pourquoi économisez-vous donc autant ?

— Parce qu’on a peur de l’avenir, avait répondu mon ami.

— Vous ne croyez donc pas à la destinée ?”

Sa question avait jeté mon ami dans un profond désarroi.

“Que faites-vous le week-end ? demandé-je à Mister Han.

— Oh, je m’occupe de mon administration et je réponds à mes courriels.

— Vous n’allez pas faire un tour quelque part ?

— Non, non – il balaie ma question d’un geste – pas le temps.

— Mais pourquoi travaillez-vous, alors ?

— Pour mes enfants.” La femme de Mister Han est morte d’un cancer il y a un an, m’a confié Shudi. Son fils est en dernière année à l’université, sa fille vient d’avoir douze ans. Ce sont des enfants sud-africains – la Chine ne les intéresse que pour le shopping. “D’ici une dizaine d’années, j’arrêterai de travailler. À ce moment-là, peut-être, j’irai voir du pays, mais maintenant…”

Au cours de la demi-heure écoulée, son personnel est venu lui poser un tas de questions et Mister Han a résolu en passant de nombreux petits problèmes. À présent, il nous regarde, l’air de s’excuser : le travail l’appelle.

"Je ne crois pas que Mister Han s'arrête un jour de travailler, et encore moins qu'il se mette à voyager, dit Shudi quand nous quittons Port Elizabeth. Car pour voyager il faut être cultivé et s'intéresser à ce qui se passe dans le monde extérieur, ce qui n'est pas le cas des gens comme lui."

Nous sommes tous les trois contents d'avoir repris la route. Port Elizabeth est située beaucoup plus au sud que Durban, il y pleut abondamment en hiver et l'herbe est vert pomme. Quand nous voyons un pré plein de vaches qui paissent, Shudi se gare, descend de voiture et se met à les photographier. Chaque fois qu'un beau spécimen se présente devant son objectif, il pousse un "Ah!" de ravissement.

Nous approchons de la fameuse "route des Jardins" où Catherine amène régulièrement ses touristes chinois. Il y pousse des fleurs, dit Shudi, qui coûtent très cher en Chine et y sont révérées comme le Bouddha. Catherine aime son métier et en parle avec enthousiasme, mais c'est une travailleuse indépendante, elle ne s'en laisse pas conter. Si une agence qui ne lui plaît pas la redemande, elle dit qu'elle est surbookée.

Les Chinois qui viennent en Afrique du Sud sont fortunés et ont généralement pas mal voyagé à travers le monde. Récemment, Catherine avait des clients qui avaient visité la Turquie et l'Égypte. Une expérience épouvantable : toute cette saleté! L'Afrique du Sud, ça devait être encore pire, craignaient-ils, mais ils avaient été agréablement surpris.

Les touristes chinois sont bien vus en Afrique du Sud, parce qu'ils dépensent beaucoup d'argent. Un groupe que Catherine pilotait a acheté un jour pour un million de rands de diamants. Souvent, on leur demande d'en rapporter. Ils téléphonent alors en Chine depuis le magasin et disent : j'ai ici un diamant de tant de carats qui coûte tant. "Parfois, leurs amis demandent un jour ou deux de réflexion, mais, au bout du compte, c'est presque toujours oui."

Il y en a qui disent qu'ils aimeraient bien habiter ici. Ils demandent alors à un Afrikaner débraillé, dans un magasin d'antiquités rempli de vases, de services et de cuillères en argent, combien coûterait son affaire, après quoi ils se mettent à faire des calculs. Puis ils apprennent qu'au Cap les commerces ferment à cinq heures de l'après-midi et qu'il n'y a presque pas de boîtes à karaoké, et ils se rendent compte qu'ils s'ennuieraient.

Brusquement, l'océan Indien surgit en contrebas. Nous descendons de voiture et contemplons en silence les vagues qui s'écrasent en écumant sur la plage de sable blanc, déserte. "En Chine, partout où il y a quelque chose de beau à voir, il y a des milliers de touristes, dit Shudi, mais ici, pas un chat. Les Chinois disent toujours qu'il y a beaucoup de violence en Afrique du Sud. Eh bien, qu'ils le croient ! Comme ça au moins ils ne débarqueront pas tous par ici."

Je commence à entrevoir pourquoi il aime l'Afrique du Sud – et pourtant, il est retourné en Chine. "Ma mère devenait vieille, dit-il. Je la ferais bien venir en Afrique du Sud, mais son cœur est faible et l'assurance maladie, c'est très cher quand on n'a pas de permis de séjour permanent. Cela coûterait environ un million de rands (100 000 euros) par an de l'assurer." Il réfléchit, le regard perdu au-dessus de l'eau. "Tous ceux avec qui nous sommes partis à l'époque se sont enrichis, sauf moi." Son visage s'éclaircit. "Peut-être que je vais devenir riche moi aussi, avec mes antiquités, ha ha ha!"

Catherine regarde son mari et dit en secouant la tête : *"Always dreaming"* (Toujours en train de rêver).

Nous déjeunons à la terrasse d'un Wimpy. L'air est cristallin, une chaîne de montagnes bleutée se découpe à l'horizon. Une fois que le serveur a pris notre commande, Shudi dit : "Je n'aime pas seulement ce pays, j'aime les gens aussi. Ils sont simples et bons.

— À 99 %, dit Catherine.

— Ils se fâchent pour un rien, poursuit-il, mais ils rient cinq minutes après. Ils ont un grand cœur, pas un « cœur de poulet », comme certains." En prononçant ces mots, il lorgne sournoisement par-dessous sa casquette.

Je demande : "Qui a un cœur de poulet?

— Les Japonais. Ils sont fermés, on ne sait pas ce qu'ils pensent. Ils ne se sont jamais excusés de ce qu'ils nous ont fait subir pendant la guerre. La télévision chinoise diffuse au moins deux films par semaine sur les horreurs qu'ils ont perpétrées. Ils ouvraient le ventre des femmes enceintes, jetaient le fœtus en l'air et lui tiraient dessus. Et au lieu de dire *« Sorry »*, ils disent *« Bad luck »* (Pas de chance)."

Après le coucher du soleil, de dramatiques coups de pinceau rouges et noirs apparaissent sur la toile de la nuit tombante. À travers le pare-brise constellé de mouches écrasées, Shudi et

Catherine photographient les bandes de nuages de plus en plus sombres qui volent au-dessus de nos têtes, se chamaillant, tendus – comme dans une course-poursuite.

Juste avant que nous n'entrions en ville, le ciel noir d'encre crève au-dessus de nous. La pluie tambourine sur le toit, les essuie-glaces sont à la peine, la petite Daihatsu oscille comme un bateau dans la tempête. "Roule sur ta gauche ou sur ta droite !" s'écrie Catherine, mais Shudi continue obstinément à rouler au milieu de l'autoroute et dit en riant : *"Welcome to Cape Town !"*

"Tu es venue avec des amis chinois ?" Liz, l'amie de Juliet qui travaille dans le cinéma, me tire immédiatement du cocon dans lequel je me complaisais ces derniers jours. "Je viens de lire un article sur les mauvais traitements que subissent les prostituées qu'on a fait venir ici pour les immigrants chinois."

Je m'en veux de m'être fait déposer par Shudi et Catherine dans le quartier d'Observatory – Catherine, surtout, était sur ses gardes. Le cottage entouré de murs se trouve au bord de la voie ferrée. Un système d'alarme et deux chiens sont là pour protéger Liz des voleurs. Le quartier est un peu *edgy*, un peu tendu, admet-elle ; il vaut mieux ne pas s'aventurer seule dans les rues le soir. Petit à petit, je trouverai mon chemin. Dans le train de banlieue à propos duquel on entend des histoires effrayantes, ou en taxi-bus dont tout le monde dit qu'il est dangereux parce que les chauffeurs conduisent comme des brutes.

Le lendemain de notre arrivée au Cap, Shudi et Catherine m'invitent à dîner. Ils ont réservé un emplacement séparé dans un restaurant asiatique. Leur fille Yameng et son ami, un Sud-Africain blanc, sont là ainsi que deux collègues de Catherine et leur moitié respective. Je suis assise à côté de Richard, un sympathique ami chinois de Shudi que j'ai déjà rencontré à Jinhua.

Sa femme se présente en me tendant la main : "Sharon, vous savez, comme Sharon Stone."

Je ne suis pas prête d'oublier ma première rencontre avec Richard. Il était venu de Beijing pour voir Shudi. Le jour de son départ pour l'Afrique du Sud, nous l'avons conduit ensemble à l'aéroport. L'air était lourd, quelque part là-haut on devinait le soleil mais la poussière et la saleté nous empêchaient de le voir. Une mauvaise tempête de sable avait balayé les rues de la capitale. On aurait pu croire que le sable avait poursuivi Richard jusqu'à Jinhua, à plus de 1 500 kilomètres pourtant au sud de Beijing. La tempête avait également touché Taiwan, avait appris Shudi : *"Today, China and Taiwan mix!"* (Aujourd'hui, la Chine et Taiwan se réunissent !).

"Eh bien reste donc ici, avait dit Richard en tapotant l'épaule de Shudi, dans ce pays où le sable de Mongolie – qui a la voie libre depuis que les forêts d'antan ont disparu – souffle vers le sud, où les gens crient et sont grossiers au volant, où les bébés ne meurent plus de misère, mais parce qu'un voyou qui voulait s'enrichir rapidement a mis de la mélamine dans leur lait."

À mesure que Richard parlait, je sentais la tristesse me gagner. Qu'est-ce que je faisais là, dans la grisaille de cette ville avec un Chinois qui parlait à peine l'anglais et qui semblait ne pas comprendre pourquoi j'étais venue le voir une seconde fois ? Rentrer chez moi, au plus vite, ou mieux encore : partir avec Richard, en Afrique. Dans ma chambre d'hôtel ce soir-là, je me suis jetée sur mon lit et j'ai éclaté en sanglots.

Richard est biochimiste et a un doctorat en sciences du mouvement humain de l'université de Grahamstown. À la fin de l'apartheid, il est parti vivre quelques années à Toronto, mais il est revenu. Il a un magasin au centre du Cap. "Quatre de mes employés sont congolais, dit-il. Passe au magasin, tu les rencontreras."

Chacun a apporté du vin ou de l'alcool et quelqu'un a même déposé des épinards de son jardin ainsi que des bambous de Chine à la cuisine. Shudi remplit les verres et regarde la compagnie avec satisfaction, comme toujours lorsque sa famille et ses amis sont réunis autour d'une table. Comme son nom de famille, Li, est extrêmement courant en Chine, ses amis l'appellent par son pseudo de blogueur : Da Li. Il dessine la moustache imaginaire de son homonyme espagnol au-dessus de ses lèvres et rit.

Catherine rappelle une anecdote de l'époque où ils avaient une boutique de soierie à Durban. Shudi s'était rendu au salon annuel de l'industrie textile et de l'habillement à Johannesburg, il venait de prendre des cravates en soie et des ceintures de cuir au dépôt et il roulait beaucoup trop vite vers le bâtiment du salon. En doublant une voiture, il se fait repérer par un policier motorisé qui le suit en faisant hurler ses sirènes. Shudi, qui a mis la musique à fond, ne l'entend pas.

Au feu rouge, le policier frappe sur la vitre de Shudi. *"Pull over!"* (Garez-vous sur le côté!) Oh, Oh, qu'a-t-il donc fait de mal, il n'en a pas la moindre idée. *"You drive too fast"* (Vous roulez trop vite), crie l'agent. "Sorry", dit Shudi, et il sort un autre mot de son vocabulaire anglais approximatif : *"Never"* (Jamais). Où allait-il donc pour rouler à une telle vitesse ? Shudi montre le salon du doigt. Pour quoi faire ? Il montre le coffre. Veut-il bien l'ouvrir ?

L'agent reluque la masse de cravates en soie dans leur emballage de plastique bruissant – Shudi voit la convoitise dans ses yeux. L'homme hésite, jetant des regards alentour. *"You and I friends"* (Vous et moi amis), l'encourage Shudi, avant de lui en donner deux que l'agent s'empresse d'escamoter.

"C'était un Blanc, précise Catherine.

— Bien évidemment, dit quelqu'un, sinon il n'aurait pas eu honte." Les autres hochent la tête en signe d'acquiescement.

"Quand un Chinois est pris en flagrant délit de vol, il cache son visage devant la caméra, dit Richard. Mais récemment, on a appris que certains parlementaires sud-africains avaient présenté de fausses notes de frais de déplacement. Ils sont toujours au Parlement et ils rient sans vergogne quand on les filme."

Le magasin de gros de Richard occupe tout le rez-de-chaussée d'un immeuble. *ABC Wholesalers* est inscrit par trois fois en lettres rouges sur la façade grise – ici et là, une lettre a rendu l'âme. Le magasin a l'air d'un bunker : les fenêtres opaques ont des barreaux et, sur l'étroite porte d'entrée, un panneau vous avertit qu'il y a des caméras de surveillance. Un jeune Congolais monte la garde.

Sharon, la femme de Richard, est en jean à la caisse avec un employé zimbabwéen qui parle couramment l'anglais. Farces et attrapes, ballons pour la plage, stylos, piles, fleurs en plastique, lampions en papier – je m'étonne de ces babioles bon marché sur les étagères. Que fait un docteur en biochimie dans cette forêt de chinoiseries ?

Quand Richard sort de son bureau, il intercepte mon regard étonné et sourit. À Jinhua, il m'avait raconté qu'il s'était associé avec un ami fortuné qui voulait ouvrir un supermarché d'articles de qualité pour redorer l'image de la Chine en Afrique du Sud. L'homme avait finalement renoncé à son projet. "On peut toujours vouloir, dit Richard, mais il faut suivre le marché et celui-ci ne veut pas forcément la même chose que vous. Il y a encore trop de gens ici qui n'ont rien, ou si peu."

Ses employés congolais s'approchent en traînant timidement les pieds. Ils sont tous les quatre originaires de Lubumbashi. Voilà déjà onze ans que Daniel est au Cap, auparavant il avait un job bien payé dans une société de gardiennage, mais il s'est avéré, lors d'une descente de police, qu'il n'avait pas les bons papiers ; Fabien est infirmier mais il voudrait étudier la médecine, il est venu en Afrique du Sud pour gagner de l'argent ; Eureka est arrivé il y a peu de temps, il a un regard curieux et le sourire facile, ce qui est sûrement un atout pour se lancer dans cette aventure.

Sylvia, la quatrième employée, est enceinte. "Ça tombe bien, blague Richard, Fabien pourra l'aider à accoucher." Elle lui a dit qu'elle avait été violée, mais il ne la croit pas : elle ne sait pas, à un mois près, quand l'enfant naîtra, alors que la date d'un fait aussi dramatique, ça ne s'oublie pas facilement. Ses collègues congolais m'apprendront qu'elle attend un enfant d'un ami.

"Viens, allons faire un tour à pied en ville, propose Richard. Dans le centre du Cap, on est en sécurité, pas comme à Johannesburg où ton cœur fait *boum boum* chaque fois que tu vois un groupe de Noirs."

Ce matin, l'air frais picotait mais, entre-temps, le soleil brille à tout-va. Quand nous passons devant l'hôtel de ville, Richard me montre le balcon où Nelson Mandela a tenu son premier discours après sa libération, en 1990. De nombreux bâtiments publics ont été restaurés en prévision de la coupe du monde de football de 2010 et ils sont toujours crépis de frais. Il me montre la Slave Lodge – le musée où je verrai les noms des prisonniers chinois arrivés au Cap avec la Compagnie des Indes-Orientales au XVIIe siècle –, me signale les kiosques tenus par des Somaliens où l'on peut acheter des journaux, des friandises et des cartes téléphoniques.

"Les Somaliens sont malins, ils commencent par un petit emplacement au bord de la route, mais ils sont très solidaires et ils s'entraident pour ouvrir ensuite de plus grands magasins." Les Noirs locaux envient leurs succès et disent qu'ils leur prennent leur travail. Ces dernières années, quelques Somaliens ont été assassinés, leurs magasins brûlés. "Une fois qu'ils les ont chassés, les locaux s'aperçoivent qu'ils ne peuvent plus faire leurs courses au coin de la rue et ils regrettent leurs Somaliens, car eux-mêmes sont incapables de gérer un magasin."

Nous nous installons à la terrasse d'un café en face d'un marché aux souvenirs. Richard me parle de la Democratic Alliance, à l'origine un parti composé essentiellement de Blancs luttant pour que tous les Sud-Africains aient les mêmes chances. Le parti attire de plus en plus de non-Blancs déçus par la corruption et le manque de dynamisme de l'ANC. Lors des dernières élections locales, la Democratic Alliance a obtenu la majorité au Cap-Occidental. La voix de Richard a des accents d'optimisme : il semble chercher activement sa place dans la nouvelle Afrique du Sud.

"À partir de 1979, grâce à Deng Xiaoping, les Chinois ont acquis davantage de libertés économiques, dit-il. Nous pensions que la liberté politique suivrait, mais cet espoir a été torpillé par les événements de la place Tiananmen en 1989. Beaucoup de gens ont alors voulu quitter la Chine."

Il avait vingt-neuf ans à l'époque et une bonne place de conseiller dans un institut de design industriel au centre du pays, mais il a décidé de postuler à l'étranger. Quand l'université de Grahamstown lui a proposé un poste d'assistant et la possibilité de faire une thèse, il n'a pas hésité.

"Qu'est-ce que tu vas faire là-bas? demandaient ses amis. Les Blancs considèrent les Chinois comme des porcs." La Chine soutenait la branche militaire de l'ANC et affirmait que tous les Sud-Africains blancs étaient racistes – envers les Chinois aussi. Dans l'avion déjà, Richard avait constaté que ce n'était pas vrai. Les Blancs qui voyageaient avec lui étaient très aimables et disaient que pendant l'atterrissage à Johannesburg, il devait regarder en bas où s'étendait un nombre incommensurable de maisons avec piscine entourées de murs.

“On m’avait dit tant de mal de l’Afrique du Sud, la réalité ne pouvait que se révéler meilleure.” En Chine, tout était gris, tout était recouvert d’une couche de poussière – ça ne servait à rien de laver sa voiture, dès le lendemain elle était à nouveau sale. Grahamstown ressemblait à une petite ville anglaise, tout y était propre et l’herbe y était naturellement verte, pas de ce vert artificiel comme en Chine. Les gens se promenaient en short alors qu’on était en hiver.

“Tout mon corps s’est détendu, dit Richard. J’en avais marre de la propagande politique, je voulais voir comment c’était dans la réalité, je voulais le voir de mes propres yeux.” Les Blancs marchaient d’un côté de la rue, les Noirs de l’autre. À la poste, il y avait deux files. Quand Richard s’était rangé dans la file des Noirs, les gens avaient dit *“Master!”* et ils lui avaient indiqué l’autre file. “Les Noirs étaient polis, dit-il. Ils ne te regardaient jamais dans les yeux quand ils te parlaient.”

Ses années à Grahamstown furent les plus belles de sa vie. En 1994, alors que la fin de l’apartheid s’annonçait, les gens ont commencé à partir, mais Richard est resté : il s’était battu pour se faire une place, se faire des amis – il n’avait pas l’intention d’y renoncer. À Grahamstown la situation était calme mais personne ne savait ce qui allait se passer dans le reste du pays et, pour plus de sûreté, Richard avait demandé un visa pour le Canada. Finalement, la panique l’avait emporté. En 1997 – le tout dernier jour de validité de son visa – il était parti.

Je lui demande s’il avait aussi des amis noirs à Grahamstown.

Richard réfléchit. “Un Noir peut être ton ami aujourd’hui et l’avoir oublié demain, on ne peut pas s'y fier. Ils ne sont pas comme les Chinois, qui ont une civilisation millénaire. Il y a quelque chose de sauvage en eux, comme chez des animaux apprivoisés qui, un jour, vous mordent ou dévorent une autre bête toute vive parce que leur côté sauvage n'a jamais complètement disparu."

Il dit cela sans malice et je ne prends pas la peine de le démentir. Il parle probablement ainsi quand il est avec des amis chinois. Shudi a-t-il la même vision des choses ?

Un soir, à Jinhua, nous étions au restaurant avec un antiquaire chinois habitant en Afrique du Sud. "En Chine, les choses iront mieux demain qu'hier, en Afrique du Sud c'est le contraire", disait celui-ci. D'après lui, les Africains étaient paresseux : pendant que l'un travaillait, quatre autres le regardaient faire. Les Chinois travaillaient vingt-quatre heures sur vingt-quatre et ne prenaient même pas de pause déjeuner. "Tous les Noirs prient Dieu pour qu'il leur donne la richesse sans qu'ils aient à se fatiguer", disait-il. Shudi m'avait regardée, mal à l'aise, mais n'avait pas contredit son compatriote.

"Par contre, je me suis lié d'amitié avec un collègue afrikaner à Grahamstown", poursuit Richard. Les Sud-Africains anglophones se moquaient de lui, ils disaient qu'il n'avait rien dans le crâne, mais Richard s'entendait bien avec lui. "Les Anglo-Saxons sont imbus de leur personne, ils se croient supérieurs parce qu'ils font partie d'une grande nation. Les Afrikaners, eux, ne peuvent aller nulle part, ils ne sont plus néerlandais car cela fait trop longtemps qu'ils ont quitté les Pays-Bas. Et ils attachent autant d'importance à la famille que les Chinois."

À Grahamstown, Sharon travaillait dans une bibliothèque ; à Toronto, elle a trouvé du travail dans une boutique de mode. Richard a d'abord été employé dans un magasin d'électronique, puis consultant pour une firme de produits de santé. Ils avaient mis de l'argent de côté, mais ils ont décidé de travailler dur et de ne pas vivre comme des rentiers. Six mois après leur arrivée à Toronto, ils achetaient une maison.

Mais, le soir, Richard regardait Discovery Channel, des documentaires sur la nature africaine : l'Afrique lui manquait. "La vie au Canada est insipide et on ne s'y fait pas d'amis. *People don't bother and don't care* (Les gens ne s'intéressent pas aux autres). Tu ne travailles que pour gagner de l'argent." En 2003, il a pris l'avion pour l'Afrique du Sud afin de prendre la température du pays et il n'a pas hésité un instant : son cœur était là, et pas ailleurs.

Sharon téléphone. Elle ne va pas tarder à fermer boutique. Quand nous arrivons, cinq heures viennent de sonner et l'atmosphère est tendue dans le magasin. "Vite, vite, dit Sharon, on éteint les lumières et on s'en va." Tous les commerces des environs ferment à cette heure-là, celui qui traîne forme une proie facile pour les agresseurs. La consigne, c'est de rester ensemble, de ne surtout pas laisser partir le personnel.

Les Congolais attendent docilement au portillon, près de la sortie, que Richard les fouille un par un. J'assiste, gênée, à l'opération, mais ils lèvent les bras d'un geste routinier et le laissent faire. "Qu'est-ce que tu as là ?" demande Richard en inspectant le sac de Sylvia. Elle en sort une paire d'espadrilles. "Oh, j'aimerais en avoir de pareilles!" Je me trompe, ou son ton enjoué dissimule-t-il un certain embarras?

"Un Chinois aurait honte si je le fouillais, admet Richard tandis que nous marchons vers la voiture avec Sharon. « Quoi! Tu ne me fais pas confiance? » dirait-il. Mais ici, on est obligé de fouiller ses employés car, dès qu'ils en trouvent le moyen, ils vous volent." Il les paie toutes les semaines et, malgré cela, ils lui demandent régulièrement une avance. "Ils ne savent pas planifier. Si je les payais tous les mois, ils auraient constamment des problèmes."

"Un Chinois qui gagne 100 rands en économise 90, dit Sharon qui marche d'un bon pas entre nous. Un Africain qui gagne 100 rands en dépense 200." Elle considère les employés comme ses enfants; elle est gentille avec eux mais de temps à autre, elle est obligée de les punir. Elle en a licencié plusieurs parce qu'ils volaient. "Plus tard, ils reviennent pour tailler une bavette – comme si de rien n'était. C'est pour ça que je n'emploie jamais de gens obèses..." Richard sait ce qu'elle va dire et essaie en chinois de la faire taire, mais elle poursuit, imperturbable : "... ils sont plus difficiles à fouiller."

Ils préfèrent éviter d'embaucher des Sud-Africains. Ces garçons eux-mêmes sont peut-être honnêtes, mais ils vivent au milieu de gens qui ne le sont pas. Tôt ou tard, ceux-ci s'informent des habitudes de leur patron, c'est comment exactement chez lui, quels sont ses horaires – et puis ils viennent vous cambrioler. "C'est pour cela que je n'ai pas de bonne, dit Sharon, et que je ne fais pas venir d'homme à tout faire pour les travaux de réparation – ces gens-là peuvent guider un voleur jusque chez vous."

Deux agents de sécurité armés attendent sous un arbre. “Cela signifie que mon voisin le Grec est toujours dans son magasin”, dit Richard. L’homme vend à peu près les mêmes choses que lui mais son établissement est beaucoup plus grand. Quatre agents montent la garde jusqu’à ce que sa Mercedes ait quitté le garage, alors seulement ils ont le droit de partir à leur tour.

“Je lui dirais bien bonjour, mais lui ne me salue pas. Parfois, il envoie un espion dans mon magasin pour voir ce que j’ai.

— Et toi, tu lui envoies aussi quelqu’un de temps à autre ?

— Non, non, tu sais comment nous sommes, nous les Chinois. Nous restons modestes, chacun doit pouvoir vivre. Par contre, je note les produits qui se vendent bien au centre commercial du Cap et j’achète les mêmes, mais en moins cher.”

Nous allons en voiture jusqu’à la large promenade qui borde l’océan Atlantique et nous flânons parmi des joggeurs et des enfants qui jouent. Richard et Sharon ont un petit garçon de douze ans qui vit depuis cinq ans chez les parents de Sharon, en Chine. L’Afrique du Sud est le plus gros partenaire commercial de la Chine en Afrique, donc il y a de l’avenir pour un enfant comme le leur – à condition qu’il sache parler et écrire le chinois. Sharon va le voir au moins une fois par an et Richard fait de même quand il va s’approvisionner à Yiwu.

Richard parle de son premier retour en Chine après son expatriation. C’était en 1995, les gens pratiquaient une ouverture dans la façade de leur maison et y tenaient un commerce improvisé. C’était le début des changements qui allaient gagner tout le pays et qui le stupéfiaient d'autant plus qu'il ne les voyait pas se développer au jour le jour. "Tout le monde se jetait à l'eau. Ceux qui savaient nager s'enrichissaient, mais il y en avait aussi qui buvaient la tasse."

Ses camarades d'école, dans sa province natale du Sichuan, ne savent plus parler que d'argent et ils lui font fête chaque fois qu'il revient, même s'ils y dépensent un mois de salaire, bien au-dessus de leurs moyens. Mah-jong, festins, karaoké – ils l'enferment toute la sainte journée dans une pièce où tout le monde crie, chante et fume, alors qu'il ne supporte pas l'odeur du tabac et apprend de plus en plus souvent que tel ou tel a un cancer. Ils ne comprennent pas qu'il veuille sortir. "Tu n'es plus un Chinois", disent-ils alors. Tout ça c'est de l'esbroufe, ils veulent lui montrer qu'ils ont fait du chemin, mais lui, franchement, il s'en moque. Parfois, il éprouve le besoin de faire une pause et il éteint son téléphone. Mais où étais-tu passé ? demandent-ils après coup, tu as raté le meilleur. "Je suis toujours content de revoir mes camarades de classe, dit-il, mais au bout d'un moment j'en ai ma claque."

Dernièrement, un de ses amis chinois l'a emmené à la mer. La plage était sale, il y avait des milliers de gens et, çà et là, des groupes d'hommes jouaient au mah-jong, en tournant le dos à la mer. "J'ai pitié de mes compatriotes, ils grandissent entre des immeubles, ils ne voient pas souvent le bleu du ciel. En Chine, on a beau être riche, dès qu'on sort on respire de l'air pollué."

C'est pourquoi les riches Chinois parcourent le monde, en quête de contrées encore intactes. Après avoir quitté le Canada pour l'Afrique du Sud, en 2003, Richard a acheté un minibus de huit places, peint *Tour the Peninsula* sur les flancs et est devenu guide touristique au Cap. Il a tenu six mois. "C'était épouvantable. Je travaillais de huit heures du matin à onze heures du soir. Quand ils voulaient sortir, au casino ou au striptease, je devais les accompagner. « On paie pour vous, disaient-ils, on a de l'argent ! » J'en ai vu défiler, des joueurs. D'après moi, ils sont accros à la montée d'adrénaline qu'ils éprouvent cinq secondes avant de retourner la carte pour voir s'ils ont gagné ou perdu – c'est ce qui les motive." La plupart du temps, ce sont des gens fortunés, mais il a aussi rencontré au casino des compatriotes avec un sac rempli de billets de 10, 20 et 50 rands – de l'argent gagné la journée dans leur magasin.

Une autre fois, Richard avait proposé à un groupe de Chinois en train de prendre de gros risques : "Allons nous promener, ça vous calmera et ça vous laissera le temps de la réflexion." Une fois dehors, l'un d'eux a voulu acheter une pellicule pour son appareil photo. Il a sursauté en en apprenant le prix. 42 rands – autant ? Richard secoue la tête, l'air dépassé. "Juste avant, il avait perdu de très grosses sommes au casino."

Une autre fois, un groupe de hauts fonctionnaires l'entraîne au casino du Cap, où ils gagnent beaucoup d'argent. Ensuite, ils se rendent à Johannesburg, où ils perdent plus d'un million de rands. Ils lui téléphonent : il leur avait porté bonheur au Cap, est-ce qu'il ne pouvait pas les rejoindre à Johannesburg ? Ils lui envoient un billet d'avion, Richard s'exécute. Pendant qu'ils misent, Richard se tient à l'écart en faisant des calculs et, en une soirée, ils récupèrent toute leur mise. "Nous avons déposé l'argent dans le coffre-fort de l'hôtel et nous sommes allés nous coucher. Au milieu de la nuit ils se sont levés, sont retournés jouer et ont à nouveau tout perdu." Richard, furieux, a repris l'avion pour Le Cap mais ses compatriotes ont téléphoné en Chine pour qu'on leur envoie de l'argent frais.

"De l'argent qu'ils avaient gagné eux-mêmes ?"

Il hausse les épaules. "C'étaient des gens du gouvernement, que veux-tu que je te dise ?"

Je passe beaucoup de temps au magasin de Richard et à ses abords. Un commerce chinois avec des employés congolais – parfois, quand je me lève le matin, je ne sais plus très bien où je suis : en Chine ou en Afrique.

Richard vend un millier d'articles différents. Il y a parfois si peu de clients qu'il se demande comment il va payer son prochain loyer. Et puis, à d'autres moments, on dirait que toute la ville s'est donné rendez-vous dans sa boutique et les vendeurs ne savent plus où donner de la tête.

Nous parlons tantôt dans son bureau derrière le magasin, tantôt en flânant sur la plage et finalement sur la terrasse de sa villa avec vue sur l'océan où, comme un Sud-Africain de souche, il organise un *braai*, un barbecue. Richard ne craint pas de retoucher l'image flatteuse de l'immigration entretenue par ses compatriotes. De nombreux Chinois de sa génération affirment qu'ils sont venus ici pour l'aventure, dit-il, alors qu'en fait ils fuyaient la misère, car même un professeur d'université était mal logé et sa cuisine se trouvait le plus souvent dehors, malgré le froid mordant qui règne l'hiver dans une grande partie de la Chine.

J'ai avec Richard les conversations que la barrière de la langue m'empêche d'avoir avec Shudi. Richard est très attaché à son ami et parle de lui avec cet air amusé que beaucoup de gens prennent quand ils abordent le sujet Shudi. Il décrit avec un plaisir manifeste un Shudi somnolant derrière la caisse dans sa boutique de soieries à Durban, rêvant de peintures et d'estampes chinoises anciennes – jusqu'à ce que le canon glacial d'un pistolet sur sa tempe le rappelle à la réalité.

Quand Shudi est retourné en Chine en 2004, il voulait faire quelque chose pour son pays, pense Richard, mais il sent qu'il est déçu et que, depuis quelque temps, l'Afrique du Sud l'attire à nouveau. Récemment, Shudi est venu lui acheter des cartons de déménagement et il a avoué qu'il avait hâte d'être à la retraite.

Richard a une vision claire des projets de la Chine en Afrique. Un après-midi, alors que nous sommes dans son bureau où un des huit moniteurs de caméra de surveillance nous montre une Sylvia enceinte affalée sur un tabouret bas, il dit : "La Chine sait qu'elle ne doit pas compter uniquement sur les États-Unis et l'Europe, elle est à la recherche de nouveaux marchés. Si nous aidons l'Afrique – le seul continent au monde qui ait encore un retard à rattraper – à se créer une économie solide, nous en profiterons nous-mêmes."

Les délégations chinoises qui visitent l'Afrique du Sud se multiplient et parfois on l'envoie en éclaireur. Peu après avoir rencontré en Chine le ministre angolais de la Pêche, un ami fortuné l'a dépêché en mission de reconnaissance en Angola. L'Angola ne l'a pas séduit. "Le ministre m'avait attribué une voiture avec chauffeur et un interprète. Nous avons été arrêtés par un policier qui refusait de nous laisser passer bien que le chauffeur lui ait clairement signifié que j'étais un invité du ministre. Nous avons eu un mal fou à poursuivre notre chemin. La corruption, à ce niveau-là, c'est mauvais. Je ne paie pas, jamais – j'ai pitié de ceux qui le font. Quand on commet une infraction, on règle ça au tribunal, pas dans la rue."

Les gouvernements africains, dit-il, aiment travailler avec le gouvernement chinois, qui peut tenir ses engagements pour la bonne raison qu'il n'a pas à consulter sa base. Ce n'est pas le cas partout. Son interprète angolais lui a montré un projet resté en plan. Le Parlement indien en débattait depuis deux ans. "Donnez-nous deux cent mille Chinois, lui a murmuré le ministre de la Pêche, et tous les problèmes de ce pays seront résolus."

L'entrepôt de Richard est deux fois plus grand que son magasin. Les cartons vides s'entassent à l'extérieur. Il désigne un groupe de SDF de l'autre côté de la rue. "Je leur propose de les prendre, mais ils me disent : ça rapporte trop peu. En Chine, la compétition est beaucoup plus forte, il y a longtemps que ces cartons auraient disparu."

À l'intérieur règne une odeur sucrée, comme dans le commerce de gros où mon père nous emmenait quand nous étions petits et où on lui faisait une ristourne parce qu'il travaillait aux impôts. Je m'inquiète du nombre de cartons contenant des invendus. “Les affaires, ce n’est pas évident, dit Richard. Bien plus compliqué que la recherche. À l’université je travaillais sans avoir à me préoccuper de mes clients, mais pour un commerçant le client est roi : c’est lui qui décide s’il vient chez toi ou pas.”

Il a une pièce remplie d’articles abîmés ; quelqu’un passe de temps en temps, en achète un lot pour quelque 500 rands, les répare et les revend. Il n’a jamais réussi à écouler ses bombes de table chinoises, malgré leur prix de 14 rands (1,4 euro). En Chine, toute fête s’accompagne de beaucoup de bruit, ici les gens demandent : “Ça va nous servir à quoi ?” Les décorations de Noël invendues des dernières années s’entassent elles aussi presque jusqu’au plafond. Richard devra bientôt se rendre à Yiwu s’approvisionner pour le Noël prochain. Il évalue son stock de l’œil du connaisseur. “Normalement je remplis trois conteneurs, dit-il, mais je crois que cette fois-ci, je vais m’en tenir à un seul.”

Entre-temps, je bavarde avec les employés congolais du magasin. Le jeune et candide Eureka m’a immédiatement conquise. *“Présent !”* s’écrie-t-il dès que je prononce son nom – comme un militaire pendant l’appel. Les immigrants comme lui ont des tas de secrets, à commencer par la façon dont ils sont arrivés et le statut de leur séjour mais, chaque fois que je lui pose une question, Eureka commence sa réponse par : *“Je vais être honnête.**” Oui, il boit de l’alcool ; sa mère est témoin de Jéhovah et elle l’emmenait parfois au culte, mais nulle part dans la

Bible il n'a lu qu'on n'avait pas le droit de boire de l'alcool. Oui, il a eu plusieurs petites amies – et il en cherche une nouvelle. Un jour, je reçois un message automatique me demandant de le rappeler. Quand je l'ai en ligne, je lui demande : "Tu n'as plus de crédit ?

— Si, dit-il, mais je voulais téléphoner sur le tien."

Sylvia s'est installée chez son ami en banlieue, les trois autres habitent à proximité du magasin, au quartier de Woodstock où je passe en rentrant en taxi-bus. Fabien, l'infirmier qui veut devenir médecin, est venu au Cap pour jouer de l'orgue électronique à la demande d'un pasteur congolais ; à cinq heures, il file en direction du centre pour répéter, mais Daniel et Eureka rentrent ensemble chez eux et, parfois, je les accompagne un bout de chemin.

Daniel est l'aîné des quatre. Il gagne beaucoup moins d'argent depuis qu'il a cessé de faire du gardiennage, mais il est content d'avoir un travail qui lui permet de tenir en attendant que ses papiers soient en règle. Au début, Richard lui donnait 300 rands (30 euros) par semaine. À sa grande surprise, il a obtenu une augmentation trois mois plus tard et, maintenant, il gagne 400 rands. J'en ai le tournis : faire tout le voyage depuis le Congo pour gagner 160 euros par mois ! Et pourtant, Daniel arrive à mettre de l'argent de côté tous les mois.

Lorsque Eureka a touché son premier salaire, c'était moins qu'il n'espérait, mais il a ravalé sa déception, reconnaissant finalement d'avoir gagné quelque chose. Après le travail, il aidait Richard à repeindre sa résidence secondaire au Cap et bientôt il a pu envoyer chez lui 500 dollars, qui ont permis à ses frères de renflouer un commerce de portes en fer qu'il avait ouvert juste avant son départ.

Eureka est bon cuisinier et, un soir, nous décidons de faire les courses ensemble et de préparer un repas chez lui. Je détourne la tête quand Sharon fouille les employés. "Cela signifie que mon patron ne me fait pas confiance, dit Daniel lorsque nous sommes sortis. Ça pourrait me donner des idées." Mais Eureka trouve ça normal. "Au supermarché il y a des machines qui contrôlent si tu n'as rien volé, dit-il, pragmatique. Richard n'en a pas."

Daniel a déjà travaillé auparavant pour des Sud-Africains blancs ; c'est sa première expérience avec un patron chinois. "Richard est bon et sa femme est gentille, mais les Chinois, on ne peut pas sonder leur âme." Il ne sait pas bien comment le formuler, ils ne savent rien, d'après lui, des… droits de l'homme.

"Comment ça ?

— Nous travaillons de huit heures à cinq heures et ne prenons qu'une demi-heure de pause, dit-il en hésitant, et Richard ne paie pas les jours de congé. Jusqu'à ce qu'il emploie une Sud-Africaine qui avait un tas d'exigences – après quoi nous avons osé demander des extras nous aussi."

J'ai proposé de payer les courses et, au supermarché, Eureka dépose un poulet, de l'huile, de la sauce tomate, des légumes et des fruits dans son chariot. "Hé ho ! dis-je quand il prend un sac de cinq kilos de farine sur une étagère. Pourquoi autant ? Nous ne sommes que quatre." Il avoue, l'air contrit, qu'il voulait profiter de l'occasion pour se constituer des provisions.

Les magasins de la rue principale de Woodstock sont souvent tenus par des Somaliens et de nombreux immigrants africains habitent dans les ruelles environnantes. Depuis que le président Zuma a ouvert les frontières aux Zimbabwéens, ils affluent dans le pays – concurrence redoutée par les Congolais, francophones. Eureka partage une chambre avec un compatriote et un gros Kényan : deux lits, une chaîne stéréo sur laquelle un petit poste de télévision est posé. La douche et les toilettes communes sont dans le couloir.

Eureka se met à l'aise, passe un tablier et commence à cuisiner. Au moment même où le poulet crépite dans la casserole, coupure de courant. “Ssss…”, fait-il, désappointé – ses voisins sont sûrement en train de faire la cuisine eux aussi. Il va frapper à une porte dans le couloir et l'affaire est réglée.

Fabien rentre de l'église et le compatriote d'Eureka se joint à nous. Ils regardent un clip d'infos qu'ils ont trouvé sur Internet et dans lequel le gouverneur du Katanga visite la Zhejiang Normal University à Jinhua.

Je suis assise sur un des lits, je bois de la bière au goulot, j'écoute les voix aiguës des enfants qui jouent dans la cage d'escalier, j'observe les taches d'humidité sur les murs, les vêtements et les serviettes accrochés à des clous, le cafard aux longues antennes qui sort d'un trou et s'en va faire une petite balade. La vapeur de la cuisson stagne lourdement dans la pièce, mais lorsque Eureka ouvre l'unique petite fenêtre, le bruit de la circulation dans la rue principale de Woodstock nous saute aux oreilles.

Un Chinois parti en Afrique du Sud après le drame de la place Tiananmen et qui embauche des Congolais ayant quitté leur pays pour avoir une vie meilleure – depuis que j'ai mis les pieds dans le magasin de Richard, j'essaie de recomposer les pièces du puzzle. Ces jeunes gens viennent, en fin de compte, de la plus riche province du Congo. Dans cette pièce où Eureka, en tablier à pois rouges, prépare un repas tandis que les autres, assis sur des chaises de fortune, fixent un petit écran, je suis à nouveau frappée par l'incongruité de la situation.

"C'est pour cela que vous avez quitté le Congo ?" Mes mots font l'effet d'une bombe de table chinoise : tout le monde se réveille et commence à parler en même temps.

"Le Congo est un mauvais pays, dit Daniel, c'est pour ça que je suis parti. Nous avons peut-être des richesses, mais nous ne sommes pas solidaires. Les Chinois viennent chez nous pour nous voler et les autorités congolaises les aident en se servant au passage.

— Le Congo fournit de l'électricité à quantité de pays, dit Fabien. Même à l'Afrique du Sud, à la Corée du Nord et à la Chine." Je proteste que c'est impossible, ce qui donne lieu à une vive discussion sur l'électricité qui atteindrait sa destination par radiations. "Quand nous n'avons plus de crédit ici, nous payons un supplément et nous avons à nouveau de l'électricité, ajoute Fabien. Ça arrive quand même bien par radiations ?"

Daniel n'est plus retourné chez lui depuis son arrivée en Afrique du Sud, il y a onze ans, il aimerait bien le faire mais sa famille le lui déconseille. Eureka avoue lui aussi que l'Afrique du Sud n'est pas ce qu'il avait imaginé. Il voudrait dire à ses amis à Lubumbashi qui rêvent de venir de ce côté-ci que ça n'en vaut pas la peine.

“Ils ne te croiront pas, dit Fabien, flegmatique. Tout le monde est persuadé que nous avons la belle vie.” Récemment, quand il a téléphoné chez lui, un de ses amis a dit : “Ta voix a changé, elle est moins sèche qu’avant. J’ai dans l’idée que vous devez manger beaucoup de poulets là-bas !”

Ils rient de l’ignorance de ceux qui sont restés chez eux. “Tu crois que tu m’aurais vu dans cette situation au Congo ? dit d’un ton courroucé le camarade de chambrée d’Eureka. Dormant dans le même lit qu’un gros Kényan qui ronfle si fort, quand il a bu, que je suis obligé de lui donner des coups de coude ? Bien sûr que non ! Mais nous voulons aussi voyager et voir du pays. Nous ne sommes plus ceux qui ont quitté Lubumbashi, nous avons progressé.” Un Congolais de leurs amis s’est envolé récemment pour l’Angleterre. La pièce s’emplit de rêves : ils voudraient suivre sa voie.

Petit à petit, je comprends pourquoi ils ont – tout comme Cheikhna et Shudi – osé faire ce saut dans l’inconnu : chez eux, ils avaient atteint la limite de leurs possibilités, ils auraient pu prédire leur avenir, plus rien de nouveau ne leur serait arrivé.

“Nous voulons tous obtenir des papiers pour aller plus loin, dit Eureka, car, au bout du compte, nous sommes toujours en Afrique.” Il me regarde avec ses yeux ingénus. “Qui sait, tu m’emmèneras peut-être avec toi en Europe.”

Ce sont de vieux rêves, des rêves dépassés mais qui ont la vie dure, même chez ces jeunes gens dont pas un n’a connu la colonisation.

Il est près de minuit quand je sors avec Daniel. Il habite tout à côté, mais d’ici à Observatory, il y a une bonne trotte. Les rues sont désertes, les bus ne roulent plus, nous attendons en vain un taxi. Malgré une certaine appréhension, nous nous dirigeons vers un taxi illégal garé discrètement au coin de la rue. En montant dans le véhicule, je murmure à Daniel : “Note le numéro, je t’envoie un texto dès que je suis arrivée.”

Liz n’est pas encore couchée. Elle ne parvient pas à croire que mes amis congolais gagnent si peu. “Tu as mal compris, affirme-t-elle.

— Non, non, je suis sûre de moi.

— 1 600 rands par mois, c’est bien en dessous du salaire minimum !”

Je n’ai pas vu Shudi depuis des semaines mais, un jour, Catherine m’annonce que la maison est prête et qu’ils m’invitent à la pendaison de la crémaillère. L’ami de leur fille Yameng passera me prendre avec son père, Patrick, qui se trouve habiter lui aussi Observatory.

Patrick a l’humeur en berne quand nous quittons la ville. Cet après-midi, il travaillait chez lui dans la pièce de devant et il s’est interrompu pour faire une course. En revenant, il a vu deux jeunes courir dans la rue. En fait, ils emportaient ses deux ordinateurs portables et ses téléphones.

“Je n’aime pas me barricader”, dit Patrick, qui passe une partie de l’année en Allemagne. Sa maison est entourée d’un muret bas et il n’y a pas de barreaux aux fenêtres. “J’ai vu les voleurs s’enfuir, répète-t-il, incrédule, mais je n’ai réalisé qu’en rentrant chez moi et en constatant que mes affaires avaient disparu.”

Shudi et Catherine habitent un ensemble d'appartements flambant neuf à 25 kilomètres du Cap. Nous devons chercher un bon moment avant de trouver l'entrée de leur compound sécurisé. De l'herbe vert vif, des buissons et des arbustes nouvellement plantés – on se croirait en Chine. Les bâtiments entourent un étang et, juste au moment où nous pensons nous être égarés, Shudi apparaît sur la galerie et nous fait de grands signes.

Il nous conduit fièrement jusqu'à son appartement où tout sent le neuf, où la table est mise et où tous les ingrédients nécessaires à une fondue attendent sur le plan de travail. "Ce n'est pas très grand ici, s'excuse Shudi lorsque nous sommes dans le séjour exigu. Dans trois ans, je reviendrai de Chine et j'achèterai une maison plus grande. Avec un atelier, car en définitive, je ne suis pas un professeur, mais un artiste."

Des peintures que Shudi a faites à Pietermaritzburg sont accrochées aux murs : une nature morte représentant un vase chinois et des fruits, un paysage couleur rouille presque abstrait. Dans le couloir, je reconnais une œuvre du jeune Shudi, de l'époque où il habitait encore à Kaifeng. Je l'avais déjà vue sur son ordinateur portable, mais en vrai il en émane une atmosphère plus présente – plus mystérieuse. Kaifeng baigne dans une lumière hivernale d'un bleu miraculeux, les arbres dressent leurs maigres branches vers le ciel et trois chaudrons arrondis sont plongés dans l'ombre d'une construction basse surmontée de hautes cheminées.

Shudi suit mon regard. "C'est beau, dis-je.

— Belle lumière, dit Patrick.

— La cantine de l'université l'hiver", dit Shudi. Il secoue la tête, comme pour en effacer le souvenir.

Les vieux chaudrons en fer dans lesquels on servait les repas faisaient bien un mètre et demi de diamètre. "Nous mangions dehors, accroupis – sans table ni chaise. C'était terrible. Tu imagines le froid ?"

C'est le froid de la misère dont Richard m'avait parlé – la vie à laquelle ils ont tous échappé.

Shudi sort de l'armoire un cruchon vert de *baijiu* qu'il ouvre avec un large sourire de contentement. Une odeur agréable et familière se répand lorsqu'il remplit les verres.

Patrick est encore sous le coup du vol de cet après-midi mais Shudi et Catherine sont si enthousiasmés par leur nouveau logement et leur gaieté est si contagieuse qu'il finit par se détendre. Yameng et son ami font un peu bande à part. Ce sont leurs derniers moments ensemble – il partira bientôt pour San Francisco et elle ne sait pas encore quand elle pourra le rejoindre.

Pour Shudi aussi, ce sont les derniers jours au Cap et, à mesure que la soirée s'avance, je sens que son départ imminent pour Jinhua lui pèse. "Tu es libre, dit-il comme souvent lorsque nous buvons un verre ensemble. Dans trois ans, je serai libre moi aussi."

Puis vient l'incontournable moment du toast. "À cette maison, dit Shudi en levant son verre, et à cette ville où nous avons échoué après avoir fui Durban." Ses pommettes ont une bienheureuse couleur rouge. "Et en espérant que tout reste calme ici, car nous sommes à la pointe extrême de l'Afrique. On voit sur la carte où nous finirons si nous devons partir."

DES YEUX BLEUS
ET UN SOURIRE CHINOIS

CONGO

Le vol d'Afriqiyah Airways pour Kinshasa a du retard. Nous sommes à l'aéroport de Tripoli, une quinzaine de Congolais et moi, et nous écoutons une jeune femme qui, un bébé dans les bras, a su en un rien de temps accaparer toute notre attention. Elle se plaint, gémit, jure dans un lingala entrelardé de français.

Alors que j'essaie d'enchaîner dans le fil d'un récit les quelques mots qui clignotent : *police ya Poto... cinq jours... prison... enfant malade... mundele méchant* (la police européenne... méchant Blanc), je remarque qu'une grande Congolaise me fixe d'un œil mauvais. Je demande : "Qu'est-ce qu'il y a, j'ai fait quelque chose de mal moi aussi ?"

"Non, non." Elle raconte que le bébé a subi à Rome une opération du cœur financée par Médecins sans frontières. Il a eu deux mois pour s'en remettre. Pendant cette période, la mère a fait la connaissance de quelques compatriotes qui lui ont déconseillé de retourner à Kinshasa. Comment le bébé pourrait-il récupérer là-bas, qui paierait le lait dont il aura besoin ?

Médecins sans frontières l'a mise dans un taxi pour l'aéroport mais elle a demandé au chauffeur de faire demi-tour et s'est présentée au bureau des services sociaux italiens. Ces derniers ont prévenu la police qui l'a envoyée cinq jours en prison puis reconduite sans plus tarder à l'aéroport. "Sans même un biberon de lait pour le bébé", dit un Congolais qui a suivi notre conversation. Tout le monde peste en chœur contre la police italienne. Je me tais. Si je comprends bien, une femme ne respecte pas l'accord passé avec Médecins sans frontières et c'est la police italienne qui est responsable des conséquences ?

Mon regard dévie vers le centre du hall de départ où les passagers pour Istanbul, Tunis, Dakar et Accra sont scotchés au feuilleton égyptien qui se déroule sur un grand écran plat. Comparé à d'autres aéroports des pays arabes, celui-ci ressemble à un hangar. Ici et là, un portrait de Kadhafi, qui va avoir de gros problèmes un mois plus tard. Et puis, de nombreux agents de la sûreté ; ils flânent par les couloirs main dans la main.

Soudain, un Noir vêtu d'une courte cape sombre surgit, suscitant un mouvement d'excitation et de vigilance. Les gardes du corps qui l'accompagnent fendent en deux le groupe des voyageurs. La délégation disparaît aussi vite qu'elle est apparue.

Un bus nous emporte sur une mauvaise route vers une partie ancienne de l'aéroport. Je suis à côté du Congolais qui réprouvait l'attitude des policiers italiens. "Ce bébé va mourir, prédit-il d'un ton sombre, la mère n'a pas de quoi lui acheter du lait.

— N'aurait-elle pas dû y penser plus tôt, dis-je avec précaution. Pourquoi faire des enfants quand on n'est pas en mesure de s'en occuper ?

— Oh, mais pour cela, il faudrait que les mentalités changent." Il n'éprouve aucune difficulté à se rallier maintenant à mes arguments. "Les gens sont inconscients, ils ont parfois jusqu'à onze enfants. Et pas d'argent pour les envoyer tous à l'école, donc ces enfants finissent mal." Quand nous descendons du bus, il a complètement retourné sa veste.

L'avion est presque vide, mais les stewards libyens veulent que chacun s'assoie aux places réservées. Tollé général ! "On a une heure et demie de retard, je ne vais pas m'asseoir sur mon siège", dit un vieil homme qui s'est approprié une rangée de quatre sièges. Il n'explicite pas le lien entre les deux parties de son argumentation. Quand le steward essaie de le faire changer d'avis, il proteste : "Je ne parle pas l'anglais, mais le français !"

Les Congolais ont gain de cause – les stewards battent en retraite avec un haussement d'épaules. On marche sur la tête, me dis-je. Et, en même temps, c'est comme si quelqu'un m'ouvrait les bras pour me souhaiter la bienvenue. Bientôt, les passagers congolais tout autant que les stewards au fond de l'avion sont en grande conversation entre eux. Le pilote annonce que – *inch Allah* – nous arriverons à Kinshasa dans trois heures. Je renverse mon siège en position sommeil et je ferme les yeux.

La nouvelle a précédé mon arrivée : les Chinois rénovent les 15 kilomètres du boulevard qui relie l'aéroport de Kinshasa au centre et ils ont abattu tous les arbres datant de l'époque coloniale. Je l'ai appris d'un Belge, furieux – contre les Chinois.

"Je suppose que les Congolais ont donné leur autorisation, ai-je avancé.

— Bah ! Vous savez bien comment ils sont, ils se contrefoutent de la beauté d'un paysage.

— Et nous devrions donc le faire à leur place ? Je crains qu'il ne soit trop tard."

Mais l'Européenne en moi pleurait en secret les arbres noueux, généreux pourvoyeurs d'ombre, sacrifiés sur l'autel de la modernisation version chinoise. Un Congolais, étudiant en architecture à Beijing, me trouvait sentimentale. En Chine, il s'était mis à voir les choses différemment – moins *en détail*. "Ces arbres devaient absorber les gaz d'échappement, mais ils sont trop vieux pour remplir encore cette fonction. En outre, ils sont dangereux : leurs branches se cassent et se retrouvent sur la route. Sans compter les mangues mûres qui tombent sur la tête des passants !"

Il parlait des manguiers qui poussent dans les jardins des villas bordant le boulevard ; quand les mangues sont mûres, les branches pendent lourdement par-dessus des murs d'enceinte et il arrive parfois qu'un fruit tombe.

Sur la place de la gare, le long du boulevard, une fontaine se dressait à présent, m'avait-on dit. Le soir, elle était illuminée et on entendait même de la musique. Les gens s'y rendaient en masse et disaient : "Nous n'avons plus besoin d'aller en Europe, l'Europe est venue à nous."

J'étais donc prévenue et, pourtant, ça me fait un choc. Le boulevard a l'air d'un mouton tondu. De chaque côté de la route à quatre voies toute lisse, battent les entrailles de la ville : les murs délavés des constructions basses, les détritus que le vent éparpille et le grouillement continu des passants qui naviguent sur leurs tongs en plastique dans la poussière sableuse.

Monsieur Ridja, ainsi que je le nomme encore après tant d'années, a proposé de m'héberger dans la maison d'hôtes de la firme textile Sotexki. Un grand appartement aux murs décorés d'art congolais, des meubles en bois sculpté, des classiques russes et *L'Amant* de Marguerite Duras sur les rayons de la bibliothèque. Le patron de Ridja, un Français, y séjournait assez souvent avec sa famille. La chambre d'enfants est restée telle quelle : jouets, cahiers, dessins – comme si un enfant pouvait rentrer d'un instant à l'autre de l'école pour y faire ses devoirs. Des buffets renfermant des services de table à décor de fleurs, des verres en cristal, des serviettes assorties – c'était la belle vie ici autrefois, tout en témoigne.

L'employé de maison maigrichon qui prépare le déjeuner de monsieur Ridja, tournicote en veste blanche usée dans la cuisine trop grande, marmonnant à part lui, vaquant à d'imprécises besognes – fantôme d'une époque révolue. Je suis à peine installée dans l'appartement qu'il commence à rabioter mes provisions, prélève une part sur le lait en poudre, quelques cuillerées de sucre dans le pot, se sert en café.

La terrasse donne sur un jardin planté de bananiers et de palmiers à huile. Dans les lointains brumeux, le fleuve Congo. Sur l'autre rive, à Brazzaville, m'attend Cheikhna, le commerçant malien que j'ai rencontré à Guangzhou. Un petit saut en passant à Kinshasa, me disais-je. Rien ne m'a préparée à l'intense émotion que je ressens depuis que je suis arrivée et que j'ai commencé à téléphoner à mes amis. La familiarité, la joie débordante – une vague qui me soulève et m'entraîne. Une chaleureuse accolade – une empoignade.

Monsieur Ridja et moi irons déjeuner régulièrement ensemble comme l'année que j'ai passée dans le compound de la Sotexki à Kisangani – à 1 700 kilomètres en amont sur le Congo. À cette époque, nous parlions déjà de la Chine. Quand la Sotexki mettait un pagne avec un nouveau motif sur le marché, on voyait apparaître trois mois plus tard des pagnes chinois pourvus du même motif : un tissu moins épais, des couleurs moins vives, mais surtout bien meilleur marché. Ceux qui avaient peu d'argent mais voulaient du nouveau n'achetaient pas le pagne Sotexki mais le chinois.

Il y avait une loi qui protégeait les produits locaux et interdisait l'importation des contrefaçons chinoises, mais c'était la guerre, Kisangani était coupée de la capitale – les importateurs s'entendaient avec la douane. Monsieur Ridja était allé dans la capitale rebelle de Goma plaider sa cause et en était revenu avec de fausses promesses. Et entretemps les routes de l'arrière-pays s'érodaient chaque jour davantage, l'approvisionnement en coton de la province de Maniema était stoppé et la Sotexki se voyait dans l'obligation d'importer un coton rugueux venu du Kenya ou de l'Ouganda.

Dix ans plus tard, le navire Sotexki n'émet plus qu'un faible signal. Le capitaine Ridja, ayant perdu bien des illusions mais toujours combatif, se maintient sur le pont. Voilà des années que son patron, octogénaire à présent, n'a plus mis les pieds au Congo. Il exploite un hôtel en Tanzanie et suit la situation à distance.

L'usine se trouve à Kisangani, mais actuellement Ridja est de plus en plus souvent à Kinshasa. Il fait du lobbying. Deux fois de suite il a obtenu une commande de pagnes pour les élections au Zimbabwe. Ces derniers jours, il négocie une grosse commande de pagnes avec Olive, la femme du président Kabila, en vue de l'élection présidentielle congolaise. De Tanzanie, son patron l'exhorte à la prudence : les membres du gouvernement sont de mauvais payeurs notoires. Mais Ridja a déjà reçu un premier acompte de 500 000 dollars. "Nous les avons portés à la banque dans une voiture de la *présidence** suivie par une voiture de la Sotexki. Car on peut se faire attaquer en moins de deux, et alors on a tout perdu."

Les pagnes pour les festivités du cinquantième anniversaire de l'indépendance, l'année dernière, venaient pour la plupart de Chine. Le prix d'achat était de 4 dollars pièce. Le général responsable de l'organisation des festivités prenait son pourcentage, les mamans qui les revendaient faisaient un bénéfice – et pour finir les pagnes étaient encore 2 dollars moins chers que ceux de la Sotexki.

"Nous somnolons", dit Ridja, morose, quand je lui montre les photos de Dubaï et de la Chine sur mon ordinateur portable. "Je dis toujours à mon patron : j'espère que vous n'allez pas liquider la Sotexki, sinon comment je fais, moi, avec une femme et huit enfants ?"

Les Chinois sont devenus coactionnaires d'Utexafrica, le concurrent de la Sotexki, m'apprend-il. Il fallait investir pour moderniser mais ils ont refusé de mettre la main au porte-monnaie, l'entreprise a fait faillite et ces mêmes Chinois se sont mis à importer des pagnes de leur propre usine de textile au Nigeria. "En fait, ils n'étaient venus que pour couler Utexafrica."

Pourtant, Ridja ne peut s'empêcher d'admirer les Chinois. Dans les années soixante-dix, ils ont construit le Parlement et le stade, si bien que les Congolais se sont habitués à eux. Et maintenant, les voilà de retour pour exécuter les *Cinq Chantiers**. "Tout le monde est pour, car le FMI place la barre si haut que nous ne pourrons jamais satisfaire à ses exigences."

L'employé de maison sert sa sempiternelle soupe de légumes, ensuite nous mangeons du fromage que j'ai apporté. "D'où vient ce fromage ?" demande Ridja un après-midi.

J'examine les étiquettes. "Sud de la France, Suisse…

— Vous êtes vraiment en pleine mondialisation.

— Vous aussi, non ?

— Non, non." Il sourit, l'air triste. "Nous sommes *l'objet* de la mondialisation. Nous avons raté le *rendez-vous du donner et du recevoir*, comme disait Léopold Senghor, le président du Sénégal – nous sommes restés du côté du recevoir."

Un matin, sur mon transistor, je tombe sur Radio Chine Internationale, la chaîne chinoise de radiodiffusion en français. L'annonce swinguée des infos, les jingles accompagnateurs – la ressemblance avec Radio France Internationale, la chaîne qu'écoute toute l'Afrique francophone, a quelque chose de pervers. Les jours suivants, je vais écouter des leçons de chinois, une émission sur le développement de la ville de Shenzhen, d'autres sur la littérature chinoise, sur le cours du yuan par rapport au dollar, sur la lutte contre la désertification au nord de la Chine. Aussi lisse que soit le format, les programmes en eux-mêmes sont plutôt exsangues et compassés. Quel Congolais va régler son poste sur cette chaîne, me dis-je, franchement, qui est-ce que ça intéresse ?

Pas mon ami Zizi, le directeur des programmes en français de la RTNC, Radio Télévision nationale congolaise, en tout cas. "Je ne savais même pas que cette chaîne existait", avoue-t-il. Zizi passe souvent me voir avant de se rendre à son travail et nous bavardons sur la terrasse. Il a soixante-dix ans, il a dépassé l'âge de la retraite depuis longtemps, mais son patron ne peut pas se passer de lui. Nous nous connaissons depuis 1985, l'année où je suis venue ici pour la première fois. Zizi a connu l'époque glorieuse et la chute de Mobutu, il a vu le vieux Kabila venir et disparaître, son fils entrer en fonctions, le pays se diviser en deux puis s'assembler à nouveau – et il est toujours resté le même, lucide et pondéré. Il garde vis-à-vis de toute chose une distance philosophique qui lui vient peut-être de ses jeunes années de séminariste chez les Bénédictins.

Depuis que j'ai commencé à voyager en Chine, j'envoie de temps à autre un livre d'un auteur chinois à Zizi ainsi que des photos de mes nouveaux amis. Il s'étonne de la corpulence de Shudi. "Quand j'étais enfant, je devais finir mon assiette au prétexte que les petits Chinois avaient faim !" Mais depuis Kinshasa, il voit aussi que la Chine change. "Les Chinois sont enfin en train de sortir de l'ombre, dit-il. Au début, on ne les voyait que de loin : ils construisaient le Parlement, le stade, un domaine présidentiel aux abords de Kinshasa. Maintenant, ils sont aussi dans les *cités**. Est-ce qu'on a déjà vu un Européen ouvrir un magasin dans un quartier populaire ? Jamais. Les magasins chinois ouvrent à six heures du matin et ferment à neuf heures du soir. Un commerçant congolais ouvre à neuf heures du matin et ferme dès cinq heures pour aller boire sa première Primus."

Je sais de quoi il parle. Depuis mon arrivée, je les vois partout, ces hommes en train de boire, installés sur une chaise en plastique grisâtre devant une caisse de bière renversée en guise de table. N'étaient-ils pas là auparavant ou est-ce mon voyage dans la Chine laborieuse qui a rendu mon regard plus critique ? Il y a tant à faire mais, de leur bar improvisé en plein air, ils sont les spectateurs passifs et les commentateurs du monde qui défile devant eux : les voitures blindées de l'ONU avec leurs chauffeurs étrangers haut perchés dans leur cabine climatisée ; les filles des rues en minijupe qui louvoient dans le sable sur leurs talons aiguilles ; les gamins qui vendent des cartes téléphoniques, des œufs durs et des bonbons collants au bord de la route.

"Dans la *cité**, les Chinois et les Congolais se parlent, dit Zizi. L'un parle un peu le lingala, l'autre a appris quelques mots de chinois. Les Chinois qui, depuis des années, sont responsables de l'entretien du bâtiment du Parlement, parlent mieux le lingala que moi ! Avant, ils se déplaçaient toujours en groupe, maintenant ils sont seuls : la maman chinoise qui fait ses courses au marché, le chauffeur qui roule trop vite et qui riposte aux insultes si un Kinois lui fait la leçon. Récemment, j'ai même vu un Chinois et un Congolais marcher main dans la main dans la *cité**."

Ce n'est que lorsqu'il ne peut plus ignorer décemment les coups de téléphone de son travail que Zizi se lève. Je l'accompagne jusqu'à l'endroit où il va prendre un taxi collectif. *Donner la route**, selon la belle expression qu'on emploie ici. "Je viens d'affirmer que les Chinois sont en train de sortir de l'ombre, dit Zizi pendant que nous attendons le taxi. Mais si un Blanc me demande le chemin, je voudrai savoir s'il est belge et, si oui, s'il vient de Bruxelles, de Flandre ou de Wallonie – et bien d'autres choses encore. Alors qu'à un Chinois je donnerai son renseignement, sans plus. Finalement, les Chinois restent donc toujours invisibles pour moi."

Cela aussi est en passe de changer, me dis-je en rentrant chez moi. Mes amis congolais qui ont étudié en Chine mais n'ont jamais mis les pieds en Europe auraient probablement la réaction contraire.

Quand je ne suis pas revenue à Kinshasa depuis un certain temps, je dois réapprendre à m'y déplacer. Prudemment, par étapes : en compagnie d'amis, puis seule ; dans des taxis collectifs, puis en minibus – jusqu'à ce que la ville me soit redevenue familière et que je constate que certaines choses sont demeurées inchangées. Les passants continuent à m'expliquer patiemment comment m'y prendre pour arriver à tel endroit, ils font même un bout de chemin avec moi.

En route vers N'Djili, en banlieue, la circulation ralentit sur une partie du boulevard qui n'est pas encore achevée. Le bus est une vraie volière, pas une seconde de silence. À l'instant, tout le monde se plaignait du manque criant de moyens de transport qui nous force à nous entasser, comme emballés sous vide, dans ce bus. Maintenant, nous dépassons en cahotant des contremaîtres chinois qui transpirent sous leur chapeau de paille dans le soleil de midi et la conversation se porte tout naturellement sur eux.

Je peste contre ma connaissance rudimentaire du lingala – je saute, comme une funambule, d'un mot connu à l'autre. *"Ba Chinois mindele te, baza ba noirs"* (Les Chinois ne sont pas des Blancs, ce sont des Noirs), dit quelqu'un. Le reste m'échappe implacablement.

"Pourquoi est-ce que, tout à l'heure, quelqu'un a dit que les Chinois étaient des Noirs ?" demandé-je au jeune homme qui descend en même temps que moi. Il rit, l'air gêné. "Parce qu'ils paient aussi mal que les Noirs. Les cantonniers sont des journaliers. Ils sont payés 2 000 francs congolais (1,70 euro) par jour alors que leur travail est très lourd."

Le directeur de Heineken à Kinshasa avait mis en garde l'ambassadeur de Chine à propos du "contrat du siècle" signé par son pays avec le Congo. "Dans cinq ans, vous vous en mordrez les doigts et vous viendrez nous demander conseil", lui disait-il. Trois mois plus tard, l'ambassadeur prenait congé. À sa réception de départ, il s'est approché du Néerlandais et lui a dit : "Les cinq ans ont vite passé. Nous avons déjà des problèmes."

Dans le documentaire *Kinshasa Beijing Story* du cinéaste français Laurent Védrine, un journaliste congolais fulmine contre l'Occident et applaudit à la relation avec la Chine. À ses côtés, Philippe Biyoya, professeur de relations internationales à l'université de Kinshasa, recommande la prudence.

"L'État chinois est conduit par les intérêts de multinationales chinoises qui n'ont pas d'autre logique que celle des autres multinationales. C'est nous qui avons besoin de la Chine ou c'est la Chine qui se présente à nous comme le meilleur amant ? Et si la Chine vient à nous comme un amant séducteur, nous ne devrions pas céder à la nécessité, nous devrions réagir à la séduction chinoise à partir des leçons que nous aurons tirées de notre ancien amour avec l'Occident."

Je me suis quelquefois entretenue avec Biyoya quand il était conseiller du ministre des Affaires étrangères, juste après l'entrée en fonctions de Kabila père. Il était tombé en disgrâce, avait refait surface en tant que conseiller de Kabila fils, avant de connaître de nouveaux déboires et de se replier dans le monde universitaire.

Il y a déjà de longues années que l'ambassade de Chine à Kinshasa a identifié en Biyoya un subtil analyste politique. Son premier contact avec l'ambassade remonte à un colloque sur les réformes en Chine, raconte-t-il lorsque nous nous rencontrons sur la terrasse de mon logement. "Les Chinois nous avaient demandé quelles réformes nous avions en tête pour la Chine. L'ambassadeur a apprécié ma contribution et m'a invité chez lui. Au cours du dîner, il m'a dit : « Nous vous suivons à la télé, à la radio et dans les journaux. Nous trouvons vos analyses intéressantes mais apparemment, les hommes politiques congolais ne vous écoutent guère. »"

En 2003, Biyoya a été invité en Chine. Il a voyagé à travers le pays, visité Yiwu et son marché de petits produits de base. "Seuls quatre cents millions, sur un milliard trois cents millions de Chinois, profitent de la modernisation, dit-il. Ils ont encore du chemin à parcourir." À Beijing, il a participé à une conférence où il a rencontré bon nombre d'intellectuels d'Afrique francophone. "À l'époque, les Chinois étaient assez préoccupés par l'hostilité des Français à leur égard, ils nous demandaient quelles en étaient les causes.

— Pas bête, de la part des Chinois, d'essayer de s'informer par l'intermédiaire des Africains, dis-je. Quel Occidental aurait l'idée de demander à un Africain ce que les Chinois pensent de nous ?"

Bertin Ntumba, qui est parti étudier en Chine en 1980 et travaille aujourd'hui à l'OCC, l'Office congolais de Contrôle, m'emmène au magasin de Melina, une Chinoise de sa connaissance. Certains Chinois ont de très bonnes connexions à Kinshasa, me dit-il en chemin, et Melina est de ceux-là. Le neveu de Bertin a récemment terminé ses études. Ses amis et lui se sont apparemment mal comportés durant les festivités qui ont suivi la remise des diplômes car il s'est retrouvé en prison – alors que toute sa famille l'attendait chez lui. "Tout le monde paniquait. Son père s'est précipité à la prison dans l'espoir de le faire libérer immédiatement, sinon il allait passer la nuit en prison, ce qui risquait de donner une affaire compliquée – et coûteuse."

Bertin a pris la même direction. En chemin, il s'est arrêté au magasin de Melina et il lui a raconté l'histoire. Elle a aussitôt appelé un certain colonel Christian. Celui-ci a demandé le numéro de téléphone du père qui était à l'entrée de la prison, l'a appelé et lui a dit de prêter son téléphone au policier de garde. Quand il a eu ce dernier au bout du fil, le colonel lui a ordonné de lui passer son patron. Le patron voulait de l'argent, aussi le colonel Christian l'a-t-il menacé. Peu après, les garçons étaient libres. Bertin n'en revient toujours pas.

La boutique de Melina est située à Bon Marché, un quartier animé. À l'intérieur, au milieu de soutiens-gorge qui pendillent, de robes de fête pour enfants, de maillots de bain et de boucles d'oreilles en plastique à petits prix, sa nièce est en train de lire la traduction chinoise du *Petit Prince* sur son ordinateur portable. Dehors, un groupe électrogène branlant bourdonne comme une abeille géante : le voisin est en conflit avec la compagnie d'électricité.

Melina arrive en même temps que nous. Dans la journée, elle roule avec un chauffeur à travers la ville pour laisser des marchandises en dépôt dans des bureaux ou entreprises ; le personnel peut y faire son choix et payer à la fin du mois. Elle nous invite à nous asseoir, jette un coup d'œil aux cartons entrouverts au milieu du magasin, puis se laisse tomber sur une chaise à côté de nous.

Une musique congolaise braille dans le bar d'en face, et la chaleur languissante du soir apporte un flot constant de filles en tenue légère. Elles scannent les portants de tee-shirts ultrafins, essaient des chaussures à talons aiguilles, défilent devant le miroir, tentent d'obtenir des rabais.

Après le récit de Bertin, je m'attendais à rencontrer une battante, mais les yeux vigilants de Melina semblent fatigués ; elle a l'air d'une femme que la vie n'a pas épargnée. Quand Bertin nous quitte pour aller prier, elle le suit du regard et dit : "Bertin est un type bien, mais beaucoup de Congolais prient sans que ça les empêche de mal se conduire. Ils prient tous dans des églises différentes – comment tous ces dieux pourraient-ils les entendre ?"

Melina vient du sud de la Chine et, jeune fille, elle est tombée amoureuse d'un Congolais qui étudiait à Guangzhou. Elle s'est mariée avec lui contre l'avis de ses parents et ils ont eu une fille. Ses études terminées, il est rentré à Kinshasa pour chercher du travail. "Quatre ans plus tard, j'en ai eu assez de l'attendre et je suis partie le rejoindre."

Entre-temps, il avait eu un deuxième enfant. Sa famille ne savait pas qu'il avait laissé en Chine une femme et un enfant. Melina ne parlait pas un mot de français mais elle ne voulait pas retourner chez elle. Elle n'évoque pas souvent cette période de sa vie, je pense, car soudain les larmes lui montent aux yeux. "C'était dur, dit-elle en détournant son regard. J'ai ouvert un magasin. Quand des pères venaient acheter des cadeaux pour leurs enfants, ça me faisait pleurer, car mon mari, lui, ne s'intéressait pas à sa fille."

Elle avait eu un deuxième enfant avec un Congolais, mais cette relation n'avait pas tenu non plus. "Au Congo, les hommes ne sont pas sérieux", dit-elle d'un ton amer. Sa fille est en Chine ; le garçon au teint brun clair assis devant l'ordinateur à côté de sa nièce est son fils.

Tandis que Melina parle, j'entrevois la jeune fille qu'elle a dû être : pas particulièrement jolie, un peu naïve peut-être, pas du tout préparée à la vie que Kinshasa lui réservait. Voilà maintenant quinze ans qu'elle est ici, son français est toujours approximatif mais elle a su tracer son chemin dans cette ville. Un client vient pour acheter une lampe de poche. "J'en ai, dit-elle, mais elles ne valent pas grand-chose." Un autre lui demande si elle n'aurait pas un parapluie. Melina se lève en soupirant pour aller en chercher un. Quand elle l'ouvre, il s'avère qu'il est cassé.

Un petit groupe de Chinois entre. Ils vont ouvrir une boutique dans le quartier ; ils viennent juste faire un brin de causette. Melina apporte des chaises en supplément. Le Congo passe à l'arrière-plan, je suis de nouveau en Chine. Sur son téléphone portable, un des visiteurs a une photo d'une malachite aux formes capricieuses. La nièce de Melina s'arrache à son ordinateur pour regarder la pierre. Elle a vingt-trois ans ; elle a fait des études d'économie. "En Chine, il y a tellement de gens de mon âge qui ont tout juste terminé leurs études, dit-elle. Je toucherais 800 yuans (90 euros) par mois si je travaillais là-bas et au bout de six mois, peut-être 1 500." Ça ne l'intéresse pas, mais les chamailleries sur le prix des marchandises dans la boutique de sa tante pas davantage. Elle veut se lancer dans le commerce du wengé – un bois très recherché en Chine.

Vers l'heure de la fermeture, un marchand de bois chinois entre. Il a rendez-vous avec un Congolais bien vêtu qui traîne depuis un moment dans le magasin ; ils discutent un peu, puis s'enfoncent de concert dans l'effervescence du soir. Melina, pensive, les suit du regard. Les marchandises qu'elle vend semblent d'importance secondaire. Sa boutique – tout comme, à l'époque, celle de Sachin et

Vishal à Kisangani – est un poste d'observation, un endroit d'où elle explore le marché.

Le fonctionnaire du port de Brazzaville jette un coup d'œil sur mon passeport et me fait signe d'attendre. Le flot des autres passagers s'écoule vers la sortie, on me conduit dans une petite pièce du bâtiment des douanes. "Asseyez-vous là. Le patron arrive."

Je reste debout devant la fenêtre ouverte et j'observe le grouillement de la foule sur le terrain du port. Des handicapés manœuvrent avec dextérité leur tricycle surdimensionné en évitant des mamans qui traînent de gros sacs. Des rires, des cris. Pourquoi m'a-t-on extraite de la file ? Mon visa est en règle et, pourtant, je sens l'inquiétude me gagner. À Kinshasa, j'ai demandé à un ami de me conduire au bateau : les douaniers congolais ont plus d'un tour dans leur sac pour piéger le voyageur ingénu. Je ne m'attendais pas à avoir des problèmes ici aussi.

Le patron arrive en traînant les pieds. Son subordonné l'a déjà mis au parfum. Il feuillette mon passeport, du début à la fin et vice versa, puis lève la tête d'un air ennuyé : "Où est votre invitation ?

— Mon invitation ? Je l'ai remise à l'ambassade à Bruxelles quand j'ai demandé mon visa.

— Non, non – il secoue la tête en signe de réprimande –, vous devez toujours avoir une copie sur vous.

— Mais les amis qui m'ont invitée vont venir me chercher." Que fait Cheikhna ? Il m'a dit qu'il arrivait. Je lui téléphone et j'entends beaucoup de bruit de fond. Il est devant les grilles, je pense, dans la cohue des passagers qui partent et qui arrivent – on ne le laisse pas entrer. L'homme qui me fait face observe mes gesticulations d'un air apitoyé.

Mon cœur bondit lorsqu'il me semble reconnaître la voix de Cheikhna au loin. Je passe la tête par la fenêtre. Le voilà, en tee-shirt jaune vif ; il avance vers moi à grandes enjambées. *"Lieve, ça va ? Comment va ?*"* Il échange quelques mots avec le douanier, attrape mon bagage et se dirige vers la sortie.

"Ouf! dis-je en m'installant à côté de lui dans un taxi. Je ne savais pas qu'à Brazza aussi la douane était…

— T'en fais pas, nous, on a affaire à ces gens-là tous les jours, on sait comment les prendre." Il a deux nationalités ; du moins, quand on habite ici et qu'on connaît quelqu'un à la mairie, on peut se procurer la carte d'identité d'un Congolais décédé, où on n'a plus qu'à coller sa propre photo. Il utilise parfois cette carte quand il se rend à son magasin à Kinshasa. "Les douaniers savent qu'elle est fausse, alors ils me font des ennuis." S'ils le menacent, il prend la mouche. "La prison, c'est fait pour les hommes, leur dit-il, pas pour les femmes ou pour les chiens, alors allez-y, arrêtez-moi. Dès que je serai libéré, je prendrai un avocat. Il prouvera que je suis innocent, car je n'ai tué personne et je n'ai rien volé." Quand il s'excite comme ça, ils s'efforcent de le calmer et il doit simplement passer à la caisse.

"Combien ?

— Oh, ils veulent 50 dollars mais je dis que je ne les ai pas et je leur en donne 10." Dans ces moments-là, son cœur bat la chamade, il préfère donc aller à l'ambassade et faire apposer un visa sur son passeport malien.

Tout en parlant, Cheikhna semble revivre la scène. Sa narine gauche tremble redoutablement et je sens remonter l'attendrissement qu'il suscitait en moi à Guangzhou. "Et même là, je ne suis pas sorti de l'auberge, car quand mes papiers sont en règle, ils me disent : « Et quoi, c'est du papier qu'on mange, tu crois ? »"

Le taxi quitte le bitume et s'engage sur un chemin sablonneux. Des maisons basses entourées de murs, çà et là un magasin. Le sol est parsemé de sacs en plastique, de morceaux de carton, de canettes écrasées. Nous nous arrêtons devant une porte en fer et la petite fille de Cheikhna se précipite à notre rencontre. Huit familles habitent sur cette parcelle. Derrière un rideau qui masque l'entrée, nous trouvons Batoma, un bébé sur les genoux. De grands yeux dans un doux visage couleur cuivre – Cheikhna n'exagérait pas en disant que sa femme était très belle.

Un ensemble de salon, une télévision grand format, quelques valises contre le mur. Par terre, l'ordinateur éducatif orange que Cheikhna a acheté à Guangzhou. Les enfants des voisins accourent et me regardent avec curiosité. Cheikhna s'excuse : son logement est trop exigu mais sa voisine congolaise me cède sa chambre à coucher ; elle dort la plupart du temps dans le séjour où elle regarde la télévision jusque tard dans la nuit – du moins, si l'électricité marche. Pour sa part, Cheikhna a deux accumulateurs qui font marcher la télé, les lampes et le ventilateur quelques soirées de suite. Il n'a pas l'eau courante ; des gamins passent avec des jerrycans jaunes.

“Batoma voudrait que je retape la maison, dit-il en me montrant le lino endommagé qui laisse deviner un sol en béton. Mais je ne vais pas mettre de l'argent dans une maison qui ne m'appartient pas. La prochaine fois, je rapporterai un tapis de Chine.”

Après avoir pris une douche et fait ses prières, Cheikhna, vêtu d'une tunique trois quarts, s'assoit sur le canapé et joue avec le petit Ali. Dans la cour commune, Batoma fait la cuisine sur un réchaud à gaz, sa fille Mamou à ses côtés. J'ai apporté à Ali un petit Miffy qui fait de la musique quand on tire sur une cordelette. La mélodie est à peine audible dans cette pièce où la télévision braille au milieu d'une incessante cacophonie de sonneries de téléphones. Ali – pour ses quatre mois, un bébé déjà grand aux yeux vifs – n'est pas habitué aux doudous et c'est tout juste s'il entend la mélodie. Il est parfaitement à l'aise dans le monde de l'électronique. Quand Batoma veut qu'il soit sage, elle met à côté de lui son téléphone portable qui bêle quelque tube américain. Ali cherche avec sa petite tête d'où vient le son et il n'est satisfait que lorsqu'il a collé son oreille contre l'appareil.

Quand arrive l'heure du repas, la pièce se remplit. Youssoufou, le cousin qui gère le magasin de Cheikhna en son absence, fait son rapport sur la journée écoulée ; le frère de Batoma et sa femme sont là eux aussi. Batoma pose un grand plat de riz, de poisson et de légumes sur le sol. Ils mangent à même le plat avec les mains, j'ai droit à une assiette et à une fourchette ; une boîte de lait en poudre fait office de table.

À la fin du repas, Cheikhna sert du thé soluble qu'il a rapporté de Thaïlande. *"Ice tea"*, lit-on sur la boîte. Personne ne sait l'anglais ici et il verse de l'eau bouillante sur le thé. Les médicaments contre la malaria qu'il a achetés pour Batoma en Chine étaient si forts qu'elle en a eu des palpitations et que son pouls est monté à cent quarante. "J'ai cru que j'allais mourir", dit-elle. Les slips qu'il lui a rapportés, elle n'a pas pu les enfiler plus haut que les genoux ; c'est la petite Mamou qui les porte.

Cheikhna s'est rendu plusieurs fois à Guangzhou depuis notre dernière rencontre. Je lui demande comment son affaire s'est terminée avec la marchande à qui il devait de l'argent, car c'est sur cet incident que nous nous sommes quittés.

"Oh ! c'est réglé depuis un bout de temps. Je lui ai rendu une partie de l'argent et je lui ai acheté un lot de tee-shirts."

La télévision est branchée sur la chaîne nationale malienne et, au cours de la soirée, Abdoulaye entre, de retour de Bamako où il a filmé trois maisons que Cheikhna fait construire. Abdoulaye est un Soninké ; il est allé aux États-Unis, en Thaïlande et en Chine. "Les Chinois n'inventent rien de nouveau, ils sont tout juste capables de faire des photocopies", dit-il. Ces derniers temps, il entend beaucoup parler de l'Inde, où ils auraient de bonnes motos, paraît-il – il va y aller bientôt.

Cheikhna est ravi de constater l'avancement des travaux sur les films d'Abdoulaye. "Toutes ces maisons, je vais les louer, c'est la sécurité pour mes vieux jours." Jaloux, un Congolais lui avait dit un jour :

“Vous, vous arrivez avec un seul sac et vous repartez avec beaucoup d’argent.” “Mais si je n’avais pas travaillé et voyagé pendant tout ce temps, je n’aurais rien, n’est-ce pas ?”

Batoma se fâche quand elle entend Abdoulaye, sur le DVD, dire aux ouvriers que Cheikhna va prendre une seconde épouse. Abdoulaye se défend : “C’est ce que je supposais, puisqu’il se fait construire autant de maisons.” Lui-même a deux femmes : l’une habite avec lui, l’autre vit chez sa mère, au Mali. Tous les deux ou trois ans, il renvoie l’une au Mali et fait venir l’autre à Brazza. “C’est une affaire qui coûte cher, se plaint-il. Je le déconseille fortement à Cheikhna.”

Après son départ, Batoma continue à rouspéter. Cheikhna a sa petite idée sur Abdoulaye et ses deux femmes. “Allah n’a jamais dit qu’on devait prendre une seconde femme pour s’occuper de sa mère, ni la laisser seule pendant des années.”

Dans la chambre à coucher de la voisine de Cheikhna, je mets longtemps à m’endormir. La pièce se trouve côté rue, où la vie continue la nuit avec exubérance. Les voisins d’en face bavardent et s’esclaffent devant leur porte et, cette nuit-là, je serai plus d’une fois réveillée en sursaut par les conversations à voix haute des passants. J’ai l’impression d’avoir atterri dans un village, pas dans une ville.

Quelqu’un devrait nettoyer cette rue à fond, avec un balai et un pique-ordures, me dis-je en allant au marché avec Cheikhna. Une rue propre, ça égaie votre regard sur le monde. Poto-Poto (la Boue), c'est ainsi que s'appelle ce quartier parce qu'il est situé plus bas que les alentours et se trouve souvent inondé à la saison des pluies. Il est habité de longue date par de nombreux Africains de l'Ouest, qui sont venus à Brazza vers la fin du XIXe siècle en tant que militaires ou fonctionnaires de l'administration coloniale française et se sont plus tard lancés dans le commerce. Peu d'habitants connaissent cette histoire. Une fois seulement, un vieux Malien me racontera que des soldats sénégalais ont habité ici autrefois et que les Sénégalais ont aussi participé à la construction du chemin de fer qui relie Brazza au port de Pointe-Noire. Lorsque je demande aux autres depuis quand les Africains de l'Ouest sont installés ici, ils me répondent immanquablement : *"Oh, depuis!*"* Autrement dit : depuis belle lurette!

Nous traversons la chaussée asphaltée de l'avenue de France et nous arrivons dans la partie commerçante de Poto-Poto. *"Cheikh, comment?*"* lance un commerçant de derrière une montagne de chaussures de dames. *"Sekou, ça va?*"* Cheikhna m'entraîne à l'intérieur du magasin de Sekou; il s'avère que nous nous sommes déjà rencontrés en Chine.

"Tu laisses ton invitée marcher comme ça au soleil", le taquine Sekou. "J'ai une voiture, malheureusement elle est en panne, sinon je la promènerais partout.

— Je n'ai pas besoin de voiture, grommelle Cheikhna. C'est mon pays ici, ou quoi?

— Il faut accorder aussi quelque chose au Congo. Toute l'eau de la douche ne peut pas tomber sur ton corps, il en tombe toujours une partie à côté." Sekou considère son ami d'un air supérieur. "Tu as vu le

Samsung que Cheikhna a acheté à Guangzhou ? me demande-t-il. Non, mon iPhone alors, ça c'est de l'authentique. Et les tee-shirts que Cheikhna achète, que des contrefaçons – tu vas voir, un jour, il va se faire pincer."

Lui-même fait fabriquer sa propre marque de chaussures en Chine : Rosalinda. Il y a ses initiales sur le côté. Cheikhna prend une chaussure et dit, pince-sans-rire : "Tu sais ce qu'il fait, Sekou ? Il va en France, achète une paire de chaussures pour 50 euros, il la fait copier et il lui donne un autre nom. C'est ça qu'il appelle des originaux."

La balle rebondit d'un camp à l'autre. "Je ne vends que des chaussures de luxe, se vante Sekou en me mettant dans la main une sandale de dame noire à talon argenté. Elles coûtent toutes 3 000 francs CFA (6 dollars) la paire. Chez moi, on ne marchande pas, comme chez Cheikhna."

La sandale en plastique glacé est jolie mais légère comme une plume. "Les souliers chinois ne durent que le temps d'une noce", m'a dit un Africain en Chine. "Et même moins", a renchéri un autre. Un de ses amis s'était rhabillé de pied en cap en Chine pour son mariage, mais il avait perdu un de ses talons sur la piste de danse après le premier tango. "Il me semble apercevoir un corps étranger", avait annoncé le DJ. Le marié, honteux, avait caché ses pieds sous la table et supplié son ami d'aller lui chercher une autre paire.

"3 000 francs CFA la paire, raille Cheikhna. Chez Sekou c'est promo tous les jours." Il m'entraîne à l'extérieur. "Allez viens, je n'ai pas que ça à faire. Je ne suis pas comme Sekou qui, faute de clients, a plein de temps pour bavarder."

Un gamin pousse une brouette chargée de sacs d'eau. Cheikhna en achète un, en déchire un coin avec les dents, le vide d'un seul trait et le jette sur le sol. J'ai une grosse bouffée de sympathie pour le président rwandais Kagame, qui a déclaré la guerre aux sacs en plastique.

Tous les matins, Youssoufou, le cousin de Cheikhna, et son assistant Diawara, que tout le monde appelle "le Gros", ouvrent la porte en fer du magasin de Cheikhna, déroulent le store, sortent la table de bois brut et le banc ainsi que les mannequins qui, en dépit de leurs yeux bleus et de leurs cheveux blonds, arborent un sourire chinois. Ils ont souffert au cours de leur long voyage, les uns ont le nez cabossé, les autres les joues égratignées, mais leur sourire énigmatique est intact. On dirait qu'ils rient sous cape de leur apparence occidentale, eux qui, en vérité, sont des Chinois.

Lorsque nous arrivons, Cheikhna et moi, les tee-shirts et les vêtements d'enfants pendent déjà à des cintres, les maillots de corps soldés reposent dans un panier sur le trottoir et les dernières acquisitions sont étalées sur la table. À l'intérieur, Youssoufou et Diawara se sont lancés dans une offensive de charme auprès de deux commerçantes du Zaïre – ainsi qu'ils continuent obstinément à nommer le pays de l'autre rive. Comme Brazza a été colonisée par les Français, les Zaïrois s'imaginent que, de ce côté-ci, tout est plus élégant et raffiné que chez eux. "Il y a des vêtements dont je n'arrive pas à me débarrasser à Kinshasa, dit Cheikhna, mais les mamans zaïroises viennent jusqu'à Brazza me les acheter."

Un ami, plus loin dans la rue, s'approvisionne en baskets chez un grossiste de Kinshasa qui les achète en grande quantité en Chine, si bien que personne ne peut lui faire concurrence. "Après quoi, les Zaïrois viennent les acheter chez mon ami parce qu'ils pensent qu'elles viennent de Paris." Comme ça, tout le monde gagne sa vie, me dis-je, même s'ils ne font que déplacer de l'air, de l'air colonial.

Une musique tonitruante s'échappe des baffles du magasin de vêtements de l'autre côté de la rue et devant l'entrée, le DJ Ali Bula, en short et tee-shirt portant encore leurs étiquettes, s'est lancé dans un festival de danses et de facéties pour attirer le chaland. Assis sur le banc, dehors, Cheikhna et moi regardons le spectacle.

"La concurrence n'est pas trop rude pour vous autres ? dis-je.

— Non, non, c'est Dieu qui décide si tu as de la chance ou pas. Parfois Il décide que c'est moi qui vends, la fois suivante c'est au tour de mes voisins." Cheikhna passe lui aussi de la musique ou le DVD d'un concert d'un groupe congolais de temps en temps.

"Psst… !" Cheikhna fait signe à une maman portant un panier de mangues sur la tête. Il en choisit quelques-unes. Il paiera plus tard – tout le monde se connaît. Il envoie un gamin acheter du coca et balance la canette vide sur la chaussée où elle est écrasée par une voiture qui passe.

"Pourquoi fais-tu ça ?" dis-je, choquée.

Cheikhna hausse les épaules. "Je paie des impôts, mais je ne vois pas souvent les éboueurs."

Un gamin dépenaillé sort un maillot de corps noir du panier des soldes. Pendant qu'il paie, Diawara le couvre d'injures. "Tu n'as pas vu ses yeux, dit-il d'un air bougon une fois le gamin parti. Il a sûrement fumé du haschisch." C'est "un ambulant" : il achète un maillot de corps pour 5 000 francs CFA (10 dollars) et va écumer le marché, où il essaie de le revendre 8 000. "Il aurait au moins pu se laver – il puait à plein nez."

"Les Congolais ne pensent qu'à s'amuser, dit Cheikhna. Dès qu'ils ont de l'argent, ils le dépensent." C'est pourquoi il a envoyé son fils aîné et sa fille au Mali : à Brazza, ils deviendraient des voyous.

Toute la matinée, Cheikhna semble ruminer quelque chose. Il a assez d'*air miles* pour un billet gratuit d'Ethiopian Airlines et il voudrait aller à Guangzhou : c'est bientôt le Nouvel An chinois et, les semaines précédentes, on peut faire de bonnes affaires car les Chinois, qui ont besoin d'argent pour les fêtes, bradent leurs stocks. Mais le Malien qui tient son magasin de Kinshasa veut rendre visite à ses parents – ils doivent donc d'abord faire l'inventaire.

"Ce n'est pas facile de partir, dit-il. Une fois en voyage, je prends le bon rythme, je mange bien, je grossis et ma peau devient plus lisse. Ici, j'ai toujours des soucis. Chaque fois que l'avion se rapproche de Brazza, je suis tendu." Des policiers passent de temps à autre et chaque commerçant présent sur le marché doit leur donner 5 000 francs CFA. Cheikhna renifle avec mépris. "C'est à moi d'entretenir l'État congolais, peut-être ?"

Un gamin met devant nous le déjeuner que Batoma a préparé pour tout le monde et qu'il vient d'apporter, enveloppé dans un torchon noué aux quatre coins et posé sur sa tête : un grand récipient de riz et un plus petit, avec de la viande et des légumes. Après le repas, Cheikhna disparaît au fond du magasin où se trouvent les cruches en plastique pour les ablutions rituelles que les commerçants font avant la prière. Il revient avec deux grands sacs et me fait signe de le suivre.

Un escalier étroit mène au premier étage, encore en construction. Partout, des sacs de ciment déchirés, des morceaux de bois, des clous. Cheikhna pose les sacs dans une pièce vide avec des ouvertures aux murs pour les fenêtres. L'après-midi, à l'heure où le soleil met tout le monde KO, il vient se reposer ici. Le sol est irrégulier et le bruit du marché plus fort encore qu'en bas, mais nous sommes bientôt allongés fraternellement l'un près de l'autre, fixant le plafond. "Au fait, tu ne m'as jamais raconté pourquoi tu étais venu à Brazza", dis-je.

Cheikhna s'est croisé les mains derrière la tête. "Je t'ai bien dit que je ne voulais pas aller à l'école quand j'étais enfant ? Mon père payait l'inspecteur qui passait pour contrôler ce que je fabriquais." Il a eu la bosse du commerce de bonne heure. À dix ans, il allait au marché dans un village voisin avec son père, il achetait une boîte de lait en poudre qu'il revendait chez lui en faisant du porte-à-porte. Il vendait sa poudre de lait à la cuillère. Il versait avec précaution le contenu d'une cuillère en plastique sur la paume du client qui l'aspirait et le suçait comme un bonbon. Ça coûtait 10 francs CFA. Souvent, ses clients trouvaient cela tellement bon qu'ils en redemandaient une cuillerée. Cheikhna se servait aussi de temps à autre. Quand la boîte était vide, il avait récolté deux fois et demie le montant payé au départ.

Quand il y avait une fête ou un événement sportif quelque part, Cheikhna se postait devant l'entrée avec du sucre, des bonbons, du lait en poudre et des cigarettes. Son père avait un petit commerce à domicile. Il vendait du lait et du sucre, pour que les gens n'aient pas à faire les 5 kilomètres qui les séparaient du magasin le plus proche s'ils avaient de la visite.

"Plus tard, j'ai bien essayé de suivre des cours privés, dit Cheikhna. Mais, au lieu de m'appliquer à écrire, j'étais toujours en train de me demander si mes marchandises étaient arrivées." En 1994 – il avait vingt-deux ans et vendait des médicaments sur le marché de Bamako – il a entendu dire qu'à Brazza, avec 1 000 francs CFA, on se faisait facilement le double. "Au Mali, mon bénéfice était de 10 %, au plus."

Arrivé à Brazza, Cheikhna a loué une chambre et commencé à vendre des vêtements et des chaussures sur une table au marché. Tout allait bien jusqu'à ce qu'un matin de 1997 il soit réveillé par des coups de feu. Il pensait que ça ne durerait pas, qu'il lui suffirait de rester chez lui en attendant que ça passe mais, bien vite, c'était la guerre en ville, avec des milices qui se battaient de rue en rue. "Ils ont commencé à piller et je leur ai vendu mes marchandises, car ils avaient de l'argent."

Finalement, il a dû s'enfuir et est retourné au Mali, où il a épousé Batoma. La guerre allait durer deux ans. À son retour à Brazza, il n'a pas retrouvé la moindre trace des affaires qu'il y avait laissées. "C'est comme ça que j'ai perdu mon album avec toutes mes photos", dit-il d'un ton de regret.

Le président entré en fonctions après la guerre civile avait remis de l'ordre, payé les fonctionnaires, assuré la sécurité des habitants ; après quoi, de nombreux Africains de l'Ouest qui avaient fui étaient revenus. "Deux ans plus tard, la situation se dégradait à nouveau." Les marchandises que Cheikhna achète en Chine arrivent à Pointe-Noire. Avant, on les mettait dans le train pour Brazza ; aujourd'hui, de nombreux commerçants donnent la préférence à l'avion. "Dernièrement, une centaine de conteneurs a disparu entre Pointe-Noire et Brazza, alors que les trains sont surveillés par des militaires et des policiers. Ils sont donc complices."

Nous avons dû nous endormir car la sonnerie du téléphone de Cheikhna me réveille en sursaut. Nous nous levons, tout raides d'être restés couchés sur le sol en béton. Je vois qu'il y a de l'animation sur le toit : des commerçants font leurs ablutions et, aussi loin que le regard porte, ils prient sur leurs tapis chinois, tournés vers La Mecque.

Batoma est assise sur le canapé, elle tient le petit Ali en l'air. "Tu ne veux pas l'emmener avec toi en Europe ?" Il faudrait que j'aie au moins un enfant. Et pourquoi est-ce que je ne me convertis pas à l'islam ? Elle pourrait alors me donner un nom musulman. Elle me trouve trop maigre ; tous les matins, elle me demande ce que je veux manger à midi, même si elle ne me laisse pas contribuer, fût-ce d'un centime, aux frais du ménage.

Batoma est allée à l'école et elle a essayé d'apprendre à écrire à Cheikhna au début de leur mariage. À Bamako, elle était libre d'aller où elle voulait, mais, depuis que Cheikhna l'a amenée à

Brazza en 2000, son monde se restreint aux dimensions de cette parcelle ; il ne l'a pas sortie une seule fois. Le seul chemin qui lui est familier est celui du marché et, même là, il fait attention à ce qu'elle ne s'attarde pas, car Brazza n'est pas sûre, selon lui. Quand il est à Guangzhou, il téléphone à tout bout de champ pour demander où elle est.

"Les femmes d'ici ne sont pas sérieuses", dit Batoma. Au début, elle aidait Cheikhna au magasin. Des filles au décolleté profond entraient, essayaient un pantalon et demandaient à Cheikhna de fermer le dernier bouton ! Je soupçonne Cheikhna de lui serrer la bride par crainte que les hommes ne la regardent comme ils regardent les femmes d'ici.

Ce dimanche-là, Tanti, la fille du chanteur malien Boubacar Traoré, nous rend visite. Elle aussi est mariée à un commerçant qui "fait" la Chine. J'ai connu Tanti quand elle était petite et je suis contente de la revoir, mais aujourd'hui son horizon se cantonne aussi à la parcelle où elle vit en compagnie de toute sa belle-famille. Elle est venue avec ses deux fils et les gazouillis des bébés sur le canapé ne tardent pas à me prendre la tête.

Cheikhna a tiré son groupe électrogène – dont il ne s'est pas servi depuis un moment – dans la cour et il essaie de le mettre en marche. La sœur de son propriétaire, en visite chez les voisins, fronce le sourcil. Un bruit de tous les diables se fait entendre quand l'appareil finit par démarrer. Elle grimace à cause des relents d'essence et dit d'un ton hargneux : "Depuis le temps que vous êtes ici, vous ne pourriez pas vous trouver un logement rien que pour vous ?"

Cheikhna, piqué au vif, relève la tête. “Ne va pas penser que je suis pauvre, dit-il. J'ai trois maisons au Mali!” S'ensuit une salve de reproches pétaradante dont je ne l'aurais pas cru capable : “Pas d'électricité, pas d'eau courante, qui m'a foutu un pays pareil? Vous avez du pétrole, pourquoi est-ce qu'on n'en voit jamais les retombées? À Bamako, toutes les maisons ont l'électricité et l'eau courante!” Là-dessus, il disparaît dans la maison sans lui laisser le temps répondre.

Quand nous allons nous promener tous les deux cet après-midi-là, la dispute dans la cour lui trotte toujours dans la tête. “Je devrais acheter un bout de terrain pour y construire une maison. Comme ça, on me ficherait la paix”, dit-il.

Nous marchons sur la promenade des bords du fleuve Congo. Sur la rive, l'herbe est montée en graine. Pas d'entretien, ici non plus. Une limousine blanche nous dépasse, suivie par une file de voitures ornées de rubans roses : un mariage. Dans le centre-ville une fontaine jaillit dans les airs. C'est une vision irréelle après Poto-Poto et son allure rurale, où les jerrycans jaunes donnent le ton.

Cheikhna est élégant dans son costume, chemise bleu clair et chaussures noires. Il téléphone à une cliente. Quand nous nous installons à une terrasse, il s'avère qu'il lui a donné rendez-vous. Elle s'avance nonchalamment vers nous dans le soir tombant : environ vingt-quatre ans, tee-shirt moulant, leggings à motif léopard.

Elle s'assied à côté de Cheikhna, le regarde avec audace. “Pourquoi est-ce que tu ne réponds jamais au téléphone? L'autre jour, je t'ai bien appelé trois fois de suite.

— À quelle heure ?
— Vers huit heures du matin.
— À cette heure-là il ne peut pas répondre, dis-je sans réfléchir. Il est encore à la maison avec sa femme et ses enfants."

J'aurais mieux fait de me taire. La jeune femme ne sait pas que Cheikhna est marié. Elle habite encore chez ses parents. Son père est un ingénieur qui a étudié en Chine.

Cheikhna pose une main sur ses leggings et dit : "Ce type de vêtement, c'est pour la maison – dehors, il faut s'habiller autrement." Au moment où je commence à me rendre compte dans quel guêpier je me suis fourrée, Cheikhna se tourne vers moi. "Tu n'avais pas des amis à Brazza ? Pourquoi ils ne t'appellent pas ?"

Plus tard dans la soirée, je rentre en taxi dans la rue de Cheikhna sans reconnaître sa maison. La petite Mamou m'a vue et se précipite à l'intérieur en criant : "La Chinoise est revenue !"

"Comment Mamou peut-elle penser que tu es chinoise, dit Batoma, irritée. Les Chinois ont de petits nez et ils ne sont pas plus grands que des enfants." Ce n'est pas la première fois que cela m'arrive ; hier, alors que je me promenais seule au marché couvert, des *"Chinois, Chinois**" fusaient aussi çà et là.

Cheikhna est assis sur le canapé dans sa tunique trois quarts, son ordinateur portable sur les genoux ; il essaie d'apprendre à se servir d'Excel. J'ai déjà parlé trop vite une fois aujourd'hui – je me garde bien de recommencer.

“Et voici la Française, elle est allée partout, jusqu’en Chine, et maintenant elle est chez nous à Poto-Potoooo !” claironne le DJ Ali Bula pour me saluer. Dans le magasin de Cheikhna, Youssoufou est à la caisse. Sur une affiche, au-dessus de sa tête, un jeune Asiatique fixe langoureusement l’objectif. Cheikhna et Diawara s’occupent d’un client qui désire acheter une série de tee-shirts portant le logo Polo Ralph Lauren. Ils sortent les polos les uns après les autres à l’aide d’un crochet ; sur certains, le cheval et son cavalier ont pris des dimensions gigantesques.

Depuis qu’à Kinshasa le chanteur JB Mpiana a lancé le tube *Mpunda* (Cheval) et la danse qui l’accompagne, la mode de ces tee-shirts fait rage ; à la période des fêtes, Cheikhna n’arrivait pas à fournir. Tout Kinshasa et Brazza dansaient le *mpunda*, tirant sur des rênes imaginaires en s’écriant : *“Amataka na mpunda !”* (Il aime monter le cheval !), une variante de *“Papa ! Olingi kobuta na mpunda ?”* (Papa, veux-tu monter le cheval ?) phrase par laquelle les prostituées interpellent le client dans les ruelles mal famées. La censure s’est émue des paroles et a obligé JB à les changer, mais la version originale s’était déjà répandue et la décision des censeurs n’a fait que souffler sur les braises.

Cheikhna était à Guangzhou quand le tube a traversé le fleuve et commencé à écumer les ruelles sableuses de Poto-Poto. Youssoufou lui a téléphoné dès que les clients ont réclamé les tee-shirts, si bien qu’il a pu agir vite.

“Nous avons du courage, dit Cheikhna, car nous achetons trois mille tee-shirts d’un coup et nous les revendons ensuite un par un.” Ses polos sont un pâle reflet des originaux Ralph Lauren que JB Mpiana exhibe dans son clip vidéo. "Ça n'aurait aucun sens de commander des articles de qualité. Mes clients veulent tous des vêtements de marque, mais ils achètent invariablement ce qu'il y a de moins cher."

Il y a foule dans le magasin et lorsqu'une jolie jeune femme entre avec un sac plein d'achats, Cheikhna et Diawara se tournent en même temps de son côté. Est-ce qu'elle est commerçante ? Elle a sûrement de l'argent car une jolie femme trouve toujours un homme qui lui en donne. "Et sinon, nous, nous voulons bien t'en donner."

"Si je comprends bien, vous passez la journée à séduire les femmes, dis-je à Diawara qui vient s'asseoir sur le banc à côté de moi après le départ de la cliente.

— Oui, dit-il, et même si elles sont moches, nous leur disons qu'elles sont jolies."

Une Mercedes 300 noire vient de tourner le coin de la rue, manœuvrant comme un navire aux prises avec les flots déchaînés sur le chemin sablonneux et cabossé. Diawara en reste bouche bée. "Cette bagnole coûte des millions de francs CFA", murmure-t-il. Des enfants s'attroupent autour de la voiture et, lorsqu'un homme en descend, Ali Bula s'écrie dans son microphone : *"Excellence ! Grand diplomate ! On se connaît en détail !**" Cheikhna lance un regard jaloux au chauffeur et fulmine : "Péquenaud !"

"Tu devrais demander à Cheikhna de m'acheter une voiture", dit Diawara. Il habite en bordure de la ville avec sa femme et se déplace à vélomoteur, mais la police lui cherche constamment des noises. "Je ne peux jamais emmener ma femme, se plaint-il. Tu imagines si un agent m'arrête et m'insulte en sa présence ?"

Un vieil homme pousse une charrette délabrée remplie de cartons empilés. “En voilà un qui a de vraies difficultés, dis-je.

— Détrompe-toi, dit Diawara. Il a deux femmes et une tripotée d’enfants – il gagne bien 20 dollars par jour. Depuis qu’il est parti à l’aventure, il n’a rien fait d’autre et, maintenant, il ne sait plus rien faire d’autre.”

Diawara connaît la plupart des petits trafiquants du marché car, il n’y a pas si longtemps, il était l’un d’eux. Il est arrivé à Brazza avec 6 000 francs CFA (12 dollars) en poche. Il en a donné 5 000 à un Malien qui lui avait promis de doubler la somme mais qui a disparu, le laissant avec 1 000 CFA en poche. Il a été accueilli dans une famille malienne qui lui offrait le gîte et le couvert. Les trois premiers mois gratuitement, ensuite il a dû payer son écot. Apparemment, c’est ainsi que débutent la plupart des nouveaux arrivants à Poto-Poto. Un après-midi, je vois un jeune inconnu installé sur un tabouret devant le magasin de Cheikhna, sa valise à côté de lui, attendant patiemment que quelqu’un s’intéresse à lui.

La famille d’accueil de Diawara l’avait envoyé cirer des chaussures dans les rues. “Ça ne rapportait pas même 1 000 CFA par jour. Et puis un homme m’a donné des cordons tour de cou pour téléphones portables – ils venaient de sortir sur le marché. Ce jour-là, j’ai gagné 3 000 CFA.”

Plus tard, il a rempli des sacs et transporté des marchandises sur un chariot, de l’entrepôt jusqu’à destination. Il bricole encore ainsi dans ses moments libres. Il rêve de l’Amérique, où l’un de ses frères habite. “Il dit que ça ne va pas bien là-bas, mais pourquoi il reste alors ? Je veux y aller, moi aussi. Si je gagne 50 dollars par jour, j'en mets 20 de côté et…

— Diawara veut devenir riche d'un coup, l'interrompt Cheikhna. Il ne sait pas qu'on peut aussi gagner de l'argent en Afrique – à condition de travailler."

Ali Bula nous a observés et maintenant il lance, moqueur, à travers la rue : "Hé ! Comment il fait Diawara pour parler avec une Française ? Depuis quand il parle le français ?"

Les jours suivants, je passerai des heures sur le banc devant le magasin de Cheikhna, sous le store bleu vif de l'UNHCR, même si les mots *United Nations High Commissioner for Refugees* n'évoquent rien aux commerçants et qu'ils ignorent que le même type de toile est utilisé dans tous les camps de réfugiés du monde. C'est d'ailleurs la seule trace de l'industrie de la solidarité que l'on puisse voir à Poto-Poto.

Dès que je suis capable de regarder au-delà du fouillis apparent du marché, je m'aperçois que c'est une machine bien huilée, qui fonctionne par elle-même. C'est un véritable plaisir de se retrouver au milieu de gens qui n'ont pas été parachutés, comme le sont beaucoup d'hommes politiques dans ces contrées, mais qui ont monté les échelons un par un et n'ont pas oublié d'où ils viennent – la simple présence des marchands ambulants qui arpentent les allées toute la sainte journée suffit d'ailleurs à le leur rappeler.

Voici le grand Malien que tout le monde appelle *Amérique** parce qu'il veut aller photographier le trou laissé par les Twin Towers à New York. Et voilà le Congolais qui a l'esprit un peu dérangé et qu'on appelle *Parisien** parce qu'il a l'habitude de rentrer sa chemise dans son pantalon. À celui-là, Cheikhna fait parfois l'aumône, tout comme au vieux Malien qui colporte des boubous. "Car ce que tu donnes au pauvre, Dieu te le rendra."

Parfois le vieux Makam Yaffa, un petit bonhomme aux épaisses lunettes et au boubou brodé, vient tailler une bavette. C'est le président des commerçants maliens et il vit ici depuis 1958. Il a trois femmes, deux Maliennes et une Congolaise, qui habitent avec ses enfants et petits-enfants sur une grande parcelle à la lisière du marché.

Makam a connu Bakoré, le premier Malien à avoir pris l'avion de Brazza à Hong Kong en 1968, ce qui lui a valu le surnom de Bakoré Hong Kong. Lorsque Makam s'est rendu là-bas à son tour avec un groupe de commerçants, Bakoré lui a donné l'adresse d'un hôtel. Makam et les autres faisaient étape à Bruxelles où ils passaient la nuit. À partir de 1973, ils ont commencé à prendre le bateau à Hong Kong pour aller en Chine continentale acheter des jeans, des tee-shirts et des chaussures ; certains acquéraient même des congélateurs.

Depuis quinze ans, Makam ne prend plus l'avion. "Il y a un dernier voyage que j'aimerais faire, dit-il, le voyage de retour au Mali. Un musulman doit être enterré à l'endroit où il meurt, et je ne veux pas reposer en terre étrangère. Mais, pour cela, il faudrait que je vende ma maison, et où est-ce que mes enfants et mes petits-enfants iraient vivre ?"

Le petit banc se déplace en même temps que l'ombre et Cheikhna, Youssoufou et Diawara, fatigués des interminables palabres avec les clients, s'affalent régulièrement à côté de moi. Alors on va acheter du tonic au coin de la rue et on mange des yaourts ou des cacahuètes en regardant les mamans qui passent en portant dix poulets, attachés par les pattes à une ficelle, un à chaque doigt. Si je laisse mon regard errer ne fût-ce qu'une fraction de seconde, un vendeur accourt qui me met une paire de lunettes sous le nez ou fait surgir une montre ou un bracelet de la poche de son pantalon.

Un après-midi, un pick-up de la police transportant à l'arrière une dizaine d'hommes en tenue noire débarque dans la rue. *"Police nationale!*"* s'écrie Ali Bula avec bonhomie. La suite de son discours de bienvenue lui reste coincée dans la gorge. Dans un enchevêtrement d'agitation et de cris, deux garçons sont empoignés et jetés à l'arrière du pick-up. Ils y demeurent, immobiles, la tête enfoncée dans les épaules.

C'est un moment figé dans le temps, le quartier se tend comme un ressort, puis le pick-up redémarre en trombe et tout le monde se met à parler à la fois. Un des gamins rasait les cheveux de l'autre dans la rue. Apparemment, c'est interdit.

"Tu n'as pas pris ton appareil ? Tu aurais dû faire une photo", dit Cheikhna. C'est bien la dernière chose à laquelle j'aie pensé. L'effet de choc s'atténue peu à peu, des passants qui n'ont rien vu et ne se doutent de rien effacent la scène, mais, l'espace d'un instant, j'ai senti la vigilance toujours présente sous le vernis, et la vulnérabilité de chacun.

Parfois, laissant vagabonder mes pensées au milieu de tout ce tumulte, je songe aux heures passées dans le magasin des Duseja à Dubaï. Les gens que j'ai rencontrés depuis entre la Chine et l'Afrique défilent devant mes yeux. La plupart à une telle allure – je peux à peine les suivre.

De Shenzhen, le Rwandais Albert Rugaba m'apprend avec fierté que non seulement l'Éthiopie mais aussi l'Ouganda, le Mali et l'Afrique du Sud ont ouvert des consulats à Guangzhou. Moses, l'ambitieux étudiant chinois que j'ai rencontré au congrès de Xiangtan, prépare un second doctorat à Harvard. Luc, le Gabonais qui pratique les arts martiaux, et sa femme chinoise, Carole, ont eu un garçon. Ses petites oreilles chocolat, ses petits doigts, ses petits orteils, Carole ne s'en lasse pas. Dès la naissance, la mère de Carole a pris l'avion pour Beijing et s'est installée chez eux. "Elle est aux anges, dit Carole, mon bébé est bien plus vif que ses autres petits-enfants, il n'a que quelques mois et il se tient déjà debout tout seul !"

Sanmao, qui a poussé une génération entière de Chinois à rêver de l'Afrique ; Guo Dong, avec ses chemises à la Mandela et sa fille à moitié ougandaise ; Liangzi, l'ancienne soldate téméraire qui a habité quatre mois dans l'enclos d'une famille au Lesotho – les traces des pas que tous ont laissées sur le continent africain sont indélébiles.

Je songe aussi à Shudi, qui vendait des montres sur une planche à repasser dans les rues de Durban, dissimulant sa honte derrière des lunettes noires. Tandis que Cheikhna, lui, tentait sa chance à Guangzhou. Leurs histoires s'imbriquent dans ma tête, alors que, même s'ils avaient une langue en commun, ils n'auraient pas grand-chose à se dire. Leurs vies ne se touchent pas – elles avancent en parallèle.

Une seule fois un Chinois passe, haut perché sur le siège de son quatre-quatre flambant neuf, mais normalement on n'en voit pas dans les rues sableuses de Poto-Poto et on parle rarement d'eux. Ici tout est compartimenté jusqu'au moindre détail : les Maliens vendent des vêtements et des chaussures, les Mauritaniens de la nourriture et des produits de beauté. Les magasins chinois se déploient le long de la route asphaltée ; les propriétaires sont assis sur un tabouret devant l'entrée, le personnel congolais s'occupe des clients.

Une pluie fine a commencé à tomber et Ali Bula a retrouvé sa voix. "De la pluie alors que le soleil brille ! s'écrie-t-il. Ils n'ont sûrement encore jamais vu ça en Asie !"

Parfois, Sekou, le marchand de chaussures, passe devant la boutique, jamais en reste d'une remarque caustique. "Quoi ? Vous mangez des cacahuètes ? C'est de la nourriture de pauvres." Lorsque Cheikhna me dit que Sekou est sur le point de partir au Mali, je décide de lui rendre visite. Je le trouve derrière sa caisse, sous deux ampoules électriques nues, allumées en plein jour. Il n'a pas de chaîne stéréo mais une radiocassette qui sert aussi de lampe de poche et sur laquelle il écoute de la musique malienne. "Je n'ai pas besoin de vacarme, comme Cheikhna, dit-il avec son sourire ironique. Quand quelqu'un s'en va au marché le matin, il ne pense pas à la musique qu'il va entendre mais à ce qu'il va acheter. Vrai ou faux ?"

La licence de son magasin est collée au mur et pour le reste, le regard ne rencontre que des chaussures de femme empilées jusqu'au plafond dans leur emballage en plastique.

Sekou a habité trois ans en Thaïlande. Il fait bon vivre là-bas. Les Thaïlandais prennent le temps de se détendre et ils ont aussi pensé aux étrangers – les touristes viennent du monde entier. "Ils ne passent pas leur temps à travailler, comme les Chinois, dit-il. Vraiment, les Chinois, je me demande pourquoi ils vivent car ils ne font que travailler, du matin au soir et même le week-end. Et quand on voit où ils dorment…"

Un jour qu'il était dans une banque à Guangzhou avec un groupe de commerçants maliens, un Chinois a craché par terre. "En pleine banque, tu imagines ?" Ils n'avaient pas pu dissimuler leur dégoût et, finalement, l'homme s'était excusé.

"Vous, vous jetez des sacs en plastique et des canettes vides dans la rue, et là, c'est nous qui sommes choqués", dis-je.

Sekou ricane. "Si vous vous énervez pour ça, les Chinois vont avoir du mal en Europe, avec leur manie de cracher."

Ma visite l'intimide, je crois, il n'arrête pas de faire des blagues et d'interpeller des gens dans la rue à coups de grands gestes ou d'énergiques *psitt*, pour qu'ils aillent nous chercher des cacahuètes ou des boissons gazeuses. "Hé, n'oublie pas que je pars demain", dit-il à un passant. Sa mère fait de la tension – il a commandé des médicaments à cet homme.

"Cheikhna ne va pas tarder à passer, dis-je, il veut te donner quelque chose pour sa famille.

— Bah ! Qu'est-ce que Cheikhna pourrait bien me donner, il n'a rien. Et quand il a quelque chose, il le garde pour lui.

— Quoi, c'est tout ce que Sekou a à t'offrir ?" Cheikhna entre et plonge la main dans les cacahuètes. "Je pensais qu'il allait au moins sacrifier un mouton."

Cheikhna vient d'une famille de paysans, dit Sekou, et il aurait mieux fait de rester paysan, mais voilà, monsieur voulait voyager. Lui-même est un Soninké de Nioro du Sahel. "Nous sommes de grands commerçants et nous allons dans le village de Cheikhna avec une balance truquée pour acheter du riz : au lieu d'un kilo, elle indique sept cent cinquante grammes, mais ces imbéciles de paysans ne s'en aperçoivent même pas. Nous sommes les grands patrons là-bas, nous prenons nos aises et nous disons : *Allez**, par ici avec votre riz. Ici deux cents kilos, là trois cents – nous décidons du prix, les paysans demandent seulement d'une voix timide : « Vous nous en donnez combien ? »"

Cheikhna a probablement entendu cette histoire plus d'une fois car il ne réagit pas. Il fait signe à un gamin et achète une brochette pour Sekou. "Le pauvre n'a encore rien mangé depuis ce matin et il n'a pas vu un seul morceau de viande de toute l'année."

Puis il ajoute : "Sekou t'a dit qu'il avait deux femmes ?" C'est un sujet de conversation qui revient souvent sur le tapis ces derniers jours : les amis de Cheikhna trouvent qu'il doit prendre une seconde épouse, mais Batoma est absolument contre – alors qu'elle était d'accord au moment de leur mariage.

"Il vaut mieux avoir deux femmes que des copines hors mariage comme Cheikhna", dit Sekou. Il me montre une photo de Cheikhna et de la marchande de yaourts qu'il a prise avec son iPhone. Il l'a mise dans un cadre romantique en forme de cœur. "Je vais la montrer à Batoma, car Cheikhna a peur de sa femme, il tremble sur ses jambes quand il la voit."

"Qu'est-ce qu'il y a à voir là-bas ?" demande Cheikhna, sceptique, quand je propose d'emmener Batoma et la petite Mamou voir les rapides du fleuve Congo avant mon départ. Lui-même ne connaît que sa maison et son magasin. Il vaut mieux se tenir à carreau : qui éveille l'attention éveille les soupçons. "Ces rapides sont une merveille du bon Dieu", dis-je, puisqu'il met lui-même Dieu à toutes les sauces.

Batoma est tout excitée quand elle descend du taxi, mais elle a peur aussi : des militaires arpentent la plage, que faire s'ils ne la traitent pas avec respect ? Mamou et elle regardent en silence les nageurs disparaître dans l'écume bouillonnante et s'enfoncer comme des flèches dans l'eau pour ressortir un peu plus loin. "Si près de ma maison, s'étonne Batoma, et je n'avais encore jamais vu ça. Je ne sais rien de ce qui se passe ici, je suis toute la journée enfermée à Poto-Poto."

À la pâtisserie *La Mandarine**, où *tout** Brazza vient manger des glaces et des gâteaux, c'est moi qui ne sais plus où regarder : des Libanais, un couple de jeunes Chinois, les enfants trop gros de l'élite locale – à Poto-Poto, on oublie que ces gens-là existent. La climatisation maintient une température de tombeau dans la boutique. Nous tremblons de froid toutes les trois. Nous emportons des gâteaux pour le reste de la famille et Batoma s'inquiète en voyant la facture : 22 dollars. À ses yeux, cela représente une fortune.

Cheikhna a la visite d'un Malien qui part à l'aventure en Angola et qui veut laisser une partie de ses bagages chez lui. Soudain, le rideau de l'entrée s'écarte, un jeune homme se précipite à l'intérieur, s'écroule sur le canapé et écrase sa cigarette. Cheikhna sursaute de frayeur. “Une rafle”, halète le garçon qui fait de gros efforts pour retrouver son souffle. Il s'est réfugié dans la première maison qu'il a trouvée – il craint que la police ne soit à ses trousses.

Cheikhna siffle de mépris entre ses dents : “La police a reçu l'ordre d'attraper des voleurs mais elle préfère venir embêter les Africains de l'Ouest à Poto-Poto.”

Le danger éloigné, le jeune homme s'en va et Batoma lave le petit Ali dans une cuve en plastique. Savonné des pieds à la tête, il garde sa bonne humeur.

Cheikhna est assis, l'ordinateur sur les genoux. Il a téléchargé la photo d'une Hummer pour la mettre en fond d'écran. Je lui dis que, la prochaine fois, j'espère le rencontrer dans son village natal. “Le jour où tu viendras au Mali, dit-il, je danserai et je te baladerai dans une Hummer.

— Non, non, surtout pas. J'aurais honte d'arriver dans ton village dans ce genre de bagnole.

— Mais un commerçant qui a réussi se doit de rouler en Hummer.” Il referme son ordinateur et dit d'un air mystérieux : “Est-ce que tu sais que tout le monde parle de toi sur le marché ?

— Ah bon ?

— Les gens pensent que tu es mon fournisseur.

Si tu étais chinoise, tout le monde le croirait, mais comme tu es blanche, certains en doutent."

Ses amis de Guangzhou lui disent que les prix ne cessent d'augmenter là-bas. "Un de ces jours, on va laisser tomber la Chine. Ce jour-là, *inch Allah*, je retourne au Mali et j'ouvre une épicerie. C'est moins risqué que les vêtements. La dernière fois que je suis allé au Mali, j'ai vu qu'on y vendait des boîtes de lait en poudre de Hollande et d'Allemagne." Il me regarde d'un air interrogateur. "On pourrait peut-être monter un petit négoce tous les deux ? Je t'envoie de l'argent, tu rajoutes ta part et on remplit un conteneur. *Ou bien ?**"

Ali rayonne dans un petit costume chinois que Batoma lui a enfilé pour l'occasion. Elle a ressorti le Miffy oublié dans un coin ces derniers jours. Comme elle tire sur la corde, ses yeux tombent sur quelque chose qui la fait s'arrêter au beau milieu de son geste. "Non mais ! Ils sont forts, ces Chinois, dit-elle.

— Comment ça ?

— Regarde, là."

Miffy aussi est *made in China*.

TABLE

OUVRAGE RÉALISÉ
PAR CURSIVES
REPRODUIT ET ACHEVÉ D'IMPRIMER
EN MARS 2015
PAR YENOOA
13640 LA ROQUE D'ANTHÉRON
POUR LE COMPTE DES ÉDITIONS
ACTES SUD
LE MÉJAN
PLACE NINA-BERBEROVA
13200 ARLES

DÉPÔT LÉGAL
1re ÉDITION : OCTOBRE 2014

(*Imprimé en France*)